DETOXIFICATION
AND
REHABILITATION

戒毒与康复

自愿戒毒领域的探索与实践

曲晓光 杨波 李庆安－主编 张刃－执行主编

U0835641

北京日报出版社

前言

随着我国毒品危害形势的日趋严重，相关戒毒康复工作的理念、方法及管理模式，也在不断进步。目前，我国在自愿戒毒领域的探索，已经取得了一定的进展与成果。但随着新型毒品（合成毒品）的泛滥，新型毒品（合成毒品）滥用人群的戒毒康复需求注定了原有的戒毒方法和管理理念面临新的考验，原有的管理模式也要进行新的探索与转变。

本书主要为我国司法系统内部的自愿戒毒机构提供戒毒管理方面的参考，所编撰的内容主要吸收了我国传统戒毒模式的经验与成果，针对基层自愿戒毒机构的管理理念、方法体系，立足于现有的戒毒实操经验，搜集整理相应的管理及评估工具，以供类似的自愿戒毒机构在日常的戒毒工作中参考借鉴。例如本书所提到的医疗、社工、心理咨询师三位一体的社会资源整合模式，有效地解决了自愿戒毒机构的专业性人才匮乏和苯丙胺精神障碍管理难的问题；自愿戒毒机构与强制戒毒所和相关医疗机构建立转介机制，解决了自愿戒毒机构人员需求层次多元化满足的问题；此外，本书所提到的禁毒文化构建及其在戒毒康复中的作用等内容，都是我国当前的自愿戒毒所和强制戒毒所在管理上可以参考借鉴的。

尤其是针对自愿戒毒所而言，我国自愿戒毒机构的发展在实际工作中遇到的主要问题有四类：一是针对新型毒品（合成毒品）滥用人群在戒毒康复领域的管理及禁毒文化理念问题；二是针对新型毒品（合成毒品）滥用人群的心理康复问题，相对应的专业人力资源匮乏；三是自愿戒毒机构内部缺乏针对新型毒品（合成毒品）滥用人群的有效实施方法及相关的机制；四是一些自愿戒毒机构对新型毒品（合成毒品）滥用人群心理行为矫正的认识不足，而司法系统管辖内的自愿戒毒机构普遍缺乏苯丙胺精神障碍诊疗体系导致存在管理隐患的问题。针对以上这些问题，不同地区的自愿戒毒机构都在进行着不同程度的尝试与探索，并取得了一定的进展。

由于本书所编撰的内容是以北京地区司法系统所管辖的自愿戒毒机构及部分 NGO 自愿戒毒社会机构的经验为基础，而我国各地的自愿戒毒情况不尽相同，各地区所拥有的社会戒毒资源也有所不同，因此本书相关内容指导的针对性也会存在一定的局限性。另外，在自愿戒毒的心理干预领域，我国并没有统一完善的评估诊疗工具，就算有部分个人或机构在临床工作使用了一些评估诊疗工具，也没有经过大量的常模矫正，所以肯定会存在一些缺憾，希望戒毒领域内的同仁能在阅读本书的时候予以斟酌。同时，我们也欢迎戒毒领域的同仁对本书所述的不当之处予以批评指正。

本书的组稿、编纂及出版工作得到了北京市禁毒委办公室、北京市委社会工作委员会、共青团北京市委员会、北京市戒毒管理局、北京市禁毒教育基地管理中心、北京市天康戒毒康复所、北京市社会心理服务促进中心（北京社会心理研究所）等机构的支持，特别是得到了禁毒教育高校公益联盟成员单位及专家、教授的大力帮助，在此我们一并表示诚挚的感谢！

编者

2017 年 9 月

目 录

第五部分　经典案例

第六部分　其他

第一部分

戒毒知识

戒毒是一个长期的过程。不同种类毒品的成瘾者在戒毒过程中所遇到的问题也会有所不同，同一种类毒品的成瘾者在不同的戒毒阶段遇到的问题也会有所不同。对于许多初步介入到戒毒工作的人来说，大多数人对戒毒的方法知之甚少，甚至有些人的理念还处于误区中，还有的工作者对毒品了解不够科学，缺乏正确的认识，并且对于毒品成瘾机制了解不够深入。

为了让工作在戒毒一线的社会工作者、戒毒狱警及自愿戒毒机构的管理人士深入了解成瘾者，并更好地帮助成瘾者走出毒瘾的困扰，我们首先应该分别了解毒品的种类及特性、成瘾相关的身心因素以及相关社会法律的知识，这样才能更有的放矢地帮助戒毒的成瘾者有效地解决他们遇到的问题。本部分的知识主要包括毒品分类、毒品成瘾机制、戒毒相关法律知识、尿检基本常识等相关的知识。

第一章　毒品分类

了解毒品的分类问题，能更好地帮助我们理解不同毒品种类的成瘾者，更好地了解他们在毒品作用下的身心感受，从而帮助我们更有效地为他们找到更合适于他们的戒毒方法。毕竟不同类型的毒品所导致的身心体验不同，从而也导致了不同的成瘾者人群在戒毒过程中，可能遇到的问题及难题也会不同。所以这一章主要介绍毒品的分类知识，以便让大家对不同类型的毒品成瘾者在戒毒过程中遇到的问题更加清晰。

根据《中华人民共和国刑法》第357条规定，毒品是指鸦片、海洛因、甲基苯丙胺（冰毒）、吗啡、大麻、可卡因，以及国家规定管制的其他能够使人形成瘾癖的麻醉药品和精神药品。2013版《麻醉药品及精神药品品种目录》中列明了121种麻醉药品和149种精神药品（其中：一类精神药品68种，二类精神药品81种）。《中华人民共和国禁毒法》第二条也做出了规定。

一、传统毒品

毒品种类很多，范围很广，分类方法也不尽相同。从毒品的来源看，可分为天然毒品、半合成毒品和合成毒品三大类。天然毒品是直接从毒品原植物中提取的毒品，如鸦片。半合成毒品是由天然毒品与化学物质合成而得，如海洛因。合成毒品是完全用有机合成的方法制造，如冰毒。

从毒品对人中枢神经的作用看，可分为抑制剂、兴奋剂和致幻剂等。抑制剂能抑制中枢神经系统，具有镇静和放松作用，如鸦片、海洛因等阿片类。兴奋剂能刺激中枢神经系统，使人产生兴奋，如苯丙胺类。致幻剂能使人产生幻觉，导致自我歪曲和思维分裂，如麦司卡林等。

从毒品的自然属性看，可分为麻醉药品和精神药品。麻醉药品是指对人的中枢神经有麻醉作用，连续使用易产生依赖性的药品，如阿片类。精神药品是指直接作用于人的中枢神经系统，使人兴奋或抑制，连续使用能产生依赖性的药品，如苯丙胺类。但若是按照对精神作用的药用效果再细分，精神类药品还可以分为兴奋类和致幻类。

毒品分类从通俗的社会学意义来看，大体上分为传统毒品和新型毒品。传统毒品一般指鸦片、海洛因等阿片类流行较早的毒品。新型毒品是相对传统毒品而言，主要指冰毒、摇头丸等人工化学合成的致幻剂、兴奋剂类毒品，在我国主要从 20 世纪末、21 世纪初开始在歌舞娱乐场所中流行。

在成分上，传统毒品主要是麻醉药品，对人体主要是镇痛、镇静为主。而新型毒品主要是兴奋剂、致幻剂等精神药品，对人体主要是兴奋、致幻或抑制的作用。常见的传统毒品主要包括以下几种：

（1）**鸦片**又叫阿片，俗称大烟，是罂粟果实中流出的乳液经干燥凝结而成。因产地不同而呈黑色或褐色，味苦。生鸦片经过烧煮和发酵，可制成精制鸦片，吸食时有一种强烈的香甜气味。吸食者初吸时会感到头晕目眩、恶心或头痛，多次吸食就会上瘾。

（2）**吗啡**是从鸦片中分离出来的一种生物碱，在鸦片中的含量为10%左右，为无色或白色结晶粉末状，具有镇痛、催眠、止咳、止泻等作用，吸食后会产生欣快感，比鸦片容易成瘾。长期使用会引起精神失常、谵妄和幻想，过量使用会导致呼吸衰竭而死亡。历史上它曾被用做精神药品戒断鸦片，但由于其副作用过大，最终被定为毒品。

（3）**海洛因**化学名称“二乙酰吗啡”，俗称白粉，它是由吗啡和醋酸酐反应而制成的，镇痛作用是吗啡的4～8倍，医学上曾广泛用于麻醉镇痛，但成瘾快，极难戒断。长期使用会破坏人的免疫功能，并导致心、肝、肾等主要脏器的损害。注射吸食还容易传播艾滋病等疾病。历史上它曾被用做精神药品戒断吗啡，但由于其副作用过大，最终被定为毒品。海洛因被称为“世界毒品之王”，是我国目前监控、查禁的最重要的毒品之一。鸦片、海洛因等传统毒品主要是罂粟等毒品原植物再加工的半合成类毒品，而新型毒品大部分是通过人工合成的化学合成类毒品。

海洛因等传统毒品吸食者一般是在吸食前为了毒资而犯罪。而冰毒、摇头丸等新型毒品吸食者一般是在吸食后出现幻觉、极度的兴奋、抑郁等精神症状，从而导致行为失控造成犯罪。

（4）**大麻**是桑科一年生草本植物，分为有毒大麻和无毒大麻。无毒大麻的茎、杆可制成纤维，籽可榨油。有毒大麻主要指矮小、多分枝的印度大麻。大麻类毒品主要包括大麻烟、大麻脂和大麻油，主要活性成分是四氢大麻酚。大麻对人的中枢神经系统有抑制、麻醉作用，吸食后产生欣快感，有时会出现幻觉和妄想，长期吸食会引起精神障碍、思维迟钝，并破坏人体的免疫系统。

（5）**杜冷丁**即盐酸哌替啶，是一种临床应用的合成镇痛药，为白色结晶性粉末，味微苦，无臭，其作用和机理与吗啡相似，但镇静、麻醉作用较小，仅相当于吗啡的$\frac{1}{10}$～$\frac{1}{8}$。长期使用会产生依赖性，被列为严格管制的麻醉药品。

（6）**古柯**是生长在美洲大陆、亚洲东南部及非洲等地的热带灌木，为南美洲的传统种植物。古柯树株高 1.5～3 米，生长周期为 30～40 年，每年可采摘古柯叶 3～4 次。古柯叶是提取古柯类毒品的重要物质，曾为古印第安人习惯性咀嚼，并被用于治疗某些慢性病，但很快其毒害作用就得到科学证实。从古柯叶中可分离出一种生物碱——可卡因。

（7）**可卡因**是从古柯叶中提取的一种白色晶状的生物碱，是强效的中枢神经兴奋剂和局部麻醉剂。能阻断人体神经传导，产生局部麻醉作用，并可通过加强人体内化学物质的活性刺激大脑皮层，兴奋中枢神经，使人表现出情绪高涨、好动、健谈，有时还有攻击倾向，具有很强的成瘾性。

此外，传统毒品还有可待因、那可汀、盐酸二氢埃托啡等。

目前，在我国因非治疗目的使用而导致大量问题出现的药物主要是阿片和海洛因。吗啡是最早从阿片中提炼出来的含氮植物碱，是白色针状结晶或结晶状粉末，无臭，味苦有毒，遇光易变质，溶于水，微溶于乙醇，医药上常用吗啡的硫酸盐或盐酸盐作为镇痛剂。海洛因比吗啡的水溶性更强，吸收迅速而完全，且具有脂溶性，易透过血脑屏障进入中枢发挥药理学作用，其镇痛效力比吗啡高 4～8

倍，成瘾性也更强烈，是毒品之王。

此外海洛因滥用还会引起人体心律失常、肾功能衰竭、皮肤感染、肺活量降低、全身化脓性并发症，还能引起便秘、肠梗阻、蛋白尿等多种症状，使人消瘦、心理变态、性欲亢进、智力减退。还可引起或并发多种疾病，加速艾滋病传播；可引起呼吸、循环、消化系统等脏器的功能障碍，诱发多种疾病和并发症。同时，不洁的血管注射导致各种感染性疾病的传播，如细菌性心内膜炎，破伤风、脓毒血症、横断性脊髓炎、传染性肝炎和艾滋病病毒感染等。

海洛因吸入过量时，会导致死亡。海洛因等阿片类药物过量使用、与其他麻醉药物和精神药物混合滥用都可以引起成瘾者的药物中毒甚至死亡。阿片类成瘾者的死亡率高出于一般居民的 15 倍，过量中毒引起呼吸中枢抑制是导致死亡的主要原因。

二、新型毒品

（1）**冰毒**即“甲基苯丙胺”，外观为纯白结晶体，故被称为“冰”。对人体中枢神经系统具有极强的刺激作用，且毒性强烈。纯度在 99% 以上的被称为“美金”。冰毒的精神依赖性很强，吸食后会产生强烈的生理兴奋，大量消耗人的体力，降低免疫功能，严重损害心脏、大脑组织甚至导致死亡。还会造成精神障碍，表现出妄想、好斗、错觉，从而引发暴力行为。

（2）**摇头丸**的化学成分其实是冰毒的衍生物，以 MDMA 等苯丙胺类兴奋剂为主要成分，具有兴奋和致幻双重作用，滥用后可出现长时间随音乐剧烈摆动头部的现象，故称为“摇头丸”。外观多呈片剂，五颜六色。服用后会产生中枢神经强烈兴奋，出现摇头和妄动，在幻觉作用下常常引发集体淫乱、自残与攻击行为，并可诱发精神分裂症及急性心脑疾病，精神依赖性强。

（3）**K粉**即“氯胺酮”，静脉全麻药，有时也用作兽用麻醉药。白色结晶粉末，无臭，易溶于水，通常在娱乐场所滥用。服用后遇快节奏音乐便会强烈扭动，会出现神经中毒反应、精神分裂症状，出现幻听、幻觉、幻视等，对记忆和思维能力造成严重的损害。此外，易让人产生性冲动，所以又被称为“迷奸粉”或“强奸粉”。

（4）**咖啡因**是化学合成或从茶叶、咖啡果中提炼出来的一种生物碱。大剂量长期使用会对人体造成损害，引起惊厥、心律失常，并可加重或诱发消化性肠道溃疡，甚至导致吸食者下一代智能低下、肢体畸形，同时具有成瘾性，停用会出现戒断症状。

（5）**三唑仑**又名海乐神、酣乐欣，淡蓝色片剂，是一种强烈的麻醉药品，口服后可以迅速使人昏迷晕倒，故俗称迷药、蒙汗药、迷魂药。可以伴随酒精类共同服用，也可溶于水及各种饮料中。见效迅速，药效比普通安定强45～100倍。

此外，新型毒品还包括安纳咖、氟硝安定、麦角乙二胺（LSD）、安眠酮、丁丙诺啡、地西泮等人工化学合成的致幻剂、兴奋剂类毒品。这些毒品都直接作用于人的中枢神经系统，使人兴奋或抑制，连续使用能使人产生依赖性。大多为片剂或粉末，吸食者多采用口服或鼻吸式，具有较强的隐蔽性。

新型毒品由于是化学合成品，与海洛因等植物提取品相比生产更容易，价格更低廉，服用更方便，所以被广泛使用。新型毒品的兴奋剂和致幻剂很容易激发性欲，而且一般是在群体性娱乐场所使用，不安全性行为发生的几率很大，很容易导致性病和艾滋病的传播。此外，涉及新型毒品的场所在不断扩大，吸食摇头丸、K 粉等毒品场所由迪斯科舞厅、KTV 等逐渐向茶艺吧、咖啡厅、酒店、宾馆等场所蔓延，甚至出现了家庭派对群体吸毒的现象。

另外，社会上还有新型毒品可以减肥的说法。人体正常细胞的兴奋活动是通过一种特殊化学物质——神经递质的释放来实现的。正常情况下，神经细胞中神经递质的释放可以得到有序的控制。但是苯丙胺类兴奋剂，如冰毒等新型毒品的摄取能促使神经递质耗竭性的过量释放，虽然所有的兴奋剂都有减肥的效果，因为兴奋可以增加身体消耗，同时抑制食欲，可是由此产生持续的、高度的、病理性的兴奋状态，可导致神经细胞大量被破坏，引起神经功能系统的紊乱，长时间高度的兴奋会出现大量出汗、虚脱、肌肉震颤、急剧高温、肌肉溶解、急性精神障碍、幻觉、幻想以及猝死，同时也会产生慢性精神疾病，长期服用就会出现营养不良、消化系统紊乱、体质下降，同时出现抑郁等其他严重精神疾病，所以用吸毒来减肥是非常危险的。新型毒品更多的是引起抑郁症、精神分裂症等精神疾病，这与其药物成分有关。

新型毒品不是医学术语，新型毒品的“新”主要是从时间上讲的。目前在我国流行滥用的摇头丸等新型毒品多发生在娱乐场所，因此又被称为俱乐部毒品、休闲毒品、假日毒品。新型毒品的娱乐性在很大程度上掩盖了“毒”的本质，这也是新型毒品蔓延的重要原因。

在对身体的危害上，新型毒品主要作用于神经中枢系统，同等剂量的新型毒品比传统毒品毒性和成瘾性更加强烈，新型毒品对人心理上造成的依赖性远远高于身体依赖。每一个吸食新型毒品的人最开始都觉得自己有足够的意志力和判断力去戒断，随着时间的推移，剂量不断加大，直到无法自拔。新型毒品毁坏人的中枢神经，引起抑郁、精神分裂，对记忆和思维会造成严重的损害。因此，对于新型毒品要保持高度警惕性。

本章值得思考的问题：

1. 以海洛因为代表的传统麻醉类毒品，与以冰毒为代表的新型合成毒品相比较，在对人身心的药理作用有什么不同？

2. 摇头丸与冰毒在化学成分及毒品的药理作用有什么不同？

第二章　毒品成瘾的机制

一、成瘾相关因素

1. 生理因素

人脑中本来就有一种类吗啡肽物质维持着人体的正常生理活动。吸毒者吸食海洛因，外来的类吗啡肽物质进入人体后，抑制了自身吗啡肽的分泌，最后达到靠外界的类吗啡肽物质来维持人体的生理活动，自身的吗啡肽物质完全停止分泌。一旦外界停止供应吗啡肽物质，人的生理活动就出现紊乱，出现医学上说的“反跳”或“戒断症状”，此时，只有再供给吗啡肽物质，才可能解除这些戒断症状，这就是所谓的“上瘾”。

传统毒品的成瘾性让成瘾者为了重复体验用药时的精神快感，产生强烈的药物渴求和觅药行为，甚至为达到这个目的，可以利用撒谎、欺骗、偷盗等手段，久而久之其心理障碍和行为异常表现得会越来越突出。

以海洛因为代表的阿片类药物滥用，使机体产生药物依赖性和药物耐受性，在突然停止或减少用药的情况下，机体在反复连续用药状态下所形成的适应性和神经细胞的代偿平衡被破坏，会出现难以忍受的临床戒断综合征症状，如周身疼痛、焦虑不安、恶心呕吐、顽固失眠、药物渴求等症状。阿片类药物不仅通过其药物作用产生生理效应，而且通过其药理作用及非药理作用产生心理效应，引起极其欢愉的欣快感和难以言状的精神冲动，这种欣快和极度舒适是阿片类的特殊药理学特征。在此基础上极大地改变了用药者的心境和精神状态，使用药者对阿片药物产生无比向往和强烈追求愿望，形成精神和心理上的明显依赖。一旦中断使用，戒断症状更重，海洛因的正性和负性强化比吗啡强。

2. 社会心理因素

社会心理因素包括社会环境能否获得毒品，社会动荡不安对人的影响，社会文化背景决定哪些人易成为毒品的俘虏，社会法律对毒品的态度，等等。研究结果倾向于认为性格易冲动，对社会常规模式具有反抗性，以及对挫折忍受差这三类人，有着相对较高的危险度，即具有较高的滥用药物成瘾的易感性。海洛因毒品具有舒适和欣快感的药理学特征。吸食海洛因毒品初始有一种强烈的欣快感。实践表明，多数成瘾者第一次吸毒后就有浑身困乏、非常难受的感觉，而渴望第二次吸毒，从而导致成瘾。因人已适应了药物，从而产生了生理和心理的依赖。因此说吸三次海洛因就会上瘾是有大量例证的，那些认为偶尔吸一下海洛因无所谓的看法是非常错误的，也是非常危险的。

总之，毒品成瘾问题，往往是社会及心理因素、生理因素相互作用的结果。

二、成瘾的行为特点

通过长时间的动物实验和临床观察，人们已经认识到毒品成瘾的基本行为学特征是强迫性用药、强迫性觅药和冲动控制障碍。这三个重要特点决定了“毒难戒”，决定了戒毒的主要任务。

1. 强迫性使用毒品

这种情况主要是针对以海洛因为代表的传统毒品成瘾者。

在动物实验中，强迫性用药主要表现为成瘾动物为了能感受毒品带来的精神刺激而主动地不断用药，有时为了用药不顾外界伤害性刺激给机体带来的痛苦性感受，甚至伤害。在大鼠自身给药实验装置中，有两个外观一样的开关，一个开关控制的是生理盐水，另一个控制的是毒品。

大鼠每鼻触或足踏控制毒品的开关一次或几次就可以从颈静脉插管中自动得到一个剂量的毒品，反之只能得到生理盐水。在训练一开始的时候，动物鼻触开关的行为是随机的，且对两类开关没有选择。经过一段时间训练之后，大鼠就能够准确辨别出哪一个开关是毒品的开关，并为了获得足够量的毒品而不断鼻触或足踏控制毒品的开关。这些行为学特征提示实验大鼠已对毒品成瘾。在此基础上，通过实验装置，让大鼠在每接受一个剂量毒品的同时，接受一次电击。在此实验条件下，大鼠为了能不断得到毒品，宁肯接受电击也要不断鼻触或足踏毒品开关。

在小鼠强迫游泳实验中，动物为了脱离水这一危险环境，经过一段时间训练后就能在被放入水中短时间内（潜伏期）登上站台逃生。然而，如果让动物在远离站台的位置反复暴露于毒品一段时间后再测量小鼠强迫游泳（潜伏期），我们就会发现小鼠逃生潜伏期较对照组明显延长。这些实验结果提示动物一旦对毒品成瘾就会出现强迫性的用药行为，这是毒品成瘾的重要行为特征。实验动物的这些行为特征和临床上吸毒者强迫用药的行为特征类似，因此这个模型被广泛用于毒品成瘾神经生物学机制研究和抗精神依赖药物的筛选。

在临床上也可以观察到海洛因成瘾者类似的强迫用药行为。毒品成瘾者一旦对毒品成瘾就一定要用药。在其经济开支中，买毒品第一重要；在其日常生活中，用毒品第一重要；使用毒品比事业、工作和学习重要，比与朋友交往重要，甚至比进食、睡眠等生理需要还重要。为了毒品可以牺牲一切，放弃对家庭和社会的责任，放弃自尊自爱，放弃前途、健康，放弃毒品以外的一切。

由于强迫性使用毒品而要寻觅毒资，有可能会让海洛因成瘾者经常说谎。这种习惯性的说谎习惯，随后会演变成病态的说谎行为。吸毒者体会到吸毒的危害，他们也会主动要求戒毒。戒毒的愿望中有真诚的成分。他们可以信誓旦旦地表决心要配合治疗，在亲人面前会痛哭流涕地悔过，然而，一旦出现精神和躯体上的戒断反应，就又会表现出完全相反的一面，千方百计地偷吸毒品。这些说谎和复吸看似反复无常的行为，往往不被人们理解，很容易被人认为是人格品质问题。但如果我们把动物的强迫用药行为和成瘾者的行为联系起来理解，可以很容易得出一个客观的结论。

2. 强迫性寻找毒品

在自身给药动物实验中，通过特殊的实验装置，大鼠每正确鼻触或足踏控制毒品开关一次或几次就可以从颈静脉插管中自动得到一个剂量的毒品，经过一段时间训练之后，大鼠就能够形成稳定的操作行为，以获得足够量的毒品。这些行为学特征提示实验大鼠已对毒品成瘾。在此基础上，用生理盐水换掉毒品液体，虽然大鼠不再能通过行为操作获得毒品，但在一段时间内还会操作开关，希望能继续得到毒品。这种现象称为强迫性觅药。此现象相当于人的心瘾，与复吸密切相关。

在临床上吸毒者的强迫觅药行为则表现为心瘾。以海洛因为代表的阿片类毒品成瘾者在完成脱毒后，停用阿片类毒品几十天或更长的时间里，虽然此时已没有躯体戒断症状存在，但他们在主观上还渴望吸食毒品，特别是当其再次回到熟悉的吸毒环境中，或者看到吸毒的场景，这种渴望便达到无法忍受的程度。有些吸毒者在被强制脱离毒品半年或更长时间之后，脱离强制环境后要做的第一件事情就是寻找毒品。虽然这种渴望毒品的心情随着时间的延长会逐渐减弱，但有证据表明心瘾可持续几年，甚至十几年。虽然强迫性用药和强迫性觅药都与复吸相关，但后者更为重要，因为如果没有心瘾，防复吸治疗就会变得容易得多。

3. 冲动控制障碍

根据国际冲动和冲动控制紊乱研究协会的定义，冲动是指相对于具有相同能力和知识水平的其他机体，在采取行为前不经过充分考虑或不顾自身行为会带来的负性后果，而倾向于对内源性、外源性刺激做出快速而没有计划的反应。在动物实验和临床上都能清楚地观察到成瘾机体的第三个行为学特征是冲动控制障碍。在动物冲动控制实验装置中有两个开关，一个开关的触碰仅会马上滴出一滴水供动物饮用；而另一个开关的触碰经过一个短的延迟后就会滴出多滴水供动物饮用。我们管前者叫小奖赏，后者叫大奖赏。在实验前，先给动物禁水 24 小时，然后把动物放入上述装置中进行训练。经过一段时间训练后，正常动物宁可忍受短时间的延迟也会不断地争取获得大奖赏。这一实验现象提示，干渴的正常动物能够良好地控制饮水冲动，做出正确的选择，以便在单位时间内饮用到更多的水，使利益最大化；而用毒品对动物进行长时间处理使之成瘾后，干渴的成瘾动物则不断触碰开关以获得小奖赏，这一现象说明成瘾动物不能很好地控制饮水冲动，而放弃大奖赏，表现出了明显的冲动控制障碍。

对正常人来讲，当某一冲动产生之后，他们都有一定的控制能力，使自己的行为符合所处的环境，与伦理、道德、规范和法律要求相一致。毒品成瘾的病人则不同，他们的冲动控制能力较正常人明显减弱。心瘾可在某种意义上理解成为一个强烈的冲动，此冲动本身就难于克制。

三、成瘾者的心理特征

成瘾者与正常人不同之处是其本身就存在着心理方面的差异，这部分人心理常常表现出高度敏感，性格脆弱，容易冲动，对环境的适应能力差，难维系正常人际交往，好比娇生惯养被溺爱的孩子，每当遇到挫折和失败就会产生过分沮丧、失意与忧伤等不良情绪。成瘾者的心理特征主要体现在以下几方面。

1．价值观较为曲扭

经过长时间、大量的调查研究发现，长期吸毒的成瘾者在思想意识、生活观念方面具有与众不同的特征。由于其长期追求毒品所带来的短暂快感或以吸毒的方式获得替代性的满足，在本质上是吸毒者人生观、价值观在行为上的外在反映。从经历来看，有很多长期吸毒的成瘾者往往过早进入社会，并进入不良交际环境，沾染恶习。他们在吸毒之前往往无所事事，游手好闲，结识了一些不务正业的社会青年，经常出入娱乐场所，追求感官刺激，染上吸烟、酗酒、赌博恶习，扭曲了个人的人生观、价值观，偏离了正常的社会轨道，导致了他们思想认识上的偏差。这类成瘾者对吸毒行为及其后果，常常抱以轻率、放任、侥幸甚至赞同的心理态度。这种对吸毒行为的错误认知，尤其是在新型毒品的吸食人群中较为常见。

2．心理承受能力差

一个人一生要面对各种心理压力，在诸多压力下，大部分人都能适应调节，而少数人却选择了吸毒，借助毒品解脱压力，这是部分成瘾者一种较为多见的心理特点。心理承受能力差的人往往缺乏调节自身行为的能力，无法摆脱心理危机，导致以吸毒方式来发泄不满和追求快乐。其实，这也可以看成是成瘾者自身的一种不成熟的心理防御机制。由于使用毒品时的短暂快感和戒毒的痛苦，形成了两种强烈的反差对比，使成瘾者对毒品的依赖心理在多次复吸后变得更加顽固，如果长期处于这种畸形的心理防御机制下，个人意志也会因为现实与防御机制之间的矛盾冲突而使其经常处于心理冲突和崩溃的边缘。

3．性格异常

成瘾者长期沉湎于毒品的逍遥感观当中，对毒品有着强烈的追求欲望。毒品对吸毒者精神的摧残，以及对人脑等神经中枢的损害，使得人脑中调节情绪、睡眠、记忆、思维等的神经失调，特别是毒瘾发作时的痛苦使其不择手段、不顾后果地追求毒品，导致精神长期处于高度紧张、恐惧、烦躁、孤独、空虚状态，思维混乱，情绪不稳定，易于冲动发怒且容易失控，固执任性，性情古怪，造成性格的改变，具体表现为，在一些小事情上采取非理智攻击性行为，有时自己不合理的要求得不到满足，则采取自伤自残，或以自杀等行为相威胁。同时又常因小事而大打出手，事后后悔自己的失误。众多心理学、精神病学和临床医学的研究表明，病态人格是吸毒成瘾者的一个主要心理特征。受毒品依赖性的驱使，寻觅毒品和摄入毒品的行为成为吸毒成瘾者生活重心，使其丧失了起码的责任感、人格尊严和羞耻感。

但需要说明的是，性格异常的病态人格大多见于长期吸毒的年龄较大的成瘾者，并非所有的成瘾者都有类似的现象。一般来说，吸食毒品时间不长或是后来一直保持操守的成瘾者，并不一定会存在病态人格的情况。

四、吸毒行为对家庭和社会的危害

家庭是社会的细胞，只有家庭稳定才会有整个社会的安定。吸毒不但危害个人，还会对家庭造成极大的伤害或毁坏。一旦家庭中出现一个吸毒者，就意味着贫困和矛盾围绕着这个家庭，最后的结局往往是倾家荡产，妻离子散，家破人亡。吸毒需要耗费大量钱财，到了一定程度必然要靠变卖家中财产换取毒品，致使家徒四壁。一些丧尽天良者甚至卖儿卖女，逼妻卖淫。

据有关资料，每个海洛因吸毒者一天需花 100～1000 元人民币购买毒品。吸毒者用于吸毒的资金就像永远填不满的无底洞，加之吸毒者根本无法像正常人一样生活和工作，更谈不上能以正常的经济收入来维持吸毒的开销。

其次，吸毒会导致婚姻死亡，家庭破裂。大多成瘾者自私、虚妄、易怒，对配偶麻木不仁，对子女视同路人，忘记了对家庭的责任，不履行自己的义务，而且其不良行为还会对子女产生潜移默化的影响。由于对毒品产生的依赖使吸毒者头脑中充斥着对毒品的渴求，忽略一切其他的想法，为了摆脱戒断症状的痛苦和获得吸食毒品后的欣快感觉，他们头脑中只想着一件事就是获得毒品，因此从思想到行为被毒品彻底控制，使吸毒者人格改变，他们自私、说谎、诡辩、道德沦丧，不关心家庭和他人，对社会失去责任感，孤僻、消沉。

近些年，随着新型毒品的泛滥，因为吸食新型毒品而造成引发的交通安全事故、恶性刑事案件层出不穷。这给社会稳定和人民安居乐业带来了极其严重的影响。此外，新型毒品给成瘾者带来的精神障碍的医疗卫生问题，也是目前在该领域存在的一个极大的社会隐患。

本章值得思考的问题：

1. 吸毒者都会存在病态人格的问题吗？为什么？
2. 成瘾者的心理特征是否与成瘾者的人格有关系？

第三章　戒毒相关法律知识

一、成瘾者的定义及相关法律规定的发展与完善

《禁毒法》实施前，卫生部于 1993 年和 2002 年分别制定了《阿片类成瘾常用戒毒疗法的指导原则》和《苯丙胺类兴奋剂滥用及相关障碍的诊断治疗指导原则》，提出吸食阿片类和苯丙胺类成瘾人员的成瘾症状和治疗方法指导原则，但公安机关在执法实践中无法操作。1998 年 4 月，公安部下发了《公安部关于对吸食注射阿片类毒品人员成瘾标准界定问题的批复》（公复字 [1998]3 号），规定有证据证明其吸毒，且查获时尿样毒品检测为阳性的，认定为成瘾。此后，各地公安机关对阿片类成瘾者成瘾认定主要依据公安部批复文件执行。但对于成瘾者的认定问题，一直是一个困扰基层公安机关的执法难题，要认定成瘾者吸毒成瘾就必须对成瘾者生理、心理等戒断症状进行医学评估、科学认定，而整个认定流程医学专业性过强，认定条件复杂、苛刻，严重制约着基层公安机关打击处理吸毒成瘾人员。为此加快建立吸毒成瘾认定制度，是基层公安机关提升执法办案质量的迫切需要。后来结合国际社会和我国禁毒执法实践，普遍采取尿样毒品检测方法，为强制戒毒工作顺利开展提供了保障。

《禁毒法》第三十一条对吸毒成瘾认定工作作了规定："吸毒成瘾人员应当进行戒毒治疗；吸毒成瘾的认定办法，由国务院卫生行政部门、药品监督管理部门、公安部门规定。"而事实上，往往基层卫生行政部门、药品监督管理部门并不作为吸毒成瘾认定部门，对成瘾者的认定都是由基层公安机关作出，而成瘾者往往存在吸毒成瘾或吸毒成瘾严重两种不同情形，而这两种情形处罚差距明显。基层公安机关对吸毒成瘾或吸毒成瘾严重认定可能出现偏差，因此对吸毒成瘾的认定，法律明显缺乏相关的监督，对于认定复议问题没有相关的规定。

此外，公安机关在执法活动中发现成瘾者，应当进行吸毒成瘾认定；因技术原因认定有困难的，可以委托有资质的戒毒医疗机构进行认定。经省公安厅、卫生厅指定，广东省第二人民医院等首批18家戒毒医疗机构承担吸毒成瘾认定工作。尚无设立戒毒医疗机构的地级以上市卫生部门，应参照卫生部、公安部、司法部《戒毒医疗服务管理暂行办法》的有关规定，在本市选择具备资质的其他医疗机构上报省卫生厅，审批许可后承担吸毒成瘾认定工作。公安机关委托戒毒医疗机构进行吸毒成瘾认定的，应当在成瘾者末次吸毒的72小时内予以委托并提交委托函。但事实上，公安机关办理行政案件规定，办结行政案件最长不超过24小时，显然在法定时间内，公安机关无法对认定困难的成瘾者在法定时间内作出认定结论，无法对成瘾者及时采取强制措施。

2011年1月30日，《吸毒成瘾认定办法》颁布，并于同年4月1日起施行。至此，对于吸毒成瘾的认定，法律上明确了认定机关属公安机关，使公安机关对如何处置成瘾者已经有完善的法律依据。

但是笔者认为公安机关要在实践工作中实现对吸毒成瘾的认定，要按以下方面完善工作。

1. 加强调研指导工作

公安机关要充分认识贯彻实施《吸毒成瘾认定办法》的重要意义，认真研究制定具体实施意见，落实工作保障，精心组织部署，认真抓好学习、培训和贯彻实施工作。同时，要把吸毒成瘾认定工作纳入执法规范化建设的重要内容，列入执法质量考评范围，进一步细化完善执法程序，规范执法行为，落实执法责任，强化执法监督，确保依法、规范、严格、公正执法。公安、卫生部门要深入基层开展调查研究，加强业务指导，帮助解决工作中遇到的实际问题，确保《吸毒成瘾认定办法》顺利实施。

2. 加强认定资格考核

公安机关对承担吸毒成瘾认定工作的人民警察组织培训并进行考核，是《吸毒成瘾认定办法》规定的重要内容，也是确保吸毒成瘾认定执法主体合格的法定程序。在充分调研、听取基层公安机关意见建议基础上，组织吸毒成瘾认定培训合格的，具有二级警员以上警衔及两年以上相关执法工作经历的人民警察具备吸毒成瘾认定资格，并报省公安厅备案，没有取得吸毒成瘾认定培训合格的执法人员，一律不得承担吸毒成瘾认定工作。

3. 加强执法规范程序

公安机关基层部门要组织承担吸毒成瘾认定工作的公安民警认

真学习《吸毒成瘾认定办法》，引导他们牢固树立法律程序意识，熟练掌握《吸毒成瘾认定办法》的规范要求，严格开展吸毒成瘾认定工作，防止出现主体不合法、执法不严格、程序不规范等问题，并注意跟进指导工作，及时收集解决有关执行情况和问题。

《禁毒法》及相关配套的一系列文件颁布后，卫生部于2009年修订出台了《阿片类药物依赖诊断治疗指导原则》和《苯丙胺类药物依赖诊断治疗指导原则》，对医疗机构戒毒治疗工作进行了规范。

二、吸毒成瘾的概念及具体行为特点

吸毒成瘾，是指成瘾者因反复使用毒品而导致的慢性复发性脑病，表现为不顾不良后果、强迫性寻求及使用毒品的行为，同时伴有不同程度的个人健康及社会功能损害。

1. 吸食毒品的特征

（1）身体依赖性。身体依赖性是指由于反复用药在身体内所造成的一种强烈的依赖性。毒品作用于人体，使人体机能产生适应性改变，形成在药物作用下的新的平衡状态。一旦停掉药物，生理功能就会发生紊乱，出现一系列严重反应，称为戒断反应，使人感到非常痛苦。用药者为了避免戒断反应，就必须定时用药，并且不断加大剂量，使吸毒者终日离不开毒品。

（2）精神依赖性。毒品进入人体后作用于人的神经系统，使吸毒者出现一种渴求用药的强烈欲望，驱使吸毒者不顾一切地寻求和使用毒品。一旦出现精神依赖后，即使经过脱毒治疗，在急性期戒断反应基本控制后，要完全康复原有生理机能往往需要数月甚至数年的时间。更严重的是，对毒品的依赖性难以消除。这是许多吸毒者一而再、再而三复吸的原因。

（3）体貌特征。毒品对人体的作用首先损害人的大脑，影响中枢神经系统的功能。其次是影响心脏功能、血液循环及呼吸系统功能，还会影响正常的生殖能力，吸毒者或其配偶生下畸形儿、怪胎屡见不鲜。所以长期吸毒的行为可使人的免疫力下降，并容易感染各类疾病。例如长期吸食海洛因的人，往往面色蜡黄、身体消瘦、嘴唇焦黑、神色漠然。严重的则丧失劳动能力，以至日渐衰竭而死亡。而新型毒品的成瘾者则会因为情绪的异常导致社会功能及家庭功能的紊乱，导致人际交往障碍，甚至会因为不良的情绪或被害幻觉妄想而导致暴力攻击行为。

2．戒断症状特征

（1）阿片类吸毒者戒断症状主要有：流鼻涕、流涎、流泪、打哈欠、瞳孔散大、出汗、腹痛、腹泻、头晕、头痛、心动过速、发热、失眠、焦虑、烦躁、恐惧、紧张等，严重时出现血压下降、虚脱和休克等。

（2）大麻吸毒者的戒断症状有震颤、出汗、恶心、呕吐、腹泻、烦躁、厌食和睡眠障碍等；红眼睛是大麻吸食者的典型体征。

（3）苯丙胺类（冰毒、摇头丸）吸毒者的戒断症状是易疲劳、抑郁、睡眠障碍、多梦和激动不安、易激惹、被害妄想等。

（4）可卡因吸毒者则很容易产生情绪低落，对可卡因的心理依赖性严重，躯体的疼痛反应及不适感较为明显。

三、吸毒成瘾行为的认定方法及意义

1．认定吸毒成瘾的条件

作为处置成瘾者的实战部门，公安机关基层派出所承担了吸毒成瘾的认定资格，又作为直接实施行政处罚的部门，也是成瘾者管控、帮教的部门。认定吸毒成瘾办法应该服务于基层派出所执法办案，因此吸毒成瘾认定办法应该从证据入手，即方便办案需要。因此，对于吸毒成瘾的认定，公安机关应该从对成瘾者的证据收集方面进行认定其吸毒成瘾，以下是《吸毒成瘾认定办法》第七条规定认定吸毒成瘾的三种情况：

（1）经人体生物样本检测证明其体内含有毒品成分。人体生物样本是指尿液、血液、毛发、唾液等；使用的检测试剂必须是经国家食品药品监督管理局批准的产品，并避免与常见药物发生交叉反应。

（2）有证据证明其有使用毒品行为。要证明其使用毒品行为，有下列证据之一就足够：①成瘾者对吸毒行为的相关供述；②证明吸毒行为的相关证人证言；③证明吸毒行为的相关视听资料；④查获的毒品及注射、吸食毒品的工具。

（3）有戒断症状或者有证据证明吸毒史，包括曾经因使用毒品被公安机关查处或者曾经进行自愿戒毒等情形。可以从成瘾者不顾不良后果、强迫性寻求及使用毒品的行为中把握，其现场摄录的视听资料、两个人以上证人证言可作为证明成瘾者戒断症状的证据；必要时，可要求公安、司法强制隔离戒毒场所医生出具相关证明。

当然我们不能孤立地理解、对待任何单个证据，而要以客观、辩证、整体的思路去理解，从证据体系的指向性、排除其他可能性出发，结合《吸毒成瘾认定办法》的法规制定精神，上述三种不同证据形成的证据链条是足够证明认定吸毒成瘾的。

2．吸毒成瘾认定的办法

根据《吸毒成瘾认定办法》的相关内容，公安机认定吸毒成瘾应该收集以下方面证据：

（1）成瘾者对吸毒行为的相关供述；

（2）证明吸毒行为或戒断症状的相关证人证言；

（3）证明吸毒行为或戒断症状的相关视听资料；

（4）查获的毒品或吸毒工具；

（5）人体生物样本毒品检测报告；

（6）戒断症状的其他相关证据；

（7）曾经因吸食毒品被公安机关处以行政拘留、罚款或者曾经进行自愿戒毒等相关证据；

（8）其他能够证明吸毒成瘾的相关证据。

以上列举的证据种类尽可能结合实际收集，但并不要求每个案件都要收集齐全以上 8 种证据，只要有其中相关证据，具备《吸毒成瘾认定办法》第七条规定的三种情形，构成完整的证据链条证实吸毒事实即可，但三种情形必须同时具备才能认定吸毒成瘾。

例如，某派出所辖区一名帮教成瘾者周某，2001 年因吸毒强制戒毒半年；2002 年因吸毒劳教两年；2005 年因吸毒劳教 3 年；2009 年因吸毒强制戒毒两年。2011 年 11 月份，周某解除强制隔离戒毒不久后，因在家吸毒被其父亲带到派出所，经派出所民警询问，周某承认有吸毒行为，最后一次吸毒在 5 天前，但否认吸毒成瘾，只是偶然吸一次，是通过静脉打针注射毒品的方式吸食毒品，最后派出所民警对其尿液进行“吗啡”试剂盒检测，结果呈阳性。假如按照周某所供述的，其吸毒并未成瘾，但周某有吸毒前科，那如何对周某的吸毒行为进行认定呢？

根据《吸毒成瘾认定办法》的相关内容，公安民警收集了以下证据：①周某承认吸毒的询问笔录；②把尿液检测结果拍照固定并让周某签名，并让法医出具人体生物样本毒品检测报告；③在网上打印周某劳动教养、强制隔离戒毒的相关材料；④制作周某父亲关于周某在家吸毒的证人笔录。对照《吸毒成瘾认定办法》，民警收集的四种证据包括：成瘾者对吸毒行为的相关供述；证明吸毒行为的相关证人证言；人体生物样本毒品检测报告；曾经因吸食毒品被公安机关处以行政拘留、罚款或者曾经进行自愿戒毒等相关证据。

综合上述情况，派出所民警收集了《吸毒成瘾认定办法》规定的 8 种证据中的 4 种，因此可断定周某吸毒成瘾。这里我们可以看出《吸毒成瘾认定办法》认定吸毒成瘾与成瘾者供述的吸毒频率、吸毒方式、吸毒种类是没有关系的，成瘾者想通过口供来逃避处罚是不现实的。

因此当前公安机关的具体工作实践中，认定吸毒成瘾一般收集的证据普遍为：①尿液检测报告；②吸毒行为证据，违法犯罪嫌疑人对吸毒行为的供述；③吸毒工具、毒品等；④人体生物样本毒品检测报告；⑤公安机关行政拘留、强制隔离戒毒、解除强制隔离戒毒释放证明等前科资料。

公安机关对成瘾者认定吸毒成瘾后，根据《禁毒法》第三十三条规定：“对吸毒成瘾人员，公安机关可以责令其接受社区戒毒，同时通知成瘾者户籍所在地或者现居住地的城市街道办事处、乡镇人民政府。社区戒毒的期限为三年。”

3．吸毒成瘾严重的认定

《禁毒法》第三十八条规定：“吸毒成瘾人员有下列情形之一的，由县级以上人民政府公安机关作出强制隔离戒毒的决定：

（一）拒绝接受社区戒毒的；

（二）在社区戒毒期间吸食、注射毒品的；

（三）严重违反社区戒毒协议的；

（四）经社区戒毒、强制隔离戒毒后再次吸食、注射毒品的。

对于吸毒成瘾严重，通过社区戒毒难以戒除毒瘾的人员，公安机关可以直接作出强制隔离戒毒的决定。

吸毒成瘾人员自愿接受强制隔离戒毒的，经公安机关同意，可以进入强制隔离戒毒所戒毒。”

因此，对于吸毒成瘾严重的认定，是在吸毒成瘾的基础上的一种递进的关系，根据《吸毒成瘾认定办法》第八条规定，公安机关在吸毒成瘾的基础上，还需收集以下方面的证据：

（1）曾经被责令社区戒毒、强制隔离戒毒（含《禁毒法》实施以前被强制戒毒或者劳教戒毒）、社区康复或者参加过戒毒药物维持治疗，再次吸食、注射毒品的；

（2）有证据证明其采取注射方式使用毒品或者多次使用两类以上毒品的；“多次”是指3次或3次以上；“两类”是指海洛因、吗啡、鸦片、甲基苯丙胺（冰毒）、氯胺酮（K粉）、摇头丸、大麻、可卡因等两种或两种以上毒品。

（3）有证据证明其使用毒品后伴有聚众淫乱、自伤自残或者暴力侵犯他人人身、财产安全等行为的。

同样是周某的例子（已认定吸毒成瘾），为了证明周某吸毒成瘾严重，派出所民警在日常对重点人员帮教记录中复印了周某的前科资料（包括周某的解除劳教证明、强制隔离戒毒、解除强制隔离戒毒释放证明等），由此民警可认定周某吸毒成瘾严重。

假如周某没有前科呢？事实上，《禁毒法》实施以来，需对部分成瘾者强制隔离戒毒两年后，成瘾者往往对其吸毒行为讳莫如深，往往只承认吸毒行为，经常对自己的吸毒行为细节避之不谈（如案例中周某否认吸毒成瘾，只是偶然吸一次）想逃避强制隔离戒毒，为此派出所民警往往在收集吸毒成瘾严重证据上遇到相当大的困难，根据《吸毒成瘾认定办法》第八条规定，笔者认为派出所民警应该在实践中搜集证据方向为：①询问笔录中提到吸毒方式及吸毒种类，或在查处现场中发现针筒及其他毒品进行拍照固定；②查处现场积极寻找成瘾者是否有使用毒品后伴有聚众淫乱或者暴力侵犯他人人身、财产安全等行为，对于成瘾者在派出所自伤自残的行为，应当进行录像取证；③要求成瘾者书写亲笔供词，供词中交代吸毒事实、前科、吸毒频率、吸毒方式、吸毒种类、戒断症状，是否有自伤自残的情节等。要证明周某吸毒成瘾严重，笔者认为要收集到以下证据才可证明：①询问笔录中提到其通过静脉打针注射毒品的方式吸食毒品（不需要查获吸毒工具针筒），并提及注射部位（最好可以拍照取证）；②要求周某书写亲笔供词，供词中交代吸毒事实、吸毒方式、吸毒种类。

假如周某没有前科并否认以注射方式吸毒呢？在实践中搜集证

据方向应该是：①对周某的尿液进行多种试剂盒检测，看能否发现两种以上试剂检验呈阳性；②从周某身上查找针孔，并在询问中加以突破；③查处现场积极寻找成瘾者是否有使用毒品后伴有聚众淫乱或者暴力侵犯他人人身、财产安全等行为，对于成瘾者在派出所自伤自残的行为，应当进行录像取证；④要求成瘾者书写亲笔供词，供词中交代吸毒事实、前科、吸毒频率、吸毒方式、吸毒种类、戒断症状，是否有自伤自残的情节等。

总体而言，只要满足了《吸毒成瘾认定办法》第八条规定三种情形之一，就可认定吸毒成瘾严重。

4．吸毒成瘾认定的意义

吸毒成瘾认定是指公安机关或者其委托的戒毒医疗机构通过对成瘾者进行人体生物样本检测、收集其吸毒证据或者根据生理、心理、精神的症状、体征等情况，判断其是否成瘾以及是否成瘾严重的工作。

（1）《吸毒成瘾认定办法》是深入开展禁毒工作的迫切需要。截至 2017 年 10 月底，全国登记在册成瘾者已超过 150 万名，其中吸食海洛因人员 104 万余名，还有大量隐性成瘾者未被发现。随着公安“大情报”平台开通运行，各地公安机关发现查获成瘾者大量增多，迫切需要提供吸毒成瘾认定执法依据。

（2）《吸毒成瘾认定办法》是规范禁毒执法行为的重要保证。《禁毒法》明确规定，吸毒成瘾人员应当戒毒治疗。对发现的成瘾者认定其是否吸毒成瘾和成瘾严重，是公安机关依法决定对其是否采取戒毒措施和采取何种戒毒措施的前提。加快制订科学、规范的成瘾认定办法，对深入贯彻实施《禁毒法》，全面落实社区戒毒、强制隔离戒毒、社区康复等戒毒措施，保障成瘾者合法权益，规范禁毒执法行为，具有重要意义。

（3）《吸毒成瘾认定办法》是基层公安机关的强烈愿望。多年来，由于吸毒成瘾认定办法迟迟没有出台，缺乏吸毒成瘾认定标准，公安机关对一些吸毒成瘾人员只能采取治安处罚，无法采取强制性戒毒措施，直接影响了对成瘾者的戒毒治疗工作。浙江、广东等地结合戒毒工作实践，出台了地方性吸毒成瘾认定标准，但由于缺乏国家法律保证，曾经发生多起成瘾者起诉公安机关的案例，影响了公安机关执法公信力。

《吸毒成瘾认定办法》是客观科学认定吸毒成瘾人员、依法对其采取戒毒措施和提供戒毒治疗的重要依据。《吸毒成瘾认定办法》的制定实施，是禁吸戒毒工作发展的又一重要标志，为公安、卫生部门依法开展吸毒成瘾认定工作，规范认定吸毒成瘾行为提供了法律保障。

四、新型毒品泛滥形势下的相关法律问题

近年来，随着吸食合成毒品人员日益增多，吸毒后导致兴奋、思维混乱、行为失控，引发杀人纵火、“毒驾”撞人、自杀自残等危害公共安全的肇事肇祸事件呈急速上升趋势。为进一步规范和加强社会面成瘾者动态管控工作，切实预防和减少成瘾者肇事肇祸，降低毒品社会危害，2016 年，国家禁毒办、中央综治办、公安部、国家卫生计生委、民政部、司法部及人力资源和社会保障部等 7 部委出台了《全国社会面成瘾者风险分类评估管控办法》（以下简称

《办法》)。

该文件为各地对社会面成瘾者进行风险分类评估并开展有针对性的管控提供了重要依据，也为各地在成瘾者管控工作中充分发挥相关职能部门和社会力量的作用提供了载体和抓手。《办法》依据不同等级的分类标准，结合实际情况，评出高、中、低三种风险类别。其中，高、中风险类人员落实管控措施半年以上，经评估不再符合所列情形的，风险类别应当逐级下调。中、低风险类人员经评估符合更高风险类别所列情形的，应当对应上调至相应类别。

高风险：

（1）拒绝接受社区戒毒、社区康复或者严重违反社区戒毒、社区康复协议的；

（2）因吞食异物、自杀自残或者因严重病残暂时无法收押、收戒的；

（3）有精神障碍诊断或有精神异常、行为失控表现的；

（4）有因吸毒引发肇事肇祸前科或扬言报复他人、报复社会的；

（5）其他具有现实社会危害性，或者有肇事肇祸可能，需要纳入高风险类管控的。

中风险：

（1）正在执行社区戒毒、社区康复措施的；

（2）怀孕、正在哺乳自己婴儿的妇女等特殊情形暂时无法收押、收戒的；

（3）强制隔离戒毒期间所外就医的；

（4）被依法实行社区矫正或者刑满释放回社区未满 3 年的；

（5）解除强制隔离戒毒出所未满 3 年且未被责令社区康复的；

（6）其他存在潜在社会危害性，需要纳入中风险类管控的。

低风险：

上述情形之外的社会面吸毒人员。

本章值得思考的问题：

1. 为什么要出台成瘾行为认定的相关文件？
2. 禁毒相关的法律对戒毒管理的社会工作有什么意义？

第四章　尿检基本常识

关于吸毒成瘾者的认定问题，在上一章中的《吸毒成瘾认定办法》内容中，已经做了详细的介绍。对于吸毒成瘾者认定相关的具体技术环节，尿检是判断成瘾者是否处于吸毒状态的最准确的评判标准之一。除尿检外，还有血液检测和毛发检测等检测手段。本章的内容主要介绍尿检的相关常识，以帮助戒毒社会工作者详细了解和识别成瘾者是否存在吸毒的行为。

一、尿检的原理及相关检测周期

对于吸毒成瘾者的尿液检测（以下简称“尿检”）是指利用尿检工具，通过对成瘾者特定的尿液检测来验明成瘾者是否吸食了毒品的方法。尿检和成瘾者吸毒的量和方式没有多大关系。一般毒品进入人体（不论量多少和吸食方法）4～8 小时后就可尿检出阳性。一般 30～40 天后，就自然代谢完，那时尿检就呈阴性结果。当然如身体素质差的可能会 40～60 天才代谢完。但代谢时间长短因个人体质功能差异不同而不同。代谢旺盛的人，可能 3～4 天后就转阴性。

目前我们国家检测冰毒方面，较常用的是尿检 MET 试纸（少数地区对于阿片类的成瘾者也常用仪器检测瞳孔）。由于使用试纸的验尿方法操作简便，可以快速准确地检测出吸毒者体内的微量吗啡，又容易保存和携带，因此很适合作为戒毒机构对成瘾者的吸毒行为鉴别方法使用。

以吗啡（海洛因为代表的传统毒品）尿检试纸为例介绍尿检结果呈现原理。在尿检的试纸上面划有两条细线。一条是吗啡抗原线（测试线），一条是抗抗体线（对照线），在两条线的前端装了一小块玻璃纤维吸附的紫红色的金标抗体（吗啡抗体）。

1．吸毒阳性结果的呈现

如果受试者吸服了吗啡（在这里我们称它为抗原），那么尿中的吗啡抗原就会首先与玻璃纤维上的吗啡抗体形成抗原抗体复合物，待尿液通过第一条线时，因为抗原抗体复合物不可以和此线上的吗啡抗原结合，因此不发生任何变化；但与第二条线接触时，其中的抗抗体定会与抗原抗体复合物中的抗体结合，产生紫红色反应，因而吸毒者的尿液在试纸上只出现一条紫红色线，也就是尿检呈现为阳性。

2．吸毒阴性结果的呈现

一般非吸毒者，由于尿中没有吗啡抗原，尿液会把紫红色的吗啡抗体带到测试线上，与吗啡抗原相结合，沉着下来形成第一条紫红色线；尿液带着紫红色的吗啡抗体继续移行，到对照线时又与抗抗体结合，再次形成紫红色线。这样，非吸毒者就会出现两条紫红色线，也就是尿检结果呈现为阴性。

二、尿检的标准流程及注意事项

对于绝大多数的成瘾者而言，尿检是一个较为敏感的检测行为。一方面由于吸毒是违法行为，尿检对于部分吸毒成瘾者是一个约束性的检测行为。另外作为戒毒的成瘾者，尿检可以随时作为一种警醒的方式，对其复吸心理起到一定的约束作用。在尿检的过程中，既要保证尿检的准确性，又要让成瘾者接受认同，对尿检工作的规范就显得非常重要了。尿检的具体标准流程如下。

1．尿检标准流程

（1）在对成瘾者进行验尿之前，需要到单独的场合与成瘾者进行耐心的沟通，以得到成瘾者的全力配合。

（2）尽量在干净的洗手间，让同性别的戒毒社会工作者陪同进入，并保持一定的安全距离。

（3）留取尿液应使用清洁干燥的容器，或使用医院提供的一次性尿杯和尿试管。留取尿液不少于 10 毫升。

（4）尽快把所留尿液滴入尿检试纸检查，以防影响检查结果的准确性。

（5）写明被检测者的姓名、验尿的时间、地点以及陪同检测的工作人员姓名等信息，做好尿检结果记录，并注意做好相关信息的保密工作。

2．尿检注意事项

需要提醒的是，尿检结果仅能证明被检者体内含有毒品成分，而不能证明一定是吸食毒品所致。因为我们平时生活很容易用到的药品，也可能会导致尿检结果呈现阳性。例如感冒咳嗽药中的甘草片、止咳糖浆、咳束停等类的药品中，就含有成分含罂粟壳（常称大烟壳）成分，这一成分都有可能导致尿检结果的阳性。因此也要注意成瘾者在生活中是否也进食这一类药品或食物，因为有些饭店的火锅中，为了增加口感或香味，商家在其中加入了罂粟壳的成分。

因此验尿环节中，我们需要针对成瘾者的验尿结果进行客观的分析。如果成瘾者的尿检结果呈阳性，一定要根据成瘾者的客观情况进行判断，并让其提供相关的医疗用药证据。这样才能保证尿检结果的正确性。

例如，2014 年 12 月 8 日，陕西省某县公安局治安大队民警在对成瘾者孟某日常管控过程中，发现孟某尿检结果呈阳性，遂将孟某列为吸毒嫌疑对象。但孟某拒不承认自己近期有吸毒行为，并称最近几天因感冒在村里的诊所打过点滴。在此情况下，治安大队办案民警将案件交县公安局法制大队审核，拟予以行政处罚。法制大队在审核案件时，对案件证据的充分性提出了质疑，认为虽然孟某的尿检报告显示呈阳性，孟某也有吸毒史并因吸毒被多次处理，但孟某拒不承认该次有吸毒行为、也无其他证据证明孟某是否吸毒，故认定孟某吸毒的证据不足。

在审核案件材料时，法制大队工作人员敏锐地发现孟某笔录中称“最近几天因感冒在村里诊所打过点滴”的细节，于是便指导民警对孟某感冒治疗的情况进行调查。经核查，孟某确实因感冒在本村卫生室治疗，医生马某证明孟某从 2014 年 12 月 3 日起连续打点滴 5 天，并出具了为孟某开具的用药处方。经询问，马医生认为自己为孟某所开的药物中均不含吗啡成分，疑问再次出现。

经再次询问孟某，孟某坚称自己未吸毒，怎么办？法制大队审核人员没有放弃，通过查询得知十几种含有吗啡阿片类药物，其中有种中药就是孟某本次治疗中的用药。为了验证是否属实，法制大队又指导禁毒中队民警对孟某服用的该中药进行了检测，结果显示该药物中检测出吗啡成分。综合案件所有证据，法制大队认为不能认定孟某有吸毒违法行为，因而不能对孟某予以行政处罚。

所以，一旦成瘾者被自愿戒毒机构收容，戒毒机构的工作者一定要把成瘾者相关的药物治疗做完整的记录并仔细地保存下来。其中相关的信息应该包括成瘾者药物治疗所使用的药物种类、剂量，使用药物的时间、地点，开药的医院医生的签名以及其他证人的信息等等。这样一来，一旦出现尿检阳性的情况，可以检查相关的药物治疗记录而保证尿检的客观真实性。

除此以外，有些成瘾者并不知道自己会因有过吸毒被抓的经历以后即将列入公安部门的动态管控系统，他们并不知道只要登记宾馆住宿或在机场海关使用身份证的公共场所，有可能会面临被强制尿检的可能。所以戒毒的社会工作者需要对其进行尿检相关的法律知识的普及教育和提醒，以免其在今后不知情的情况下，忽然遇到可能的强制性的尿检而引发尴尬或不必要的麻烦。

本章值得思考的问题：

1. 尿检对成瘾者的戒毒有哪些作用？

2. 我们应该如何看待对于成瘾者的动态管控？

第五章　职业风险及预防

帮助成瘾者戒毒，是一项艰巨而长期的工作。在戒毒机构工作的工作人员在帮助成瘾者戒毒的过程中，免不了会牵涉到医疗卫生、法律等相关的问题，这些问题如果处理不好或得不到重视，难免会给戒毒社会工作者本人带来一些麻烦或困惑。所以作为戒毒的社会工作者在介入到一线的戒毒工作以前，应该深入了解相关职业风险，并学习相应的防范策略，这样才能更好地帮助自己面对戒毒工作中可能发生的困难，有效地防范戒毒社会工作的职业风险。

一、医疗卫生的职业暴露问题

职业暴露是指由于职业关系而暴露在危险因素中，从而有可能损害健康或危及生命的一种情况。医疗卫生的职业暴露问题，主要是指医务人员在从事诊疗、护理活动过程中接触有毒、有害物质，或传染病病原体，从而损害健康或危及生命的一类职业暴露。

戒毒社会工作人员的职业暴露，主要是指戒毒社工在和成瘾者打交道的过程中，有可能会因为与极少数携带性病、艾滋病、丙肝等传染病病原体的戒毒成瘾者接触，而存在可能的潜在感染风险。其主要核心职业暴露风险还是针对 HIV 及丙肝的病毒感染风险。

注射海洛因的成瘾者因共用针具而感染 HIV 病毒和丙肝病毒；新型毒品的成瘾者，可能因为使用兴奋类毒品后的乱性行为而感染性病病毒。虽然 HIV 和丙肝仅仅是乙类传染病，且感染这两类传染病的概率较低，但他们确实是存在于客观的戒毒人群中。这就要求戒毒的社会工作者虽然不能歧视感染病毒的成瘾者，但也必须要了解相关的疾病传播及防范知识。

1．HIV 的职业暴露概况

有研究资料表明，医务人员被 HIV 污染的针头刺伤后，发生 HIV 感染的概率为 0.33%，黏膜表面暴露感染 HIV 的概率为 0.09%。根据相关的资料显示，一般职业感染的原因主要包括：暴露者有暴露性的开放伤口接触病原血液或体液量大、受损伤口深；病人正处于感染晚期（如于事故后 60 天内死于艾滋病）。

目前我国戒毒社会工作者接触携带艾滋病或丙肝病毒的成瘾者只占极少数，且大部分都会在当地的专业机构做相关的 HIV 检测。值得我们注意的是，HIV 病毒检测结果还存在一个“窗口期”的现象，所以就算 HIV 检测结果当时是阴性，但被检测者依然存在感染的可能，虽然这个概率极低，但也是客观存在的。所以为了防范相关的职业风险，我们应该尽可能做到以下的防范原则。

2．职业暴露的防范原则

（1）对有关人员（包括社会工作者、医务人员、警务人员等）加强艾滋病传播途径及自我防护的宣传教育以及相关知识技能的培训，提高他们预防艾滋病的知识水平及自我防护能力，并持正确态度，既不能过度恐惧，也不能无所谓。

（2）在自己暴露的皮肤有伤口的时候，一定要防止伤口接触成瘾者的血液或体液（包括呕吐液）。此外，还要尽量防止成瘾者的体液或血液溅到眼睛里。此外，还需要注意卫生勤洗手，个人的餐具注意清洁消毒。

（3）如果出现了血液或体液溅到伤口的紧急情况，可以迅速做局部处理。如有伤口应轻轻挤压，尽可能挤出损伤处的血液，用肥皂水或清水清洗，然后给受伤部位消毒。伤口应用消毒液（如 75% 的酒精，0.2%～0.5% 的过氧乙酸，0.5% 碘伏等）浸泡或涂抹消毒，并包扎伤口。被暴露的黏膜，应用生理盐水或清水冲洗干净。

（4）暴露者应暂时脱离工作岗位，并由相关专家对暴露级别进行评估，确定是否进行药物预防，如有必要，应于 24 小时内开始服药并坚持完成整个过程。原则上，用药越早越好，并采用联合疗法（二种或三种药物）。暴露者应于暴露后 0 周、6 周、12 周、6 月、12 月去专业检测机构，进行连续的血液检测。

（5）严密执行保密原则。无论重大事故还是小型事故，对事故涉及的职业暴露者在整个处理过程中均应做好保密工作，每一个得到信息的机构或个人均应严守秘密。

二、相关法律问题的风险及防范

戒毒社会工作中的相关法律风险，主要是指戒毒的成瘾者在加入戒毒机构的过程中，因戒毒服务价格、设施安全、意外事故、管理漏洞、合约条款不严谨引发的成瘾者与戒毒机构之间的法律纠纷。主要包括以下几个方面。

1．评估机制的建立

拥有一个筛查评估的体系和完善的评估工具，能够让真正愿意戒毒且适合于戒毒机构管理的成瘾者进入到机构内部，同时还能把那些不适合进入机构的非目标人群（例如精神分裂症患者、正在使用毒品的成瘾者等）合理地拒之门外，这样能提高进入机构的成瘾者的戒毒效率，降低机构自身对非目标人群管理的风险。所以做好评估，建立起一个完善的评估机制对于一个戒毒机构非常重要。尤其是自愿戒毒机构，完善的评估机制是实现机构安全管理最基本的前提。

2．合同条款问题

自愿戒毒的成瘾者在进入自愿戒毒机构以前，双方需要签署相应的合同，且其中的条款需要明确责、权、利的具体内容。尤其是大型的专业自愿戒毒机构，戒毒的人流量大，戒毒周期长，戒毒需求层次复杂，所以戒毒机构还可以根据不同的成瘾者的戒毒需求，戒毒工作的管理可以使用分级、分段的机制，在不同的戒毒阶段与成瘾者签署有针对性的阶段性戒毒合同。例如，成瘾者入住的评估标准及入住条件、在戒毒机构内部入住的戒毒合同期间需要遵循的规则及行为限制、尿检的程序及规定、戒毒服务机构提供服务的价格及硬件标准、服务内容、出现纠纷以后的解决方案等内容。

合同的签订其实也是增进相互的了解、保护双方权利、提高戒毒效率的重要保障。所以我们首先应该强化法律风险意识，必须完善工作管理体系，建立健全法律风险防范机制，把加强合同管理作为防范戒毒机构与成瘾者之间法律风险的基础性工作。

3．医疗和非医疗服务的界限问题

自愿戒毒机构如果是没有处方治疗权的非医疗机构，那么内部相关的工作人员及管理人员对于成瘾者的药物治疗方案，需本着“不鼓励、不推荐、不宣传”的“三不”原则，把握好医疗和非医疗服务的界限问题。否则很可能会因为戒毒的成瘾者或家属对戒毒工作者极度信任，因为戒毒社工的某一个非正式的药物治疗的意见，专门选择了某一种无效的治疗药物或治疗手段，甚至可能引发严重的医疗后果，而最终导致双方不必要的法律纠纷。

例如，传统毒品的成瘾者（如海洛因成瘾者），他们在戒毒过程中，可能牵涉到美沙酮替代治疗问题；而新型毒品的成瘾者（如冰毒成瘾者），可能会存在针对苯丙胺情绪障碍的精神类药物治疗的问题。但当前社会上有诸多不同类型的药物及治疗手段，每一种治疗药物及方式都可能因为个体差异而导致疗效的差异。

非医疗系统的戒毒机构的工作人员，对成瘾者的药物治疗方案的意见表达一定要非常的谨慎，因为戒毒机构的工作者，一般来说在成瘾者或其家属眼中，具有一定的权威性。所以他们随意表达的建议，都有可能会被成瘾者或家属当成特别重要的意见来对待。所以戒毒机构的工作者绝不能凭借自己或其他戒毒者以往的戒毒经验，给前来咨询的成瘾者或家属推荐具体的治疗药物及治疗手段。如果成瘾者确实存在必要的药物治疗需求，无医疗资质的戒毒机构应该启动规范的医疗转介程序，让成瘾者到有医疗资质的医疗机构进行有针对性的药物治疗。这也是对成瘾者和戒毒机构双方权益的最佳保护方式。

除了以上问题以外，戒毒机构的社会工作者还需要处理好自己与成瘾者之间的个人社会关系，把握好与成瘾者之间交往的亲密度及心理距离。在与成瘾者打交道的过程中，职业行为规范是非常重要的。拥有规范的职业行为将会让我们大大降低职业风险发生的概率。主要包括执业行为规范、社会关系处理等几个方面。

（1）**不抽烟、不喝酒，少喝饮料、少吃零食**。为什么要把这些琐碎的生活习惯细节，提升到一个职业的社会风险行为防范的高度呢？实际上是因为有极少数的成瘾者因个人的不良性格、人格因素，或是因为不满戒毒机构的管理问题，或是因为某些小事引发的个人恩怨，而导致其发生负面心理问题，在当事人的饮料、烟酒或食品中投放毒品的陷害行为。这样的成瘾者虽然只有极少数，类似事件的发生概率虽然极小，但我们若是拥有一个良好的职业行为习惯，就能更好地杜绝类似情况发生。

（2）**不主动询问成瘾者与戒毒无关的个人信息，不暴露自己个人的信息**。尤其是在与成瘾者不太熟悉的阶段，成瘾者与家属的自我保护意识较强，担心自己的社会身份或家庭关系较为复杂，拥有较强烈的心理防御机制。如果主动询问对方的职业、住址、敏感的家庭关系等问题，会让成瘾者因不安全感而产生很大的戒备心。另外，戒毒机构的工作者也需要注意保护自己的家庭住址、家人姓名、私人手机号码等个人信息，以免引发不必要的麻烦。

（3）**把握好与成瘾者之间的社会关系的亲密度**。在与成瘾者打交道的过程中，一定要明确自己的职业身份，不要因为爱心泛滥而与成瘾者之间发展出超越工作关系的亲密关系。尤其是针对部分未婚的年轻人来说，作为戒毒工作者，在工作中投入很高很大的工作激情，而对成瘾者付出更多的爱心，投入更多的关怀，时间一长，难免会产生一些爱恋的情感。虽然从人本主义精神的角度，我们并不反对这种关系的存在和发展可能，但这种情感如果没有一个职业身份意识的约束，或多或少会影响到戒毒工作者个人的职业生涯及私人生活。所以我们需要在规章制度上，明确禁止戒毒工作者与成瘾者之间私人情感的发展，既能充分保证成瘾者在戒毒机构的戒毒效果，还能很好地保护戒毒工作者个人的职业生涯不受非职业因素的干扰。

三、毒品非法交易的社会管理风险与防范

有少部分成瘾者去自愿戒毒机构戒毒的时候，出现复吸的行为，更严重的是他们把毒品携带进自愿戒毒所并藏匿，以便自己在想吸毒的时候随时可以使用。如果这个问题在戒毒机构内部管理上不予以重视，戒毒机构就有可能发展成为隐蔽的毒品非法交易场所，进而造成更严重的社会问题。

毒品非法流入自愿戒毒机构内部一般来说是以下 4 个因素造成的。

1．管理机构内部相关的防范意识不够强

极少数戒毒机构对毒品非法流入问题不够重视，从而导致内部的工作人员在管理上流于疏漏，而被成瘾者利用。这样管理松散的戒毒机构，往往也会因为这种“口碑”而吸引那些别有用心的贩毒人员进入“找下家”。这其实是戒毒机构的管理层人员对毒品非法流入问题的严重社会后果缺乏风险防范意识。

另外，从戒毒机构内部工作人员来看，如果管理层对毒品非法流入问题不够重视，自然就会纵容极个别思想意识较差的工作人员，

在发现毒品非法流入以后，睁一只眼闭一只眼，甚至利用自己手中的管理职权从中牟利，从而造成更严重的后果。

2. 自愿戒毒机构管理机制不够严谨

一般来说，敢于把毒品带进自愿戒毒所内的成瘾者，大多都是经常出入戒毒场所的成瘾者。他们一般对戒毒所内的管理环境相对熟悉，对某些工作人员的性格非常了解，他们比新来戒毒的成瘾者，更有能力找到一些机会夹带毒品进戒毒所。加上有少数的戒毒机构对于成瘾者携带的衣物、鞋袜及日常洗漱保健用品限制不够清晰，检查也不够严格，使得少数成瘾者有可乘之机。

例如，很多成瘾者多次进出戒毒所戒毒，对于戒毒所内的安全检查环节相对熟悉，对从事安检的工作人员认真程度也比较了解。他们如果想要携带毒品进入戒毒所，就会提前打听工作人员的值班时间，挑选那些安检不那么细致的工作人员值班的时候进入戒毒所。还有的成瘾者甚至会利用携带治疗常规疾病的药物为幌子来夹带毒品。

3. 对陪住、探视家属在出入戒毒所方面的管理松散

有极少数探视或陪住的家属在这方面的法律意识淡薄，被成瘾者利用却觉得无关紧要甚至不以为然。还有极少数家属对探视或入住的安检工作不太理解，认为是小题大做，尤其是有些缺乏戒毒常识的家属，很容易听信成瘾者的谎言，而无意中成了成瘾者非法夹带毒品的帮凶。

而戒毒机构的工作人员，对家属的安全检查工作也存在侥幸心理，还有的工作人员对家属的安检工作甚至都持否定的怀疑态度。

部分工作人员还存在讨好家属或怕家属闹事的心态，对家属的安全检查流于形式。这些都有可能造成毒品非法流入的严重问题。

4．戒毒场所的环境及安全监督硬件存在天然的缺憾

大部分戒毒所地处偏远郊区或城乡结合部，周围的环境相对安静，人流稀少。如果在戒毒所的某些外围临界的地方没有安装监控探头，就会形成戒毒所安全监控的“死角”。这样一来，成瘾者就有可能在摸透戒毒所内部工作时间的前提下，在戒毒所内找到与外界最方便交易的地点以后，通过手机联系外面的贩毒人员，双方约定方便交易的时间，让上线贩毒人员从外面以“抛物进墙”的方式，把毒品扔进戒毒所内的某个区域，然后再通过微信支付的手段达成毒品非法交易，从而让毒品神不知鬼不觉地流入戒毒所。

针对以上提到的 4 个管理风险因素，我们可以在以下几个方面着手进行相关的改进与防范：

（1）**提高风险防范意识，完善安检措施。**建章立制，定期加强对戒毒机构内部工作人员的风险防范意识教育。由于自愿戒毒机构内部的工作人员工作时间一长，对相关的问题重视程度就会有所下降，再加上内部工作人员还存在一定的流动性，导致工作人员的防范意识逐渐淡薄。通过常规的管理制度定期进行风险防范意识的再教育，从长远的角度来看，有利于内部工作人员时刻保持高度风险防范意识。

在检查手段方面，除了利用专业的仪器以外，如日常的衣物、消费品及有容器的物品，都需要进行限制和检查。对每位入住成瘾者进入戒毒机构时携带的物品，其检查的过程还要有专门的责任人监督，并把检查的过程流程化、专业化、规范化。例如对可疑的物

品可以限制携带，对有些可能包藏毒品的衣物可以利用水泡方式；甚至对成瘾者的头发造型、纽扣、衣领等不起眼但却有可能藏毒的部位都严密检查。

此外，对于发生过非法交易行为且已经被查实的成瘾者，在条件允许、证据充分的情况下，一定要拿起法律的武器对其进行严惩，同时还需把其纳入戒毒机构的“黑名单”，并把其作为反面教材对在住的成瘾者进行深入的宣传教育。

（2）**建立成瘾者相互监督机制。**从客观的角度来看，成瘾者最了解成瘾者。因此自愿戒毒所的管理人员对多次反复进出戒毒所的人员，更应该提高警惕。所以让成瘾者来协助监督成瘾者，让成瘾者来协助检查成瘾者的毒品非法流入，是最好的管理方式之一。自愿戒毒管理机构除了对每一个入住的成瘾者，无论是曾经来入住过的成瘾者还是第一次入住的成瘾者，入住以前都需要进行耐心的教育以外，我们可以找一些戒毒动机较强的成瘾者协助管理人员进行外来物品的安全检查。

除此以外，针对已经入住的成瘾者人群也要定期进行毒品非法流入的安全意识教育。毕竟大多数成瘾者来戒毒所都是希望能戒毒的，因此，只要加强他们自我戒毒的主人公意识，调动成瘾者戒毒的积极性，提高他们的心理防范动机，成瘾者人群自身就能成为非法毒品流入的监督者，从而大大减低非法毒品流入的可能性。在具体的方法上，除了思想意识的教育以外，甚至还可以利用“有奖举报”“匿名检举保护”等一系列的举措。

（3）**耐心做好家属对于安检的思想工作。**虽然比较严格的安全检查手段可能会招致部分成瘾者或家属的反感，甚至会减低其参与戒毒的动机，但绝大部分的家属都会希望自己的成瘾者亲属在戒毒过程中，拥有一个安全放心的戒毒环境。因此，只要戒毒机构内部的工作人员在成瘾者入住之前，对家属和成瘾者做好相关的心理疏导工作，自然能得到绝大多数成瘾者和家属们的大力支持。

此外，还可以在每一道安检程序之前，对接受安检的每一个人耐心解释，让其充分明白每一个安检环节的具体过程和意义，并使用规范的手势、温和的动作仪容，让接受安检的人最大限度地降低不适感。在安检工作人员的安排过程中，也要考虑到性别和年龄的因素，除了“同性别安检”的原则以外，如果人力资源条件允许，尽量匹配年龄相仿的工作人员进行安检。

（4）**改善硬件设施的防范漏洞。**为了防止戒毒所存在“隔空抛物”式的非法毒品交易死角，戒毒所可在某些特殊区域附近安装24小时的监控探头，以防止非法涉毒人员靠近。另外，有条件的戒毒所，还可以购置较为高档的安检设备，以提高安检的准确性。

本章值得思考的问题：

1. 职业暴露防范对于工作在一线的戒毒社会工作者及干警有什么意义？

2. 从自愿戒毒所的管理角度来看，如何从长远角度有效地防范职业暴露的风险？

3. 毒品非法流入戒毒机构可能是哪些因素造成的？应该如何防范？

第二部分

治疗期

戒毒过程主要分为治疗期、戒断期、康复期三个阶段开展工作。自愿戒毒机构在我国近些年的发展势头比较迅速，最主要的原因是吸毒成瘾者人数增长也比较迅速，所以社会上对于戒毒的需求也与日俱增。但许多戒毒所在成立初期，对于戒毒机构的管理及日常戒毒业务环节不太熟悉。本部分主要针对治疗期的相关戒毒内容逐一展开，主要包括成瘾者个人与戒毒机构的关系建立及评估，以及治疗期关于脱毒及医疗等问题。

在治疗期，有部分成瘾者在刚刚进行戒毒期间，尤其是以海洛因为代表的阿片类成瘾者，有很多人有严重的戒断综合征。此外，部分以冰毒为代表的新型毒品成瘾者，还具有严重的苯丙胺情绪障碍。作为戒毒机构的管理者与工作人员，需要针对戒毒初期阶段的情况，从戒毒所管理的角度，通过一系列的评估及筛查手段，把那些具有严重躯体疾病、精神情绪类问题严重等需要医疗的成瘾者筛查出来并转介出去。这样做一方面是为了保障成瘾者医疗服务的权利，也降低戒毒机构的管理风险。另外，这样能在整体上更好地保障戒毒机构更好地为更多的成瘾者提供专业的戒毒服务。

第一章　评估

在正式接收戒毒的成瘾者之前，戒毒机构的评估工作非常重要。评估的目的是为了了解预戒毒的成瘾者的身心状况，同时确定其是否适合进入到戒毒所。如果成瘾者本身有严重的躯体疾病、传染病、人格障碍、心理疾病或精神病，就不适合进入戒毒机构来戒毒。所以评估的目的是更彻底全面地了解成瘾者的真实情况。

在评估过程中，可以使用自制的有针对性的评估量表及工具，也可以使用标准的评估工具。工具可以自由灵活搭配综合使用。无论使用自制的评估工具还是使用标准的工具，其目的都是为了了解成瘾者的真实状况。

首先作为戒毒机构，我们需要了解成瘾者与戒毒有关的个人情况。但这方面国际或国内并没有通用的标准工具。所以一般来说，我们可以针对戒毒机构自身的管理需求及标准，来设计一个能清晰了解成瘾者个人情况的自制的评估工具。这个自制的评估工具应包含以下几个方面的信息。

一、成瘾者的基本情况评估

1．个人信息陈述部分

（1）咨询师自我介绍。

（2）请问你希望我在咨询中如何称呼你？

（3）与成瘾者一同填写基本情况调查表（依据表格内容收集基本信息，包括成瘾史和戒毒经历。本次访谈可根据实际情况，由咨询师确定访谈深度。）

（4）你的名字是谁起的，有什么意义？（姓名）

（5）你曾经有过工作的经历吗？做的是什么类型的工作？如没有，你有打算开始工作的计划吗？（职业）

（6）现在和谁居住在一起。如果用 1～10 打分，10 分关系最亲密，请你为你们的关系进行评分。（与重要家庭成员关系程度）

2．家庭情况

（1）请你向我介绍一下你的家庭成员。

（2）请用词语来描述一下他们的年龄、职业、性格，有没有宗教信仰。

（3）你现在和谁生活在一起？如果是自己单过的话，和哪些亲属走动得更密切一些？

（4）如果来这里一段时间，有了一定的效果，你最期待谁的认可？

（5）请回想一下，在你吸毒前后，家里人与你相处的方式上有什么不一样吗？

（6）请回想一下，在你吸毒前后，家庭成员之间的相处方式有什么不一样吗？

（7）家人得知你吸毒后，他们的反应和想法是什么样的？

（8）在戒毒的过程中，家人都对你做了什么？

（9）除了父母、配偶和子女以外的其他你认为对你影响比较大的家庭成员都有谁？

（10）请像刚才一样，从年龄、职业、性格、宗教信仰方面简单描述一下他们，并告诉我为什么在你心中，他（她）对你的影响比较大？

（11）在家庭中有没有一些大家都共同遵守的规则？

（12）在你的家中，大家一般会以谁的意见为主？

（13）如果说吸毒可能和家庭有关系的话，请你猜一猜，会是家庭中的什么因素？

3. 成长事件

（1）你从小是和父母生活在一起吗？如果不是，你和谁生活在一起，生活到几岁？

（2）在上小学之前，你有没有印象比较深刻的事情？

（3）上学以后，你对老师和学校的评价是什么？

（4）在 13～17 岁这个阶段，你的异性朋友和同性朋友的比例大约是多少？原因是什么？

（5）是什么时候离开学校的？离开学校以后，你做了什么工作？

（6）在你的工作经历中，你一般用怎样的方式和同事以及领导相处？

（7）在成长过程中，有没有什么事情是你认为比较重要的，让你对一些问题的看法不一样了？

除此以外，你还想告诉我什么，比如一些我尚未问及而你认为我应该知道的以便能让我更充分了解你的事，再比如对你职业选择、人际交往模式产生影响的事情？

4．现实症状与病史

（1）最近这段时间，情绪 / 意识 / 行为 / 身体上有什么不舒服的地方吗？请详细描述一下这种症状。（常见躯体症状有：多梦、少眠、嗜睡；四肢无力、肌肉僵硬、关节酸软；盗汗；腹胀、腹泻；泌尿等问题。情绪敏感、易激怒、孤僻、偏执、强迫。戒断反应明显者，可能存在幻觉和妄想）

（2）身体素质如何，曾经患过什么比较严重的需要住院治疗的疾病吗？（了解既往器质性疾病，或者慢性疾病情况）

（3）你是如何看待目前的症状的？

（4）在以往的戒毒经历中你遇到过类似的问题吗？你是如何应对的？

（5）这种不舒服你一般在什么时候感觉比较明显？

（6）你做些什么，这种不舒服的感觉会减轻一些？

（7）有人说，这种症状可能与我们自己的感受有关。请你用 1～10 分评价一下，对你而言，症状本身带来的不舒服和自己感受到的不舒服，各是多少分。

若来访者自述存在幻觉或者妄想，请咨询师首先为来访者澄清幻觉和妄想的定义，帮其确认是否存在心理学上的幻觉或者妄想。

其次确定该人是否能够意识到自己存在的问题。

向来访者澄清戒断反应需要一个过程，可以通过运动的方式进行缓解。

5. 咨访双方的责任、权利和义务

（1）来访者的责任、权利和义务

〖**责任**〗

① 向咨询师提供与问题相关的真实资料；

② 积极主动地与咨询师一起探索解决问题的方法；

③ 完成双方商定的作业。

〖**权利**〗

① 有权利了解咨询师的受训背景和执业资格；

② 有权利了解咨询的具体方法、过程和原理；

③ 有权利选择或更换合适的咨询师；

④ 有权利提出转介或中止咨询；

⑤ 对咨询方案、收费、时间等有知情权、协商权和选择权。

〖**义务**〗

① 遵守咨询机构的有关规定；

② 遵守和执行商定好的咨询方案各方面的内容；

③ 尊重咨询师，遵守预约时间，不失约，不迟到，如有特殊情况提前通知咨询师。

（2）咨询师的责任、权利和义务

〖责任〗

① 遵守职业道德，遵守国家有关的法律法规；

② 与来访者建立和谐融洽的咨询关系，帮助解决心理问题；

③ 严格遵守保密原则，并说明保密例外。

〖权利〗

① 有权利了解与来访者心理问题有关的个人资料；

② 有权利选择合适的来访者；

③ 本着对来访者高度负责的态度，有权利提出转介或中止咨询。

〖义务〗

① 向来访者介绍自己的受训背景，出示执业资格证书等证件；

② 遵守咨询机构的有关规定；

③ 遵守和执行与来访者商定好的咨询方案各方面的内容；

④ 尊重来访者，遵守预约时间，如有特殊情况提前告知来访者。

二、成瘾者戒毒相关的信息评估

充分了解成瘾者吸毒的经历，能让工作人员迅速掌握成瘾者的家庭及社会情况，以便更好地帮助成瘾者寻找相关的戒毒资源。以下是了解成瘾者吸毒情况的访谈模板，以供同仁参考。

1. 吸毒经历

（1）第一次吸毒是什么时候？

（2）当你意识到自己可能成瘾是什么时候？

（3）最近这段时间，使用毒品的用量大约是多少？最多的时候用量大约是多少？

（4）在还没有戒毒的那段时间里，你是什么状态？比如情绪方面、行为方面，是在家里还是在外面多一些？

（5）家里人在这段时间有什么反应？

有没有发现自己的身体或者思维因为吸毒发生了改变？如果有，请说明一下前后的变化。

2．戒毒经历

（1）你是从什么时候开始把这些情况看作是一个需要解决的问题的？

（2）第一次戒毒是什么时候？是在什么情况下戒毒的？

（3）你有过几次戒毒的经历？请详细说明。

（4）坚持最长的一次戒毒经历是什么时候，是在什么情况下发生的？

（5）你做了些什么让自己在那次戒毒中坚持的时间比较长？

（6）某些情况，比如喝酒，是一个比较普遍的复吸原因。那么，对你而言，有哪些比较特殊的因素会容易使你受到诱惑？

（7）有没有哪次你成功地抵抗了这种诱惑？你是如何做到的？

（8）在我们讨论成瘾和戒毒的话题时，你有没有想起以前的某些画面，而因此感到不太舒服？

（9）最近这次戒毒，你都采取了什么措施，有没有什么经验可以和我分享？

3．戒毒动机

（1）是什么原因让你决定离开家来到这个环境戒毒？

（2）请你谈一谈在协议期内的目标。如果将这个目标细化成几个方面，你觉得你的协议期内最主要的是什么？

（3）你对你所吸食的毒品有多少了解？

（4）假想一下，如果本次戒毒达到了你想要的效果，你觉得自己会是什么样的状态？

（5）你能为这次戒毒做些什么？

（6）在这里戒毒会有什么样的期待？

三、相关标准评估工具的使用

除了使用以上的定性类型的自制访谈评估工具，还可以使用一些有针对性的评估工具，以便更深入地了解成瘾者在某一方面的问题。所以在使用自制的评估工具了解了成瘾者的一些基本情况以后，针对成瘾者的心理及生理问题的评估，戒毒工作者可以根据评估的需求和成瘾者的情况，有针对性地灵活选择标准评估工具，其目的就是要最大限度地了解成瘾者的相关信息。相关的专业性的评估标准工具在一般的专业机构都很容易找到。具体要选择哪一个工具，或是选择哪几个工具，要根据戒毒工作者对成瘾者了解的意向来最终确定。但用于成瘾者人群的标准评估工具，大体上包括以下几种量表。

1．症状自评量表（SCL-90）

该评估工具又名 90 项症状清单（SCL-90），于 1975 年编制，是世界上最著名的心理健康测试量表之一，是当前使用最为广泛的精神障碍和心理疾病门诊检查量表。该量表共有 90 个项目，包含有较广泛的精神病症状学内容，具有容量大、反映症状丰富，更能准确刻画测评者的自觉症状，对感觉、情感、思维、意识、行为直至生活习惯、人际关系、饮食睡眠等均有涉及，并采用 10 个因子分别反映 10 个方面的心理症状情况。

该量表可以用来进行心理健康状况的诊断，也可以做精神病学的研究。它对有心理症状（即有可能处于心理障碍或心理障碍边缘）的人可以做良好的区分。适用于测查某人群中哪些人可能有心理障碍、有何种心理障碍及其严重程度，不适合于躁狂症和精神分裂症。适用对象包括初中生至成人（14 岁以上）。可以用于他评，也可以用于自评。

（1）施测步骤

① 在开始评定前，先由工作人员把总的评分方法和要求向受检者交代清楚。然后让其作出独立的、不受任何人影响的自我评定，并用铅笔填写。

② SCL-90 的每一个项目均采用 5 级评分制，具体如下：

没有——自觉无该项症状；

很轻——自觉有该项症状，但对个人并无实际影响，或者影响轻微；

中度——自觉有该项症状，对个人有一定影响；

偏重——自觉有该项症状，对个人有相当程度的影响；

严重——自觉该症状的频度和强度都十分严重，对个人的影响严重。

这里的“影响”包括症状所致的痛苦和烦恼，也包括症状造成的心理社会功能损害。“轻、中、重”的具体定义，由被试者自己体会，不必做硬性规定。

③ 评定的时间，是“现在”或者是“最近一个星期”的实际感觉。

④ 对于文化程度低的自评者，可由工作人员逐项念给他听，并以中性的、不带任何暗示和偏向地把问题本身的意思解释给他。

⑤ 评定结束时，由本人或临床咨询师逐一查核，凡有漏评或者涂改重新评定的，均应提醒自评者再考虑评定，以免影响分析的准确性。

该工具的评估结果解释需要按中国常模结果，总分超过 160 分，或阳性项目超过 43 项，或任一因子分超过 2 分，可以考虑筛选阳性，需进一步检查。① 总分：90 个项目评分之和，能反映其病情严重程度。总均分：总分 /90，表示从总体情况看，该自评者的自我感觉位于 1~5 级间的哪一个分值程度上。② 阳性项目数：90 题中，单项分≥ 2 的项目数，表示被试者在多少项目上呈现“症状”；阴性项目数：90 题中，单项分 =1 的项目数，或者 90- 阳性项目数，表示被试者“无症状”的项目有多少；阳性症状均分：（总分 - 阴性项目数）/ 阳性项目数，表示被试者“有症状”项目中的平均得分，反映被自评自我感觉不佳的项目，其严重程度究竟介于哪个范围。

（2）因子解释

躯体化：主要反映身体不适感，包括心血管、胃肠道、呼吸和其他系统的不适，和头痛、背痛、肌肉酸痛，以及焦虑等躯体不适表现。该分量表的得分在 0 ~ 48 分之间。得分在 24 分以上，表明个体在身体上有较明显的不适感，并常伴有头痛、肌肉酸痛等症状。得分在 12 分以下，躯体症状表现不明显。总的说来，得分越高，躯体的不适感越强；得分越低，症状体验越不明显。

强迫症状：主要指那些明知没有必要，但又无法摆脱的无意义的思想、冲动和行为，还有一些比较一般的认知障碍的行为征象也在这一因子中反映。该分量表的得分在 0～40 分。得分在 20 分以上，强迫症状较明显。得分在 10 分以下，强迫症状不明显。总的说来，得分越高，表明个体越无法摆脱一些无意义的行为、思想和冲动，并可能表现出一些认知障碍的行为征兆。得分越低，表明个体在此种症状上表现得越不明显，没有出现强迫行为。

人际关系敏感：主要是指某些人际交往中的不自在与自卑感，特别是与其他人相比较时更加突出。在人际交往中的自卑感，心神不安，明显的不自在，以及人际交流中的不良自我暗示，消极的期待等是这方面症状的典型原因。该分量表的得分在 0～36 分。得分在 18 分以上，表明个体人际关系较为敏感，人际交往中自卑感较强，并伴有行为症状（如坐立不安，退缩等）。得分在 9 分以下，表明个体在人际关系上较为正常。总的说来，得分越高，个体在人际交往中表现的问题就越多，自卑、自我中心越突出，并且已表现出消极的期待。得分越低，个体在人际关系上越能应付自如，人际交流自信、胸有成竹，并抱有积极的期待。

抑郁：苦闷的情感与心境为代表性症状，并以生活兴趣的减退，动力缺乏，活力丧失等为特征。还表现出失望、悲观以及与抑郁相联系的认知和躯体方面的感受，另外，还包括有关死亡的想象和自杀观念。该分量表的得分在 0～52 分。得分在 26 分以上，表明个体的抑郁程度较强，生活缺乏足够的兴趣，缺乏活力，极端情况下，可能会有想死亡的思想和自杀的观念。得分在 13 分以下，表明个体抑郁程度较弱，生活态度乐观积极，充满活力，心境愉快。总的说来，得分越高，抑郁程度越明显，得分越低，抑郁程度越不明显。

焦虑：一般指那些烦躁、坐立不安、神经过敏、紧张以及由此产生的躯体征象，如震颤等。该分量表的得分在 0～40 分。得分在 20 分以上，表明个体较易焦虑，易表现出烦躁、不安静和神经过敏，极端时可能导致惊恐。得分在 10 分以下，表明个体不易焦虑，表现出安定的状态。总的说来，得分越高，焦虑表现越明显。得分越低，越不会导致焦虑。

敌对：主要从思想、感情及行为三方面来反映敌对情绪。该项目表现厌烦的感觉，摔物，争论直到不可控制的脾气爆发等各方面。该分量表的得分在 0～24 分。得分在 12 分以上，表明个体易表现出敌对的思想、情感和行为。得分在 6 分以下表明个体表现出友好的思想、情感和行为。总的说来，得分越高，个体越容易敌对，好争论，脾气难以控制。得分越低，个体的脾气越温和，待人友好，不喜欢争论、无破坏行为。

恐怖：恐惧的对象包括出门旅行，空旷场地，人群或公共场所和交通工具。此外，还有社交恐怖。该分量表的得分在 0～28 分。得分在 14 分以上，表明个体恐怖症状较为明显，常表现出社交、广场和人群恐惧，得分在 7 分以下，表明个体的恐怖症状不明显。总的说来，得分越高，个体越容易对一些场所和物体发生恐惧，并伴有明显的躯体症状。得分越低，个体越不易产生恐怖心理，越能正常的交往和活动。

偏执：主要指投射性思维，敌对、猜疑、妄想、被动体验和夸大等。该分量表的得分在 0～24 分。得分在 12 分以上，表明个体的偏执症状明显，较易猜疑和敌对，得分在 6 分以下，表明个体的偏执症状不明显。总的说来，得分越高，个体越易偏执，表现出投射性的思维和妄想，得分越低，个体思维越不易走极端。

精神病性：反映各式各样的急性症状和行为，即限定不严的精神病性过程的症状表现。该分量表的得分在 0～40 分。得分在 20 分以上，表明个体的精神病性症状较为明显，得分在 10 分以下，表明个体的精神病性症状不明显。总的说来，得分越高，越多的表现出精神病性症状和行为。得分越低，就越少表现出这些症状和行为。

其他项目（睡眠、饮食等）：作为附加项目或其他，作为第 10 个因子来处理，以便使各因子分之和等于总分。

（3）注意事项

① 在躁狂症或精神分裂症患者组中的应用受到了一定限制——量表项目全面性不够，缺乏“情绪高涨”“思维飘忽”等项目。

② 只能说可能，并不能说一定有心理疾病。要做出诊断，必须进行面谈并参照相应疾病的诊断标准。

2．卡特尔 16 种人格因素问卷（16PF）

卡特尔 16 种人格因素问卷是美国伊利诺伊州立大学人格及能力测验研究所卡特尔教授编制的用于人格检测的一种问卷，简称 16PF。卡特尔根据自己的人格特质理论，运用因素分析方法编制了这一测验。卡特尔认为：人的行为之所以具有一致性和规律性就是因为每一个人都具有根源特质。为了测量 4500 个用来描述人类行为的词汇，从中选定 171 项特征名称，让大学生应用这些名称对同学进行行为评定，因素分析后最终得到 16 种人格特质。卡特尔认为这 16 种特质代表着人格组织的基本构成。

16PF 现有 5 种版本：A、B 本为全版本，各有 187 个项目；C、D 本为缩减本，各有 106 个项目；E 本适用于文化水平较低的自评者，有 128 个项目。我国现在通用的是美籍华人刘永和博士在卡特尔的赞助下，与伊利诺伊大学人格及能力研究所的研究员梅瑞狄斯博士合作，于 1970 年发表的中文修订本。

16PF 的常模群体为正常人群，它的评价一般也是针对正常人，因而适用领域很广。它既适合个别施测，也适合团体施测。每一次测验只需要 45 分钟左右即可完成。凡具有相当于初中以上文化程度的青年、壮年和老年人都适用。

该问卷从乐群、聪慧、自律、独立、敏感、冒险、怀疑等 16 个相对独立的人格特点对人进行描绘，并可以了解应试者在环境适应、专业成就和心理健康等方面的表现。在人事管理中，16PF 能够预测应试者的工作稳定性、工作效率和压力承受能力等。可广泛应用于心理咨询、人员选拔和职业指导等方向，为人事决策和人事诊断提供个人心理素质的参考依据。

（1）施测步骤

① 指导语；

② 每一道测试题只能选择一个答案；

③ 不可漏掉任何测试题；

④ 尽量不选择中性答案；

⑤ 对从未思考过或不好回答的题目，做倾向性的选择。

（2）相关因素结果解释

因素 A 乐群性：高分者外向、热情、乐群；低分者缄默、孤独、内向。

因素 B 聪慧性：高分者聪明、富有才识；低分者迟钝、学识浅薄。

因素 C 稳定性：高分者情绪稳定而成熟；低分者情绪激动不稳定。

因素 E 恃强性：高分者好强固执、支配攻击；低分者谦虚顺从。

因素 F 兴奋性：高分者轻松兴奋、逍遥放纵；低分者严肃审慎、沉默寡言。

因素 G 有恒性：高分者有恒负责、重良心；低分者权宜敷衍、原则性差。

因素 H 敢为性：高分者冒险敢为，少有顾忌，主动性强；低分者害羞、畏缩、退却。

因素 I 敏感性：高分者细心、敏感、好感情用事；低分者粗心、理智、着重实际。

因素 L 怀疑性：高分者怀疑、刚愎、固执己见；低分者真诚、合作、宽容、信赖随和。

因素 M 幻想性：高分者富于想象、狂放不羁；低分者现实、脚踏实地、合乎成规。

因素 N 世故性：高分者精明、圆滑、世故、人情练达、善于处世；低分者坦诚、直率、天真。

因素 O 忧虑性：高分者忧虑抑郁、沮丧悲观、自责、缺乏自信；低分者安详沉着、有自信心。

因素 Ql 实验性：高分者自由开放、批评激进；低分者保守、循规蹈矩、尊重传统。

因素 Q2 独立性：高分者自主、当机立断；低分者依赖、随群附众。

因素 Q3 自律性：高分者知己知彼、自律谨严；低分者不能自制、不守纪律、自我矛盾、松懈、随心所欲。

因素 Q4 紧张性：高分者紧张、有挫折感、常缺乏耐心、心神不定，时常感到疲乏；低分者心平气和、镇静自若、知足常乐。

（3）注意事项

① 人格测验无所谓对错。

② 先完成 4 个例题。

③ 确保每一道测试题只选择一个答案，没有遗漏任何测试题，尽量不选择中性答案。

3. 家庭环境量表中文版（FES-CV）

家庭环境量表（FES）是 Moss 等于 1981 年编制，共设 90 条是非题，分为 10 个分量表，分别评价 10 个不同的家庭社会和环境特征。在很多西方国家，FES 已广泛应用于描述不同类型正常家庭的特征和危机状态下的家庭状况，评价家庭干预下的家庭环境变化，以及对家庭环境与家庭生活的其他方面进行比较。该量表大约需 30 分钟完成。FES 所评价的家庭特征评估维度主要包括：

① 亲密度，即家庭成员之间相互信任、帮助和支持的程度；

② 情感表达，即鼓励家庭成员公开活动，直接表达其情感的程度；

③ 矛盾性，也就是家庭成员之间公开表露愤怒、攻击和矛盾的程度；

④ 独立性，即家庭成员的自尊、自信和自主的程度；

⑤ 成功性，是指将一般性活动（如上学和工作）变为成就性或竞争性活动的程度；

⑥ 知识性，即对政治、社会、智力和文化活动的兴趣大小；

⑦ 娱乐性，即参与社交和娱乐活动的程度；

⑧ 道德宗教观，即对伦理、宗教和价值观的重视程度；

⑨ 组织性，即指安排家庭活动和责任时有明确的组织和结构的程度；

⑩ 控制性，即使用固定家规和程序来安排家庭生活的程度。

（1）施测步骤

该问卷包括 90 个关于家庭情况的问题，请您决定哪些问题符合您家里的实际情况，哪些问题不符合您家里的实际情况。如果您认为某一问题符合或基本上符合，请在答案“是”上打圈；如果不符合或基本上不符合，请在答案“否”上打圈。也许您会觉得某些问题对您家里某些家庭成员符合，而对另一些家庭成员不符合，如果对大多数成员符合，就回答“是”；如果对大多数成员不符合，就回答“否”；如果符合和不符合的家庭成员人数相等，就按多数出现的情况回答。请您务必回答每一个问题．如果您不能肯定是否符合您家里的情况，就按您自己的估计回答。有些问题带有“★”，表示此句有否定的含义，回答时请正确地、详细地理解每句话的内容，然后再作回答。记住，该问卷所指的“家庭”是指与您共同食宿的小家庭。我们是要了解您对您的家庭的看法，不要推测别人对您家庭的看法，因此请您按照实际情况来回答问题。

（2）结果解释

因子名称	低 分	中 等	高 分
亲密度	0~5	6~8	9
情感表达	0~4	5~7	8~9
矛盾性	0~1	2~5	6~9
独立性	0~3	4~7	8~9
成功性	0~5	6~8	9
知识性	0~3	4~7	8~9
娱乐性	0~3	4~6	7~9
道德宗教观	0~4	5~7	8~9
组织性	0~5	6~8	9
控制性	0~2	3~5	6~9

（3）注意事项

量表使用要求受试者具有初等以上教育程度，主持测评者应监控受试者完成量表的全过程，在受试者不能理解多个项目时应中止测试并确认答卷无效。

4．防御方式问卷

防御方式问卷（DSQ）是由 M. Bond（加拿大）于 1983 年编制的一种自评问卷，分别于 1986 年和 1989 年两次修订。防御方式（或称防御机制）的概念来源于精神分析理论，指潜意识中应对焦虑的一些行为方式。防御机制可以缓解焦虑，但是它使人看不到真实的状况，对人的心理健康既有有利的一面，也有不利的一面。不成熟的防御机制严重歪曲了对现实的认知，对心理健康弊远大于利，成熟的防御机制对心理健康则是利大于弊。在年纪小的儿童中，使用不成熟防御机制是正常的，成年人过多使用不成熟的防御机制往往表示心理有障碍。

此问卷的目的是能收集较完整的防御机制资料，它适用于正常人及各种精神障碍。DSQ 共包括 88 个项目，包括比较广泛的防御行为，即从成熟的直到不成熟的。每个项目均采用 1～9 的九级评定方法：

① 完全反对；

② 很反对；

③ 比较反对；

④ 稍微反对；

⑤ 既不反对也不同意；

⑥ 稍微同意；

⑦ 比较同意；

⑧ 很同意；

⑨ 完全同意。

这里面的程度，完全由评定者自己体会，即是否赞同条目对自己行为的描述，并无硬性规定。

(1) 施测步骤

① 指导语；

② 时间建议：约 20～25 分钟。

（2）结果解释

① 4 个因子分及因子均分：各因子分为其所属防御机制分之和，因子均分反映的是评定者在某因子上自我评价介于 1～9 的具体程度。4 个因子分别为成熟防御机制、中间型防御机制、不成熟防御

机制，掩饰度；即越靠近 9 应用某类机制的频度越大，其掩饰度则越小。

② 各防御机制分及均分：各防御机制分为反映该机制项目评分之和，防御机制均分目的在于了解评定者在某防御机制上，自我评价介于 1 ~ 9 的具体程度。即越接近 9 应用此种防御机制的频度越大。

（3）注意事项

① 以往了解防御机制的方法，主要是会谈和自传分析。应用问卷能够全面、省时地收集较标准的资料，便于比较和研究。

② 特殊使用价值：通过对防御机制的测量，不仅能了解来访者的防御模式，更有助于心理医生探询来访者心理问题的形成机制，对心理医生咨询水平的提高和促进来访者的康复都很有价值。

5．复吸倾向性量表

该评估工具采用因素分析法来确定量表维度，因素分析法是从条目中提取因子的方法。经过因子分析，发现正式量表可提取 5 个因子：

第一因素包括 18 个题项，反映成瘾者想吸毒时的生理反应、有可能导致复吸的危险情景等，可命名为“生理唤醒”；

第二个因素包括 18 个题项，主要反映成瘾者为戒毒付出的行动、对于戒毒的意向是否明确等，可命名为“戒毒行动”；

第三个因素的 14 个题项，描述的是，戒毒人员和家人的亲密关系、与家人的沟通方式、家庭信任与支持、家庭氛围等，可命名为“家庭关系”；

第四个因素有 9 个题项，主要涉及与吸毒有关的情绪、消极情绪的管理等，可命名为“情绪管理”；

第五个因素的 17 个题项反映的是，成瘾者对于毒品和戒毒的认识、戒毒的动力与信心、能够戒毒的预期程度、自我评价等，此维度可命名为“戒毒效能感”。

5 个因子共含有 76 个题项，加上测谎的 4 个题项，正式量表共有 80 个题项组成。

（1）施测步骤

① 指导语；

② 选取毒品种类；

③ 时间建议：约 20～25 分钟。

（2）结果解释

测试结果分为得分与等级、结果解释两部分，得分从数值角度评价，等级从较差、一般、良好和装好四个等级对总分和 5 个因子给予评价。结果解释从总体和 5 个因子的具体表现给出具体文字评价。评估得分 0～5 分，≥ 4.5 分复吸可能性较小。

（3）注意事项

① 量表常模以强制戒毒人员为基础，针对自愿戒毒人员效度有一定影响。

② 问卷无效的可能性较高。

6．复吸高危与保护性因素量表

该量表共分为 8 个部分。其中第 1～6 部分是量表的主体，侧重于对复吸高危风险因素的测查，即回答了什么因素最可能导致某人复吸的问题；第 7、8 部分作为两个单独的附加量表，旨在对复吸的保护性因素进行测查。量表的总分为第 1～6 部分各维度分数的和。量表的八个维度为：稽延性戒断症状、心瘾、孤独无聊无助、不合理认知、线索暴露、支持缺乏、情绪管理、健康生活方式。

① 稽延性戒断症状。药物依赖者脱毒治疗后，在相当长的时间内会出现躯体、精神的不适，主要表现为顽固性失眠、焦虑烦躁、周身疼痛、疲乏无力、心境恶劣等。

② 心瘾。心瘾是药物依赖者对过去体验过的精神活性物质效应的一种难以克制的渴望。是带有强迫性的、不择手段、不顾后果获取或使用毒品的一种心理状态。

③ 孤独无聊无助。缺乏正性、积极的情绪体验和生活目标。与复吸相关最高的负性情绪是无助感。

④ 不合理认知。引起情绪、行为失调的信念，多表现为对自己、他人和环境非合理化的要求。可概括为：自贬依毒和低估毒瘾（认知上疏忽，实际上缺乏控制力）。

⑤ 线索暴露。客观上存在接触到与毒品有关的高危情境（毒友、毒贩、场所、毒品与器具、微醉后、赌博时、有毒资等）的机会。

⑥支持缺乏。家人之间很难和睦相处、经常被家人误解、在家中诉苦容易使家人厌烦。

⑦ 情绪管理。指药物依赖者有意识地调适、缓解、激发情绪，以保持适当的情绪体验与行为反应，避免或缓解不当情绪与行为反应的实践活动。

⑧ 健康生活方式。这里指在日常生活领域内，有助于药物依赖者保持操守的活动形式与行为特征（含冲动控制）。

施测步骤

指导语，填写基本情况。

时间建议

约 20~25 分钟。

结果解释

量表共 5 级计分。其中 1= 从未，2= 偶尔，3= 有时，4= 经常，5= 总是；或 1= 完全不符合，2= 不太符合，3= 基本符合，4= 比较符合，5= 完全符合。各维度题目分别设置，并设立了 4 道测谎题，在孤独无聊无助维度和支持维度采用了正反向积分题目交叉混合排列的方式。

本章值得思考的问题：

1. 在成瘾者进入自愿戒毒所以前，为什么要评估成瘾者的家庭情况？

2. 我们应该如何有效地选择和使用标准的评估工具？

第二章　接收成瘾者

可以利用第六章内容所提到的访谈方法及可能使用的标准工具给成瘾者进行一个初步的评估，但并不意味着成瘾者经过这个过程就可以正式进入戒毒机构。因为有一部分成瘾者仍然有可能存在一些暂时看不见的隐性的因素导致其不能被接收进入戒毒机构，这意味着我们还需要通过进一步的隔离观察及后续的评估，才能正式接收成瘾者。那后续的隔离观察流程的规范性及需要注意的事项又有哪些呢?

一、戒毒机构内部规则的介绍

一般来说，所有的成瘾者的初次戒毒体验，都会伴随着家属的陪同。大部分成瘾者对戒毒机构内部的情况都不太了解。这种陌生感会让成瘾者在进入戒毒机构之前产生一种莫名的焦虑感。所以为了缓解这种焦虑感，戒毒机构对成瘾者的第一次访谈显得尤为重要。这也是成瘾者与戒毒机构互相了解的重要环节。主要目的是让成瘾者与戒毒机构相互了解双方的责、权、利关系，做出客观的戒毒需求选择。

针对初次来到戒毒机构的成瘾者，戒毒机构的管理方代表需要向成瘾者详细介绍机构的情况及内部相关管理规定。要保证良好的社区氛围和康复效果，首先要有一个安全的、公平的社区环境，因此必须要有一些规则来保证。如成瘾者出现不符合规则的行为，或者违反戒毒所内的规章制度，就应该受到相应的处罚或处理，严重的甚至要让其依照相关的合同规定离开戒毒机构。

戒毒所内首要的是不得有暴力，如，身体上的任何恶意接触，威胁性的言语等各种各样的暴力。在戒毒社区中，居住者工作生活在同一个环境中，各自有不同的分工，很容易也不可避免会有各种各样的摩擦和冲突。社区提倡真诚、平等、自助、互助，出现暴力或威胁性的语言动作，与社区宗旨相悖，同时也对社区的管理体制、等级制度造成严重威胁。因此，“无暴力”是治疗社区最重要的规则之一。

其次，社区中不允许偷盗，包括未经他人允许私动他人物品。居住者不得向他人索要任何财物，任何财物未经过协调员批准不得转借、交换或给予。居住者集体生活在社区，坦诚相待，一旦出现偷盗行为，会引起成员之间相互的猜疑和不安，严重影响社区正常发展，也违背社会准则，为社会所唾弃，因此“不许偷盗”被列入社区不可触碰的规则当中。

此外，社区要求不得有毒品，还不得携带含有酒精类的饮料、成瘾物质（包括酒）等进入社区，因为这些物质能改变人的意志，有可能引发暴力行为发生。另外，还不得有性关系，包括同性或异性之间的暧昧关系。“性关系”无助于个人改变成长和社区健康发展。这两个规则在所有戒毒社区中作为基本禁忌被列出，虽然在监管系统下不会出现这两方面问题，但还是同其他基本禁忌一样被反复强调。

“无暴力、无毒品、无性关系、不许偷盗”属于戒毒机构内部管理的最基本的规则。违背这四项规则，有可能会严重影响社区安全和社区正常运作。这四项禁忌是每一位居住者都要熟知的基本原则，违反其中任何一条，一律开除。

除了以上的四大基本准则以外，还有很多小规则，称为规范。比如在宿舍、食堂、教室等活动场所，都有不同的行为规范。这些规范必须是所有居住者和戒毒工作者共同遵守的规范，所有规范必须是积极的。

以上规则、价值观念每天随时随地强化、随处可见，这些与社区生活紧密融合，构成了戒毒机构内部管理文化。新进入戒毒所的成员由于原有旧文化价值体系的影响，面对戒毒所内的文化规范会感到不适应，有的会对戒毒所产生负面的影响，甚至对内部的文化氛围、规范要求产生冲击。因此有必要对刚进入戒毒所的成员做一个基本的介绍，使其对社区文化有一个初步了解，以便按照基本的行为规范去做。

一般来说，我们可以请老成员在一段时间内将规范文化反复讲、反复灌输给新成员，新成员刚进入第一天就应知道基本规则规范，随后慢慢理解。“你虽然不喜欢，可能使你不舒服，但必须照着这个规则去做，只要如此就可以了”“你以前的行为方式失败了，必须按照这里的规则规范进行，虽然会让你心里不舒服，但可以使你变成自尊的、体面的人”。

这些规则规范与社会规则接轨，而与“街头”行为和毒品亚文化相反。进一步说凡是社会上人们欣赏赞叹的价值规范，在戒毒机构内也是被推崇和认可的。如：诚实、遵纪守法、工作积极向上、自尊、自豪感、责任感、关爱、关怀等。相信人是可以改变的、自助互助、信念、广泛交流等也都构成了社区规范文化的重要组成部分。成瘾者在这个环境中生活，就会慢慢地感受到这个环境的规则文化并受到影响，这也是戒毒所内的社区文化的治疗性。

二、观察隔离期的设立

设立观察隔离期的目的，主要是为了把少数在初次评估中没有被发现的问题筛查出来，作为没有医疗功能的自愿戒毒机构本身没有能力和资源去解决处理那些问题。例如海洛因成瘾者的美沙酮替代治疗、苯丙胺精神病的药物治疗等等。这种类型的成瘾者可以通过观察隔离期的设立，被逐渐筛查出来并与其解除相关的戒毒合约，有条件的可以对其进行转介治疗。这样做也是为了保证更多的成瘾者顺利戒毒的管理需求。一般来说，观察隔离期以一周为宜。

例如，部分海洛因成瘾者在初次访谈评估进入戒毒所以后，会经历两个不适反应期，一是急性戒断反应期，是指药物依赖者突然中断使用所依赖的成瘾药物后出现的一系列主观上的不适和躯体上的客观症状，同时伴有对成瘾药物强烈的渴求感。因吸食毒品类型不同而表现有所差异。二是急性戒断反应期过后的稽延性症状持续期。正确、客观地了解自身症状反应是成瘾者保持良好的情绪状态的前提条件。而冰毒的成瘾者可能存在因为情绪紊乱而导致的人际功能障碍。

这些相关的问题，在前期的评估访谈和标准评估工具的评估中，是无法预见和评估的。再加上评估过程中评估工具的局限以及成瘾者自己的主观隐瞒意向，导致其个人存在的一些问题没有被戒毒机构发现，而这些问题有可能导致戒毒机构管理上的风险。所以隔离观察期的设立，能充分保证绝大多数成瘾者顺利进入戒毒机构进行戒毒，并保证戒毒机构在管理上的安全。在隔离期内，若是遇到不适合在戒毒机构戒毒的成员，需要按照相关的规定，对其解除戒毒的合约。

1．以海洛因为代表的传统毒品急性戒断反应症状的甄别

自我检测

入所后，你是否出现过如下反应？请对号入座，梳理自己目前的状态。

骨痛（ ）四肢关节疼痛（ ）腰痛（ ）头痛（ ）

浑身肌肉疼痛（ ）其他疼痛（ ）

焦虑（ ）烦躁（ ）坐立不安（ ）易激怒（ ）

暴饮暴食（ ）嗜甜（ ）嗜睡（ ）抑郁（ ）

其他不良情绪

*如果您有以上反应，且属于停用毒品时间较短、药物骤停人群，那么，您很可能正处于急性戒断反应期。

急性戒断反应一般都是在成瘾者停止使用毒品后，由于受药物抑制的内源性阿片肽系统和相关神经递质的功能尚未恢复正常，内源性阿片肽数量和功能相对不足，故整个过程中均伴有不同程度的急性戒断症状。

阿片类物质的急性戒断症状是一个自限性过程，在不使用任何控制戒断症状药物的情况下，表现出一个自然出现、发展、转归和消失的过程。因此，初入所的成瘾者和家属要正确对待出现的急性戒断症状，一是成瘾者不要因为身体不适或内心恐惧而屈服于戒断反应带来的心理暗示，给自己一个待不下去或者受不了的消极理由；

二是陪住家属避免“关心则乱”，要正确对待成瘾者出现的各种反应，既不盲目夸大，也不任由发展，要及时与成瘾者及管理老师、心理老师沟通症状反应，同时也要鼓励成瘾者积极参与急性戒断症状缓解的各项课程与活动，在本阶段，意志力起着十分重要的作用。

急性戒断期症状的反应周期一般在停止使用毒品后的 8 ~ 12 小时后出现，随即急剧加重，36 ~ 72 小时达到高峰，约 3 天后症状开始明显缓解，约 5 ~ 7 天后大部分症状基本消除，第 10 ~ 14 天绝大部分症状消失，仅残留部分戒断症状，如乏力、焦虑或睡眠障碍，以及对阿片类物质强烈的渴求感。急性戒断期症状的各种表现包括：

（1）**躯体疼痛**：在使用阿片类物质的时候，任何疼痛都表现得不明显，当停止使用阿片类物质后，疼痛症状显得格外明显，而此时机体的抗疼痛神经系统功能尚未恢复，因此，疼痛是戒断症状的第一主要表现。一般在戒断的第 3、4 天疼痛表现得比较突出，然后逐渐缓解。也有的人认为疼痛症状的出现其实是机体抗疼痛功能的恢复。临床上出现的比较多的疼痛症状为：骨痛、四肢关节疼痛、腰痛、浑身肌肉疼痛、头痛等。疼痛症状经常伴有强烈的或明显的焦虑、烦躁、坐立不安、易激怒等情绪反应。

（2）**神经精神症状**：长期使用阿片类物质，导致大脑皮层功能受损，经常表现为对阿片类物质强烈渴求，对用药行为控制能力降低或丧失。焦虑、烦躁不安、坐卧不宁、睡眠障碍等，常伴有精神抑郁、失眠甚至自杀现象。个别还伴有错觉、幻觉、抽搐、癫痫样发作等。

（3）**呼吸系统症状**：部分阿片类成瘾者停用毒品后，会出现咳嗽、慢性咽炎、支气管哮喘加重等症状，这可能与阿片类药物松弛平滑肌作用降低有关，与支气管炎症和支气管腺体分泌增多有关。

（4）**心血管系统症状**：可能会出现心脏节律异常，窦性心律不齐、过缓并不齐等问题。

（5）**消化系统症状**：营养缺乏或严重的便秘，甚至低血钾症等电解质紊乱，肝功能异常，转氨酶升高，病毒性肝炎等疾病，常见的消化道症状表现为食欲下降、厌食、恶心、呕吐、腹胀、腹痛、腹泻等。

（6）**植物神经系统症状**：常见的临床表现有流泪、流涕、怕冷、寒战、冷汗、发热、出汗和寒热交替等。

（7）**免疫系统症状**：因为长期滥用毒品导致免疫功能低下，急性戒断期期间一般无特殊反应，但是随着停用毒品时间的延长，机体开始自我恢复，部分成瘾者会出现易感冒的类似症状。

如果海洛因成瘾者的戒断综合征反应极其严重，而自愿戒毒机构又没有美沙酮替代治疗的医疗权限，那么戒毒机构就需要在隔离观察期内让其暂时离开戒毒所，并对其进行替代治疗的转介服务。这也是设置观察隔离期的一个重要的筛查隔离功能之所在。

2．苯丙胺类兴奋剂的急性戒断反应

以苯丙胺类兴奋剂（冰毒）为代表的新型毒品的吸食者，当停止使用毒品后数小时至数天内，会出现焦虑情绪、疲乏、失眠或嗜睡及精神运动性迟滞或激越、暴饮暴食、嗜甜等戒断症状。一般来说，如能保证足够的睡眠和营养，大部分患者几日后症状可逐渐消失。部分患者的抑郁情绪会持续数周或更长，个别滥用者在停药后抑郁情绪相当严重，甚至出现自杀行为。部分患者在戒断过程中出现幻觉、妄想，此类情况应格外加以重视。急性戒断反应症状及相

关自我护理主要包括以下几方面内容：

（1）消化道症状的即兴反应，主要表现为戒断过程中出现腹痛、恶心、呕吐、腹泻（早期便秘或梗阻）等症状，需要判断该症状出现的原因，是外源性的病理反应还是由于停止使用毒品出现的戒断反应。如属于前者，需及时和大队管理老师进行沟通尽早就医，以免耽误病情治疗；如属于戒断反应，要做好情绪的稳定工作，不能盲目夸大病情，避免产生不必要的恐惧心理，引起戒毒情绪波动；如有严重呕吐，需及时就医，采取止吐措施，并及时清理呕吐物，减少异味刺激；清淡饮食，减少刺激性的食物；便秘者要及时采取缓泻等通便措施，解除患者排便的痛苦。

（2）冰毒类新型毒品的急性戒断反应大多表现为情绪的狂躁和易激怒，少数人还会出现被人攻击的幻觉。为避免激越行为，要注意保持室内空气流通，整洁安静，温度适宜。如自觉出现烦躁不安和冲动情绪时，应及时通过转移注意力、运动发泄、情绪宣泄等方式进行自我调节，并积极与比较信任的成瘾者、家属、老师进行沟通，不要一个人关在房间里刻意压抑情绪；陪住家属如发现成瘾者有冲动攻击行为倾向，需第一时间与管理老师、心理老师联系介入。

（3）部分人在戒断过程还会出现严重的睡眠障碍。这时候就需要主动消除不良刺激，在入睡前避免过度兴奋，避免参加兴奋紧张的游戏。如有特殊要求，需及时和大队管理老师沟通协调。很多学员在入睡前会出现明显的焦虑情绪，不愿意躺到床上，这个时候应该提前准备一些能够转移注意力的东西，比如将感兴趣的电影、娱乐节目拷贝到房间的电视上，放一些比较舒缓的音乐，配合大队的冥想训练调整呼吸，让自己开始接受“床”，而不是一直回避“睡眠”这一让自己感到焦虑的事情。尽量避免通过长时间聊天、看电视等方式继续打乱自己的生物钟调节规律。人的身体具有自我恢复功能，一定要学会让自己的行为适应身体的需要，而不是一味的凭借个人喜好去打乱这一自然规律。

不同的成瘾者在临床上表现出的急性戒断症状因人、因地、因时和因治疗药物等的不同而差别很大。例如，在家人和没有经验的人面前，戒断症状表现较为严重，而在有经验的人（医生、警察等）面前，其表现明显减轻；在自愿戒毒机构中表现出的重度戒断症状在强制隔离戒毒机构中表现为中度症状；在自愿戒毒机构中的中等症状在强制隔离戒毒机构中表现为轻度症状。因此，成瘾者要自我调整戒毒心态，有意识地激发个人意志力来应对急性戒断症状，按照身体实际情况，循序渐进地参与集体活动、康体训练活动，多参加各种娱乐活动。

最后，新型毒品的成瘾者在观察隔离期内，如果出现了如被害妄想、攻击他人的严重精神病症状，戒毒机构就应该在隔离期内立即终止与成瘾者的合约关系，并转介到专业的精神科进行精神病相关的药物治疗。这也是隔离观察期对患有苯丙胺精神病的新型毒品成瘾者筛查的重要功能之所在。

三、签署入住合同与办理相关手续

1．成瘾者在治疗期办理入住戒毒所的工作流程

经过前期的访谈、评估，并顺利度过隔离观察期以后，一旦确定某一个成瘾者可以成为戒毒机构的入住成员，戒毒所就可以与其签

订相关的协议或合同，并办理相关的入住手续。入住流程大致如下：

（1）成瘾者提出申请，填写申请表格。

（2）初次访谈、评估。

（3）签订初步入所协议，进入隔离观察期（一般为一周左右）。在隔离观察期间，对不合格的成员可以随时劝退并终止协议。

（4）再次结合隔离观察期的行为，进行二次评估。

（5）二次评估合格者，办理正式入住手续。

在办理入住手续及与成瘾者签署合约期间，作为戒毒机构的工作人员及管理者，需要注意以下几方面的问题。尤其是在合同签订方面需要严格把关。

一是合同的签订日期和生效日期。合同或协议的生效日期要有明确规定，其日期不得早于合同的签订日期；没有明确规定的，应注明在双方签字盖章后生效，且合同任何一方都必须签署日期。无特别原因并获得领导许可的，原则上不得为满足文本的需要而特意修改签署日期。

二是签署人一定要直接签字或盖章，不能由亲属或朋友代签；戒毒机构的签署人不是法人代表的，应取得法人、法人代表或单位领导的授权，方可代表合同方签字，否则可以视为无效。

三是戒毒的收费规定一定要写清楚。如果履行合同的过程中存在一些价格变动，每一种变动因素的细节都要有清晰的说明，同时还要明确双方在不同情况下的具体付款方式。

四是当事人的其他约定除了履行合同中约定的义务和法律的强制性义务之外，双方还必须履行合同的附随义务，比如相关的保密原则、意外事故发生后的解决方式等。

2．办理入住手续时需要注意以下环节

（1）妥善清点成瘾者入住戒毒机构所携带的随身财物，并列出详细的清单。不为成瘾者保管任何有价值的物品。有条件的机构甚至可以拍照作为存档，以避免物品存取所带来的法律纠纷。

（2）明确陪同入住的戒毒者家属在戒毒机构的行为规范与准则。如果家属在戒毒机构陪同入住的时间长，可以根据需要，与戒毒者的家属签署专门的入住协议。

（3）对于部分成瘾者因自身身体的需要，在入住时携带有非戒毒相关的处方类治疗药物（例如感冒药、止疼药等等），也一定要把这些药物的种类、数量做详细的记录，并根据需要对成瘾者的用药情况做严格的管控监督。

（4）对于成瘾者或家属、亲朋所送带进来的物品一定要做严格的检查，在戒毒所内能够买到的食品及生活用品，尽量不要让他人带入。特殊的生活用品需经过主管人员的检查和同意才能带入，以防止毒品流入戒毒机构导致严重的后果。

四、戒毒宣誓仪式

仪式能使成瘾者感受到入住戒毒机构的这一天与其他日子不同，使其感受到进入到戒毒所的这一时刻有着很重要的意义，这能使大多数成瘾者用更庄重、认真的态度去对待进入戒毒所戒毒的这一行为选择。戒毒本身的意义虽然就摆在那里，但戒毒的效果完全取决于成瘾者自身的心态。宣读戒毒誓词的仪式感能唤醒成瘾者内心对于自己戒毒行为的尊重，因而也能让其更尊重自己对于戒毒的选择。

就成瘾者的戒毒生活而言，戒毒是一个需要信心、耐心和勇气的过程。通过宣读戒毒誓词的仪式强化过程，能让成瘾者和过去的吸毒生活做一个正式的告别，说一声再见，从而可以光明正大地跟过去的吸毒生活及毒友们决裂，让成瘾者发自内心地去尝试做一些可能的改变。

此外，戒毒所内各个环节的仪式，也是戒毒所中戒毒文化的一个重要组成部分。这种仪式的氛围及相关的内容，也是区别于成瘾者以往吸毒生活及毒品亚文化的一个重要标志。所以在戒毒所内的不同戒毒阶段及相关的入所、处所的环节，设立相关的仪式性活动，对巩固成瘾者的戒毒信心、提高戒毒动机，都具有重要的意义。

例如，欧美国家戒毒的 TC 模式里，海洛因成瘾者每天早晨都会手拉手围成一个大圈，集体念诵戒毒的“家庭信条”，其具体内容如下：

我来到这里，是因为我失去了最后的庇护地，失去了做人的尊严。我不敢正视现实，我内心忍受着巨大的痛苦而无人可以倾诉，我正在堕落。

除非有一天，我能将内心的痛苦和秘密告诉别人，并忍受由此带来的伤痛。否则，我的心灵没有寄托，也没有安全感，害怕被别人知道，又对自己和他人缺乏了解，我则会永远生活在孤独中。（反省、行动）

除了这里之外，我还能在哪里找到这样一个环境，它像一面镜子，让我能清楚地看清自己的真实面目，既不是自己想象中的巨人，也不是心怀恐惧的懦夫，而是作为一个人，全体成员中的一员，为

着共同的目的，与大家分享着痛苦和欢乐。（行动、成长）

在这个环境里，我们能生根，并且成长，再不会像过去一样的孤独，而是一个为自己和为别人活着的有意义的人。（精神的觉醒）

这里的第一段，其实是要让成瘾者承认自己吸毒行为的过错，第二段内容则是督促其自我反省，第三段和第四段是唤醒其内在戒毒动机的成长，唤醒其精神及行为上的觉醒。

1．戒毒仪式相关环节的设计

每一个戒毒的成瘾者，都应该在初次进入戒毒所或离开戒毒所的那一天，对其举行专门的仪式。如果有人同一天入所或出所，可以让同一天入所或出所的成瘾者一起举行仪式。仪式举办的地点应该是在安静、庄严的场地内，切忌在嘈杂或装修花哨的场地内进行。具体的仪式内容主要包括以下几个相关的环节和因素：

（1）**仪式时间的设定。**一般来说，入所的戒毒仪式整体持续的时间不宜过长，最好在 5 分钟左右，最长不宜超过 10 分钟。入所仪式举办的时间点可以放在成瘾者正式进入戒毒所以后的某个上午的某些大的活动之前；而出所仪式举办的时间点，则可以放在成瘾者离开戒毒所前一两天的某项活动的最后。

（2）**仪式主持人及仪式区域的设立。**仪式主持人可以是戒毒所的领导，也可以是相关部门的负责人，还可以是在戒毒领域具有威望的专家，甚至可以是具有戒毒经验的成瘾者或成瘾者的家属。可以设立一个专门的发言位置。成瘾者所在的仪式区，一定要是醒目的核心活动区。如果有观众或是其他陪同人员，应该与主持人和成瘾者所在的主要仪式区域位置区分开来。

（3）**主要仪式环节。**一般入所仪式包括主持人致入所引导词，成瘾者念诵入所戒毒誓词等；出所仪式包括主持人致出所引导词，成瘾者念诵戒毒誓词等主要环节。在成瘾者念诵戒毒誓词的时候，要求成瘾者保持特殊的仪式性动作（例如自己右手摸自己左肩、双手交叉放在胸前、大家拉手或手搭肩等等）。此外，有条件的戒毒所可以让大家一起唱一首主题相关的歌曲作为仪式的结尾。歌曲的选择，最好找精神与情感较为积极并与戒毒主题相关的，一般以速度较慢的短歌为宜，歌词可以用原来的歌词，也可以根据戒毒的主题由成瘾者们自己改编。

（4）**主持人引导词和成瘾者的戒毒誓词。**无论是主持人的引导词还是成瘾者的入（出）所的戒毒誓词，内容不宜太长，但也不宜太短。最长不超过 300 字，最短不少于 100 字。文字的具体内容一旦经戒毒机构确定以后，最好不轻易更改。在仪式过程中，主持人的引导词和成瘾者的戒毒誓词，一定要大声背诵出来。

每一个戒毒所都可以根据自己机构内部的戒毒文化来确定相关的文字内容。考虑到传统毒品与新型毒品对成瘾者影响的差异，以及我国不同地区的成瘾者的人文特点，笔者特意编写了一个主持人仪式引导词和成瘾者戒毒誓词的模板，以供戒毒所的管理者和工作者参考。

2. 戒毒仪式主持词（参考模板）

回顾昨天，面对毒品已经给你生活带来的那些无止境的困惑，面对自己的爱人，和那些自己曾经伤害过的家人和朋友们，希望你能从现在开始，和过去那些黑暗的日子做一个坚定的告别，并重新拿出自己的勇气，永远和我们站在一起。希望你能记住今天这个特殊的时刻，勇敢地面对原来曾经的挫折，耐心地操守生命后续的时光。如果你愿意真心面对自己，请你现在握紧自己的双手，用心说出你的戒毒誓词！

3. 入（出）所的戒毒誓词（参考模板）

我来到这里，是因为我已经失去了正常的生活。曾经一直认为这不是我的错，但这其实是一种习惯，更是一种不愿面对现实的懦弱。当我反复掉进人生路上的同一个黑洞，我将厌倦自己所选择的黑暗生活。这确实是我的错！

直到有一天，我开始有勇气来正视自己内心的迷茫，拿出改变自己人生的力量，我的内心会变得越来越坚强，眼睛也会变得越来越明亮，我的生活也会变得更有希望。

我期待通过自己的努力与坚持，在不久的将来，有勇气与爱人分享这段苦涩的成长；有信心与家人或朋友，共同分享在阳光下的幸福时光。那时候，我的喜悦也可以与你共同分享。

本章值得思考的问题：

1. 为什么在评估以后，还要对成瘾者设立观察隔离期？
2. 戒毒誓词的仪式感对成瘾者的康复有什么作用？
3. 与成瘾者签署入住协议需要注意哪些问题？为什么？

第三章　相关医疗问题

一、美沙酮替代治疗

1．美沙酮介绍

美沙酮替代治疗是为降低因滥用毒品（海洛因）及其导致的社会危害而采取的一种医学治疗措施。目前在我国广泛应用于以海洛因为代表的阿片类毒品的替代治疗。美沙酮是第二次世界大战时期在德国研制而成的，是一种合成的麻醉性镇痛药，是一种 μ 受体激动剂，与吗啡有相似的作用，但作用时间更为长久，20 世纪 60 年代初期发现此药具有治疗海洛因依赖脱毒和替代维持治疗的药效作用，于是在部分地区被用来缓解海洛因成瘾者在戒毒初期的戒断反应。

由于许多阿片类成瘾者在戒断综合征出现的时候，很容易因忍受不了戒断综合征的躯体反应，而引发无法自控的强制性觅药冲动导致相关犯罪行为，另外还会导致更多的成瘾者共用吸毒针具的行为。所以，美沙酮早期进入到替代治疗的领域，主要是为了降低阿片类成瘾者的犯罪行为概率，同时还能降低成瘾者因共用针具导致的 HIV 病毒在成瘾者之间传播的概率。

阿片类依赖断药后发生的急性戒断症状是一种“自限性障碍”，

戒断症状一般在 48～72 小时期间最为严重，如无严重身体并发症，大部分急性戒断症状经 14～21 天的时间可得到不同程度的缓解。采用美沙酮替代递减可使患者痛苦较小和比较安全地度过急性戒断期。

美沙酮口服吸收良好，服药后 30 分钟起效，4 小时血药浓度达高峰，作用持续 24～36 小时，主要在肝脏代谢，由肾脏及胆汁排泄，反复给药有组织蓄积作用。美沙酮口服安全、有效、副作用小，欣快感比海洛因小，且又不会过度镇静，能够使患者保持正常的生理和心理功能，能降低对海洛因的渴求感（心瘾），耐药性相对稳定、有交叉耐药性。人们对美沙酮存在美沙酮维持治疗是小毒代大毒、降低性欲及更难戒断等误解。

2．美沙酮的副作用及使用注意事项

美沙酮的不良反应与吗啡类似，只不过程度相对较轻，主要有头痛、眩晕、恶心、出汗、嗜睡、欣快（过量时）、便秘、体位性低血压等。此外美沙酮还具有成瘾性，长期使用的话，应注意组织蓄积产生的过量中毒以及导致的药物依赖（主要为身体依赖），具体表现为突然停药后出现阿片戒断症状。长期使用美沙酮的妊娠妇女，其新生儿可出现戒断综合征，表现为震颤、肌肉强直、烦躁不安（啼哭）、呵欠、喷嚏、呕吐、腹泻等，可采取对症治疗。

此外，美沙酮过量使用的话，还可能导致呼吸抑制。呼吸抑制主要表现为昏迷、呼吸变浅变慢，瞳孔缩小呈针尖状（严重呼吸抑制可因脑缺氧而散大），血压下降，甚至休克，严重者可因呼吸抑制而死亡。

3．美沙酮替代治疗的递减原则

由于美沙酮也是一种麻醉类的药物，所以在使用美沙酮时，同样也会出现戒断综合征的反应。所以根据每个成瘾者的具体情况，找准替代治疗的初始剂量，然后再慢慢把美沙酮的剂量逐渐递减，这样能让美沙酮戒断综合征的反应程度有所缓和。

递减操作原则与方法

（1）根据每一个成瘾者的日用阿片类毒品量，找到最有效的美沙酮初始剂量，根据情况做适当加量处理。根据患者首次用药后药效的维持时间，初步判断患者对美沙酮的耐受剂量。首日采用两次给药法给药者，次日尽量避免一次性给完总药量，应逐渐调整后再合并为 1 次给药。

（2）掌握药量调整幅度，避免一次性大幅度调整。明确合并使用的药物与美沙酮的相互作用。做好患者治疗情况的动态追踪，按需要及时调整剂量，逐渐调整至最佳状态。

（3）发现美沙酮剂量过大，要确认吸毒者海洛因真实用量，在第二天的时候大幅度减药。

目前，美沙酮维持治疗门诊是国家正规指定的戒毒机构成瘾中心。需要提醒的是，美沙酮是我国的管控类药物，任何个人及非医疗机构都不允许在非医嘱的情况下滥用。所以美沙酮的使用必须在专业的医疗机构遵医嘱使用，一般在各地的美沙酮门诊都可以针对成瘾者发放美沙酮。大部分办理手续比较简便，只需要带本人身份证做简单登记，办理相关的治疗手续。且美沙酮治疗的费用较为低廉，大概每天 10 元的费用。具体的药量由医生按成瘾者自身状况进行调配，在医生监督下服用当次剂量方可离开。

二、海洛因急性中毒的纳洛酮急救

纳洛酮合成于 1960 年，其化学结构与吗啡相似，它是急诊科应用最为广泛的药物之一，用于麻醉药如海洛因、吗啡、可待因、哌替啶等中毒的解毒，镇静催眠药如安定中毒也可用它作为解药。但纳洛酮对阿片受体的亲和力比吗啡大，能阻止吗啡类物质与阿片受体结合，为阿片类的解毒剂，还有增加急性中毒的呼吸抑制者的呼吸频率，并能对抗镇静作用及使血压上升等优点。且纳洛酮吸收迅速，易透过血脑屏障，代谢速度快，主要在肝内生物转化，产物随尿排出。

静脉注射给药时，通常在 2 分钟内起效，当肌肉注射或皮下注射给药时起效稍慢。作用持续时间长短取决于给药剂量和给药途径。肌肉注射作用时间长于静脉注射。但是否需要反复给药取决于所拮抗的阿片类物质的给药剂量、类型和途径。需要注意的是，纳洛酮口服是无效的，均须注射给药。一般静脉注射后 1～3 分钟即产生最大效应，持续 45 分钟；肌肉注射后 5～10 分钟产生最大效应，持续 2.5～3 小时。

纳洛酮的药理作用靶点位于中枢神经系统，使用过程中可能会出现以下不良反应：低血压、高血压、室性心动过速和心室颤动、呼吸困难、肺水肿和心脏停搏，据报道其后遗症有死亡、昏迷和脑病，术后患者使用本品过量可能逆转痛觉缺失并引起患者激动，特别注意对高血压和心功能不全的患者应慎用。所以纳洛酮的给药剂量应依据患者反应来确定。

阿片类及其他麻醉性镇痛药成瘾者，注射本品时，会立即出现戒断症状，故要注意掌握剂量。首次纠正海洛因使用过量而导致的呼吸抑制时，应每隔 2～3 分钟，静脉注射 0.1mg～0.2mg，直至产生理想的效果，即有通畅的呼吸和清醒度，无明显疼痛和不适感。大于必需剂量的，可明显逆转痛觉缺失和升高血压。同样，逆转太快可引起恶心、呕吐、出汗或循环负担增加。所以最好在 1～2 小时间隔内，根据情况及需要分两次或多次重复注射给药。其剂量取决于最后一次使用的阿片类药物的剂量、给药类型（短作用型还是长作用型）与间隔时间。

特别需要提醒的是，应用纳洛酮拮抗大剂量麻醉镇痛药后，由于痛觉恢复，可产生高度兴奋。表现为血压升高，心率增快，心律失常，甚至肺水肿和心室颤动。所以有心血管疾病史，或接受其他有严重的心血管不良反应（低血压、室性心动过速或心室颤动、肺水肿）的药物治疗的患者应慎重使用本品。此外，由于此药作用持续时间短，用药起作用后，一旦其作用消失，可使患者再度陷入昏睡和呼吸抑制。

因此，纳洛酮的用药过程一定要注意维持药效。高血压及心功能不良患者慎用。使用者一定要根据病人具体情况和病情，选用适当的剂量和给药速度，同时还要密切观察病人的体征变化，如呼吸、血压、心率，以便及时采取相应的安全措施。所以，纳洛酮的使用一定要在专业的医疗机构，在医护人员的监督下使用，否则存在一定的使用风险。

三、丙型肝炎及 HIV 的防控问题

1. 吸毒行为与丙型肝炎

丙型病毒性肝炎，简称为丙型肝炎、丙肝，是一种由丙型肝炎病毒（HCV）感染引起的病毒性肝炎。据世界卫生组织统计，全球 HCV 的感染率约为 3%，估计约 1.8 亿人感染了 HCV，每年新发丙型肝炎病例约 3.5 万例。丙型肝炎呈全球性流行，可导致肝脏慢性炎症坏死和纤维化，部分患者可发展为肝硬化甚至肝细胞癌（HCC）。未来 20 年内与 HCV 感染相关的死亡率（肝衰竭及肝细胞癌导致的死亡）将继续增加，对患者的健康和生命危害极大，已成为严重的社会和公共卫生问题。

丙肝的传播途径主要经输血、针刺、吸毒等传播。在某些地区，因静脉注射毒品导致 HCV 传播占 60%～90%。据海洛因毒品泛滥地区相关的调查数据，在海洛因流行的毒品泛滥区，大约有 50% 丙肝阳性的吸毒成瘾者，在感染前存在共用注射器注射毒品行为，85.4% 存在共用吸毒容器现象。

在急性感染的情况下，其症状为恶心，食欲下降，全身无力，尿黄眼黄等表现。虽然单纯丙肝病毒感染极少引起肝功能衰竭，但在自然状态下，其中仅有 15% 的患者能够自发清除 HCV 达到痊愈，在不进行抗病毒治疗干预的情况下，85% 的患者则发展为慢性丙型肝炎。

因感染 HCV 后，其抗体出现较慢，一般在发病后 2～6 个月，有的甚至 1 年后才转阳，故不能作为早期诊断的方法。而且 1 次检测呈阴性，也不能直接否定诊断。所以，在各型病毒性肝炎特异性

标志的检测呈阴性的时候，如果临床症状及单项 ALT 升高，提示急性病毒性肝炎时，就应在诊断上考虑是否为丙型病毒性肝炎。

急性丙型病毒性肝炎的干扰素抗病毒效果好，90% 患者可获得彻底痊愈；慢性丙型病毒性肝炎病情较乙型病毒性肝炎轻，经标准抗病毒方案治疗，有机会清除病毒获得痊愈。但少部分患者感染 20 ~ 30 年后可出现肝硬化或肝癌。

由于吸毒患者对于抗病毒治疗的依从性、耐受性和 SVR 率均较低，因此，治疗丙型肝炎的戒毒人员必须强调还要让他们同时戒毒，反过来在戒毒过程中，也应该让丙肝阳性的患者接受丙肝的药物治疗。此外，很多丙肝阳性的成瘾者中，因为治疗费用高、副作用大或是治疗时间太长等原因，没有接受过任何形式丙肝治疗。所以我们还迫切需要对目标人群加强丙肝的宣传及治疗等综合服务水平。

2. HIV 病毒传播与共用针具的吸毒行为

HIV 病毒又称为艾滋病病毒，感染该病毒以后的病症又被称为“获得性免疫缺乏综合征”（AIDS）。1981 年 6 月 5 日，美国疾病预防控制中心在《发病率与死亡率周刊》上登载了 5 例艾滋病病人的病例报告，这是世界上第一次有关艾滋病的正式记载。1982 年，这种疾病被命名为“艾滋病”。

不久以后，艾滋病迅速蔓延到各大洲。1985 年，一位到中国旅游的外籍人士患病入住北京协和医院后很快死亡，后被证实死于艾滋病，这是我国第一次发现艾滋病病例。虽然全世界众多医学研究人员付出了巨大的努力，但至今尚未研制出根治艾滋病的特效药物，也还没有可用于预防的有效疫苗。艾滋病已被我国列入乙类法定传染病，并被列为国境卫生监测传染病之一。

一般来说，绝大部分的吸毒者是因共用针具而通过血液交叉感染了艾滋病毒。

很多感染了艾滋病毒的成瘾者开始感觉不到自己有病，血清中也检测不出抗体，这段时间称为窗口期，一般为两周至 3 个月，然后进入无症状期，此期为几个月至十几年不等，血清中开始检测出抗 HIV 抗体。从艾滋病病毒侵入人体，经过窗口期和无症状期，到艾滋病综合征出现前这一过程叫作艾滋病毒感染（HIV 感染），被感染的人称为艾滋病病毒携带者（HIV 携带者）或感染者。

HIV 感染后，最开始的数年至十余年可能无任何临床表现。一旦发展为艾滋病，病人就会出现各种临床表现。艾滋病感染的初期症状如同普通感冒、流感，可有全身疲劳无力、食欲减退、发热等表现，随着病情的加重，症状日见增多，如皮肤、黏膜出现白念球菌感染，出现单纯疱疹、带状疱疹、紫斑、血疱、淤血斑等；以后渐渐侵入内脏器官，出现原因不明的持续性发热，可长达 3 ~ 4 个月；还可能出现咳嗽、气促、呼吸困难、持续性腹泻、便血、肝脾肿大、并发恶性肿瘤等。临床症状复杂多变，但每个患者并非上述所有症状都全部出现。侵入肺部时常出现呼吸困难、胸痛、咳嗽等；侵犯胃肠可引起持续性腹泻、腹痛、消瘦无力等；还可侵入神经系统和心血管系统。

艾滋病通过性接触、血液和母婴三种途径传播，与艾滋病病毒感染者或病人的日常生活和工作接触不会被感染。有的戒毒社会工作者可能会担心，自己和 HIV 感染的成瘾者在一起会不会被传染。其实这种担心是多余的。即便是艾滋病感染者的体液或血液沾染到我们的皮肤，也是不会造成传染的。因为艾滋病毒离开人体，在水中的存活时间不会超过 1 分钟。此外，即便是我们的皮肤接触到艾滋病毒，病毒也没有从皮肤钻入人体的本领。

艾滋病病毒感染的成瘾者的吸毒行为虽然是违法行为，但也是疾病的受害者，应得到人道主义的同情和专业的医疗帮助。对艾滋病病毒感染的成瘾者的歧视不仅不利于预防和控制艾滋病，还会成为社会的不安定因素。所以作为戒毒社会工作者，我们应该关心、帮助、不歧视艾滋病病毒感染者和成瘾者，鼓励他们参与艾滋病防治工作，这也是我国当前控制艾滋病传播的重要措施。

家庭和社区要为艾滋病病毒感染的成瘾者营造一个友善、理解、健康的生活和工作环境，帮助他们采取正确的生活态度、改变高危行为，并为他们参与艾滋病防治工作创造条件。感染艾滋病的成瘾者是预防控制艾滋病的重要力量，应鼓励他们参与艾滋病防治工作。

目前，我们国家实施免费的艾滋病自愿咨询检测。对于有吸毒经历的成瘾者，最好建议他们去做相关的检测，以免于错过最佳的治疗时机，以能得到最佳的治疗效果。自愿接受艾滋病咨询和检测的人员，可在各级疾病预防控制中心和卫生行政部门指定的医疗机构得到免费咨询和艾滋病病毒抗体初筛检测。

3．针具交换的相关问题

调查显示，目前 52.69% 静脉吸毒者共用针具，此现象之所以如此普遍，与市场上较难买到注射器有一定关系。据一项涉及世界 81 个城市的研究显示，在 29 个开展针具交换项目的城市，其吸毒者中艾滋病感染率年均下降了5.8%，而没有实施此项目的52个城市，吸毒者中艾滋病感染率年均却上升了5.9%。所以，目前很多国家为了降低吸毒成瘾的人群的艾滋病传播率，都开展“针具社会营销”项目，澳大利亚、英国和荷兰等国家都有类似的针具交换项目。该项目主要通过成瘾者同伴来推广进行，在共用针具的吸毒成瘾者中，让他们倡导把用过的针具予以更换。

根据我国目前的法律规定，注射器属于医疗器械，只有持有医疗器械经营许可证的单位才能销售注射器。此外，我国的《禁毒法》也规定了“为成瘾者提供吸毒工具”是违法行为。所以针具交换的项目要想在海洛因毒品泛滥区进行推广，在我国也存在法律的瓶颈。

为此，我国政府21世纪初就制定了《中国遏制与防治艾滋病行动计划（2001—2005年）》，并且在少数海洛因流行泛滥的地区，通过当地的疾控中心开展了一些针具交换的项目试点，提出了一些减少艾滋病危害的具体办法，在相关的毒品泛滥区积极开展针具市场营销，在成瘾者人群中推广使用清洁针具，加强艾滋病防控的宣传力度，减少共用注射器传播艾滋病病毒的危害。在艾滋病严重泛滥的社区医疗机构中，还专门进行成瘾者的针具交换项目推广培训，以降低艾滋病对成瘾人群的危害。

所以，在部分海洛因泛滥的地区，针对海洛因成瘾者的戒毒机构可以通过当地的疾控中心申请相关的针具交换的合法手续，在一定范围内做一些针具交换的工作。但这需要戒毒机构的管理者与当地政府和相关医疗管理机构进行充分的沟通，以免因相关的法律问题造成社会管理方面的冲突和不必要的麻烦。

四、苯丙胺的药物治疗

苯丙胺精神障碍又叫苯丙胺精神病，一般是指因反复使用中等或高剂量苯丙胺（冰毒），导致吸毒的成瘾者出现以妄想和情绪障碍为主的精神障碍。其相关的精神障碍症状可在使用冰毒的过程或之后出现，主要包括幻听、被害妄想、情绪不稳易激怒、活动增多、敌意，甚至非理性和突然的暴力行为。大多数苯丙胺精神障碍的成瘾者并没有意识障碍，所以与人的沟通交流相对正常。但如应用超大剂量可导致急性谵妄，很容易引发违法暴力刑事犯罪。

苯丙胺危害的具体体现包括以下几个方面。

1．精神病症状

吸毒者一般表现最明显的是精神病的症状。如原来热情合群的人变得对人冷淡，与人疏远，孤僻不合群，寡言少语，好独处，躲避亲友并怀敌意，生活懒散，不守纪律。或原来很有教养的人变得出言不逊，好发脾气，对人无礼。精神病患者早期的情绪变化常表现为情绪高涨，洋洋自得，趾高气扬，管闲事，说大话，夸夸其谈，做事有始无终，爱发脾气，都是常见的精神病的症状。

患者还会出现一些类似于神经疾病的症状，损害患者的身体健康，如头痛、失眠、易疲劳、注意力不集中、情绪不稳、工作学习能力下降以及癔症样表现等都是常见的精神病的危害的表现。用脑时精神容易兴奋，有时对声音和光很敏感。入睡困难，睡后梦多，且醒后感到不解乏，终至睡眠感丧失，睡眠觉醒节律紊乱。

2．危及社会的行为

苯丙胺精神病由于受到病理心理的影响和支配，患者往往会出现各种各样的危及社会的行为，有的患者难以走出心理误区，偏执记恨政府、社会。有的甚至采取过激行为，出现危害社会或他人的冲动行为，多会对被攻击者的心理和身体造成不同程度的伤害，而且被攻击者往往是患者周围熟悉的人，甚至亲人居多。所以吸食苯丙胺类毒品的行为很容易诱发诸如杀人、抢劫、打架斗殴及强奸等恶性暴力案件的发生，从而对正常社会秩序和人们的日常生活造成极大的危害。

3．心脑血管疾病

滥用冰毒、摇头丸等新型毒品，除了会出现以上一系列问题外，还会产生各种急性的和长期的药物中毒反应，如各种幻觉、兴奋过度致心脑血管破裂引起的猝死和各种心血管、脑血管等相关的疾病。

苯丙胺精神障碍尽管危害严重，但只要人们掌握一些心理卫生知识，及早发现精神异常，采取有效措施，让病人得到及时、系统的治疗，精神疾病的危害是可以防范的。尤其是病情严重时，只要通过精神类药物就能得到很好的控制。对急性发病表现兴奋、偏执或抑郁状态的病人，可分别选用抗精神病药物或抗抑郁剂。对有自杀企图的病人，应严加注意。对不能主动进食、木僵和抑郁状态的病人，或幻觉、妄想和抑郁等症状显著而持久，身体虚弱者，应给予支持疗法，比如，鼻饲或静脉输液以维持患者必要的营养，必要时可以考虑使用胰岛素低血糖进行治疗。

五、苯丙胺精神障碍人群管理有待完善的问题

目前，在我国的强制戒毒机构，苯丙胺精神障碍的司法鉴定相关工作机制还有待提高。主要原因包括两方面。一方面从医疗机构方面来看，苯丙胺精神病的鉴定和评估并没有一个相对严格的标准与界限，导致有些苯丙胺精神障碍的患者应该使用药物治疗，但却没有相关的保障机制。另一方面就是公安机关在抓到苯丙胺的吸毒者以后，并没有设立相关的苯丙胺精神障碍鉴定环节，导致很大一部分病症严重的新型毒品成瘾者被送到了强制戒毒机构，相关的药物治疗机制在管理上运行不通畅，给强制戒毒机构的安全管理带来一定的隐患。加强苯丙胺精神障碍人群管理能在社会管理机制上降低该类患者造成严重刑事肇事肇祸事件的概率。

所以我个人觉得，相关的专业戒毒机构对苯丙胺精神障碍的人群管理，应该完善相应的精神障碍鉴定及治疗机制，强制戒毒机构针对苯丙胺精神障碍较为严重的人，应该进行强制药物治疗。而对于社会上绝大多数的自愿戒毒机构，由于精神科的专业医护人员相对缺乏，戒毒机构内部的工作人员对苯丙胺精神障碍的筛查鉴别能力有限，从而会导致一批可能需要精神类药物治疗的苯丙胺精神障碍的成瘾者，在缺乏药物治疗机制的情况下进入戒毒机构，这也会给部分自愿戒毒机构带来管理上的隐患，所以自愿戒毒机构也需要加强苯丙胺精神障碍的专业鉴定与管理能力。

因此，针对苯丙胺精神障碍成瘾者进行管理风险上的防控，是每一个戒毒机构都需要极其重视的问题。尤其是近年来苯丙胺精神障碍肇事肇祸的社会事件频发，这要求戒毒机构的管理者，在管理

理念上要与时俱进，千万不要沉溺于传统毒品成瘾者人群的管理模式。同时还要针对苯丙胺精神障碍人群的相关问题，在管理的资源组合及相关的筛查评估机制上做好分级管理工作。保证让有严重病症而需要药物治疗的成瘾者，及时得到有效的药物治疗。这样才能提高新型毒品成瘾者的康复水平，降低机构安全管理的风险。

本章值得思考的问题：

1. 美沙酮作为替代治疗的药物为什么也需要管控？
2. 纳洛酮急救的药物来源应该通过什么途径获得？
3. 目前苯丙胺精神障碍的法律认定存在什么样的瓶颈？

第四章　与成瘾者家属沟通的相关问题

在戒毒的过程中，拥有家属的理解和支持，是成瘾者顺利戒毒的重要相关因素之一。由于家庭成员每天都生活在一起，其亲密关系是任何社会心理专业团体都无法比拟的。亲人的关怀、温暖、支持、理解能使吸毒者感受到自身存在的价值，促使成瘾者更加积极配合戒毒治疗。

但绝大部分家属对毒品和吸毒行为缺乏正确系统的认知，再加上成瘾者的原生家庭或配偶之间存在一些家庭矛盾，有些成瘾者的家属自身也存在一定问题。因此，为了让成瘾者加强戒毒动机，积极配合戒毒机构的管理与治疗，提高成瘾者的戒毒效率，如何更好更有效地与家属的沟通，也就成为了戒毒机构的工作者们需要思考和面对的重要工作之一。

在与家属的沟通过程中，需要注意以下几方面的问题。

一、常见的问题

1. 毒品知识匮乏

从以往的工作经验来看，海洛因为代表的传统毒品成瘾者家属，一般有两种不同的倾向：一是在刚刚了解到亲属吸毒的现状，有些家属幼稚地认为吸毒与抽烟喝酒没什么区别，所以非常难以理解成瘾者戒毒的漫长而艰难的过程。等到成瘾者深陷泥潭无法自拔，出现严重的社会和家庭问题，家属才会逐渐意识到毒品的危害与戒毒的艰难。二是海洛因成瘾者在长期戒毒而最终失败，家属在心理上出现崩溃，对成瘾者表现出绝望而彻底放弃帮助成瘾者戒毒。

针对以上这两种情况，戒毒机构的工作者首先应该让成瘾者的家属了解什么是毒品和吸毒成瘾，了解吸毒者的心理、人格、行为和躯体特征，了解什么是真正戒毒，让其充分了解家庭因素对吸毒和戒毒成功有着重大的影响作用，这样才能让家属在陪伴戒毒过程中发挥自身积极的作用。

此外，有极少数家属对禁毒相关的法律知识也相对欠缺，对吸毒亲属的违法行为还存在一定程度的庇护行为，还有些家属为了消除吸毒者的法律污点，甚至希望侥幸通过“关系”把成瘾者从强制戒毒机构“捞出来”。这种行为其实对成瘾者并没有什么好处。

总体而言，戒毒机构要想调动家属配合成瘾者戒毒，就需要对成瘾者的家属进行毒品及相关法律知识普及宣传教育，提高家属的毒品危害防控意识，这样才能在根源上帮助成瘾者本人端正戒毒的理念。

2．家庭关系和个人心理问题

吸毒会耗费大量的家庭钱财，尤其是海洛因成瘾者后期到了一定程度，可能要靠变卖家中财产换取毒品，致使家徒四壁，并最终有可能导致婚姻死亡，家庭破裂。所以有很多成瘾者的家属因成瘾者的长期吸毒行为而受到了严重的伤害，大部分吸毒者家庭关系紧张，家属也会因此而产生严重的心理问题。

以冰毒为代表的新型毒品成瘾者，会因为新型毒品的药理作用，产生严重的情绪障碍和苯丙胺精神障碍，症状较为严重的，会出现恶性暴力事件而伤害到家人，致使家属感到紧张、焦虑，惶惶不可终日。惊恐情绪到极致的家属，还有可能因为害怕而经常借助报警的手段来震慑成瘾者，从而导致家庭关系紧张甚至破裂。

针对家属的家庭关系和个人心理问题，戒毒机构的工作者，除了帮助家属了解戒毒知识、增强戒毒信心以外，也有必要让家属检查自己的家庭本身是否存在着缺陷，尽量帮助家属消除导致吸毒者成瘾的家庭因素。绝不能让家属对成瘾者的吸毒行为，采取溺爱、哀求、放任自流的方式。

例如，王某是一个在岗职工，对于一个在事业单位工作的职工来说，他的工资在他刚吸毒时还能够顶一顶。然而时间一长，他就欠下了一屁股毒债，起初他还能一手交钱一手接货，到了后来他就开始借钱吸粉了，当他没地方可借时，就想到找毒贩赊粉。一次他实在是犯瘾难受，就找来毒友一起去找他妈求情要钱吸毒，并保证吸完这次绝对戒掉，让毒友作证。他母亲竟然相信了他，虽然苦口婆心劝了几句后，最后还是拿了 200 元钱含着泪送他俩出去找粉了。但事实上，成瘾者的家属这样做，不仅对吸毒者没有丝毫警戒作用，更会强化他们的吸毒意识，给戒毒带来更大的困难。

除此以外，还有的家属会因为害怕吸毒者对自己造成伤害，对吸毒亲属产生绝望的心理，甚至趁着成瘾者被强制隔离戒毒，改门换户，搬家迁移，远走他乡。这类家属就需要帮助他们修复心理创伤，并帮助其树立信心和耐心。如果戒毒机构有条件的话，可以专门开设针对家属的个体咨询与家庭互助的小组团体治疗，以帮助他们更好地处理家庭矛盾，让他们在与成瘾者沟通过程中，尽量避免争吵、训斥、发怒、毁物等不理智的交流方式，多给成瘾者一些温馨关怀、理解、谅解支持。

除此以外，家属还存在与成瘾者之间的沟通障碍问题，以及在成瘾者康复阶段存在的重建家庭信任的问题。这些相关内容，我们将在本书的第四部分康复回归期的篇幅里进行详细的叙述。

二、与家属关系的处理原则

1．保密原则

首先，无论是成瘾者家属还是戒毒机构，要做到保护成瘾者的个人隐私，保证不泄露成瘾者的个人信息和行踪及情况，以减轻成瘾者戒毒的思想负担。现在大部分去异地戒毒的成瘾者，几乎都是为了顾及自己的面子，或是为了躲避当地可能遇到的亲戚朋友。因此为成瘾者保密的工作原则，是重要的戒毒工作原则之一。

尤其是成瘾者的家属，他们在与戒毒机构打交道的过程中可能会因为自身的社会地位、名誉等因素有诸多的顾虑。他们大多会处于一种极为矛盾的心态，一方面，他们很想跟戒毒机构的工作者进行深入的交流，期待获得专业的帮助，另一方面又害怕别人知道自己家里太多的信息而充满不安全感。因此他们对相关的保密问题会极为敏感。

通常戒毒机构的工作人员对于第一次见面的家属，沟通地点和沟通方式一定要谨慎选择，规范设计。与家属初次会面的地点，最好不要设在有闲杂人员进出来往的嘈杂场所，这样会让家属有强烈的不安全感。见面时，先自我介绍个人的职业、职位、年龄等相关的个人信息，这样做的主要目的是让对方对自己的工作能力有一定的信心。除非对方主动介绍自己，一般不要主动询问对方的姓名、年龄、职业、籍贯等个人或家庭信息。

此外，保密原则也适用于戒毒社会工作者本人，这要求我们在与家属打交道的过程中，在相互不了解的情况下，不要随意向对方透露自己的家庭住址、私人电话、娱乐喜好、生活习惯等个人隐私的信息。以避免极少数社会关系复杂的人员，因其个人不良情绪问题或不良人格问题引发的不良事件。

2．三不原则

为了明确戒毒机构的工作人员身份和职责，避免与成瘾者家属之间可能产生的误会与法律纠纷，在与成瘾者家属打交道的时候，我们还需要倡导“三不原则”，以避免一些复杂的隐患。

不私交：少数成瘾者家属可能会因期待成瘾者在戒毒机构获得更好的照顾，而希望跟戒毒机构的工作人员发展更亲密的社会人际关系，于是可能会用请客吃饭、送小礼品等方式，拉近与工作人员的心理距离。这时候戒毒工作者既要明确表达自己的谢意，又要礼貌拒绝对方的请求。“不私交”原则要求在交流的时候不要过于刻板生硬，语言方面要温和柔善，切忌让成瘾者家属感到冷漠。

不建议：部分成瘾者家属由于自己可能已经了解过很多不同的戒毒治疗药物，也可能陪着成瘾者尝试过许多的戒毒方法。戒毒工作者对相关的药物及戒毒方法介绍，一定要公正客观。就算是朋友、熟人托关系转介过来的，对戒毒机构相关的治疗药物、戒毒方法也不能使用倾向性太强的选择性建议。而对于相关的家庭矛盾处理方式，戒毒社工的意见表达也一样要谨慎。

例如，曾经有家属在成瘾者吸毒后出现异常行为的情况下，征询戒毒工作者是否要报警，让警察来抓自己家里的吸毒者，这无疑会让戒毒工作者陷入到成瘾者家庭矛盾的中心。因此，在不是完全了解其家庭关系和家庭矛盾的情况下，我们依然还是要让成瘾者家属自己对戒毒相关的问题仔细斟酌，并做出最终的选择，千万不能随便给出具体的行为建议。“不建议”原则的目的，是要让戒毒工作者保持一个客观的态度，以免因自身不成熟的意向给成瘾者家庭带来困扰。

不承诺：很多家属带着戒毒亲属来到自愿戒毒所，都希望能通过该机构帮助自己的亲人彻底戒断毒品，达到康复的戒毒目标。甚至有些家属还错误地认为，只要让成瘾者进入戒毒机构，就应该像病人去医院看病住院那样，只要交钱或找到好的医生，就能让自己吸毒的亲属把毒品戒断。所以戒毒机构的工作者一定要向家属耐心介绍戒毒的基本知识，绝不能给家属任何类似的承诺。“不承诺”原则的目的，并不是要逃避戒毒机构的责任，而是要让家属意识到家庭与成瘾者自身在戒毒过程中应该担当的那份责任。

三、陪住家属的管理及要求

随着吸毒人群低龄化趋势的日益明显，愿意主动陪伴成瘾者入住的家属越来越多。随着政府对自愿戒毒所的支持力度逐渐加大，戒毒所的条件也逐渐改善，能为成瘾者提供家属陪住服务的戒毒所也越来越多。戒毒所为成瘾者提供相关的家属陪住服务，既有利于成瘾者的戒毒意愿，又能满足部分戒毒家属的陪伴需求。所以整体而言，这确实是一项充满人性化的管理举措。

但家属作为成瘾者的陪住人，经常也会有一些问题。很多家属在陪同成瘾者进入戒毒所之后，他们常见的想法就只是“陪着”成瘾者，大多数人把自己定义为生活陪护人。少数家属陪护过程中，每天就是像在家一样待在房间里看电视，所有集体活动不参加，完全以置身事外的态度存在。这样对于成瘾者来说可能不会有太消极的影响，但是肯定不会有积极作用。成瘾者感受不到家属的心灵陪伴，只会感觉一个人在戒毒路上前行，双方之间会因为没有共同步调而发生观念、行为、态度等方面的差异，无法达成一致，易形成沟通障碍。

其实家属作为戒毒帮教人，一言一行都会对成瘾者戒毒起着重要的影响作用。部分家属来到所里之后，认为成瘾者进入戒毒所以后就是老师的责任了，自己不管不问；还有的把孩子送到戒毒所里之后就再也没出现过，工作人员与其电话沟通也经常以忙为借口逃避帮教责任。如果家属在所内不积极学习各种帮教技能，成瘾者离所之后依然会对其复吸行为束手无策。所以陪住家属应该多和其他人交流并自我总结、提高，掌握的帮教技巧越多，将来面对成瘾者复吸行为的时候越能做到心态平和，措施有效。

因此，有条件的戒毒机构可以单独设立家属陪住区，对家属的入住进行统一的管理。并对入住的家属提出统一的入住条件及要求。具体内容如下：

（1）陪住家属必须向成瘾者所在的戒毒机构提出陪住申请，经戒毒机构评估合格后，与戒毒机构签署“入所陪住协议书”以后才能进入戒毒所陪住。

（2）戒毒工作人员为陪住家属开具陪住证，注明陪住的具体时间，并向家属介绍陪住要求。

（3）陪住家属需与戒毒机构的工作人员相互配合，在工作人员的指导下参与戒毒所内部的相关陪护活动。

（4）陪住家属要自觉遵守戒毒所内的各项规章制度和作息时间，未经允许，不能到其他成瘾者的房间聊天。

（5）陪住家属不能在戒毒所内的非吸烟区抽烟，禁止饮用含有酒精的饮料。

（6）禁止私自使用电炉、电暖气、电热毯等存在安全隐患的电气设备。

（7）每位成瘾者陪住家属只限一人，不得私自携带床垫、折叠床等卧具。

（8）如陪住家属因故需要短暂外出时，务必通知戒毒所相关的管理人员。外出回来，也务必通知相关管理人员。

（9）若陪住家属需提前终止陪住协议，离开戒毒所，需与管理人员协商沟通，并办理相关的离所手续。

（10）陪住家属不得从外面私自携带外来的食品、香烟和药品。如果确实是因生活和治疗需要的必需品，需经戒毒所内的工作人员统一检查，并做好相关的备案记录。

（11）手机和 IPAD 等通讯工具的使用及管理，也须遵照戒毒所内的相关规定。

此外，有部分成瘾者在隔离观察期评估中，不符合入住戒毒所的资格和条件，自己又愿意入住戒毒所，这时候如果有直系家属或法定监护人愿意陪同，可让其在有家属或法定监护人的陪同下，一起入住戒毒所，对不符合入住条件的成瘾者也可以适当放宽入所资格。

本章值得思考的问题：

1. 为什么与成瘾者家属打交道的时候要执行“三不”原则？
2. 在自愿戒毒所内的家属陪住管理工作需要注意哪些问题？

第三部分

戒断期

戒断期是成瘾者完成了戒毒相关的前期医药治疗，逐渐解决戒断综合征及精神症状的困扰以后，因吸毒带来的不良躯体反应暂时得到了缓解，进入相对稳定的状态的时期。但接下来，成瘾者将如何面对可能发作的复吸行为，如何处理生活中引发复吸行为的焦虑源，都是需要成瘾者面对的问题。所以戒断期是戒毒的核心阶段，也是成瘾者防止复吸、并逐渐走向康复的重要阶段。

在这一部分中，我们将重点针对成瘾者防复吸行为的方法进行介绍。其主要内容包括了国际、国内的主流自愿戒毒模式，还有戒断期的家庭关系处理、情绪、压力管理方法。

第一章　自愿戒毒模式概述

本章主要是通过对国外部分戒毒运行的模式及理念的介绍，为自愿戒毒所的核心业务环节提供一个可供参照的理念，让大家对戒毒的整体思路有较为深入的了解。这里主要介绍匿名戒毒会（Narcotics Anonymous），简称 NA，及治疗社区，（Therapeutic Community）简称 TC，这两种较为成熟的戒毒模式。

一、NA 与成瘾者的同伴帮扶

NA 是一个具有国际影响的戒毒者自助组织，其成员是一些有志于彻底摆脱毒品或正在康复的药物滥用者。在同类自愿戒毒体系中，NA 的戒毒体系历史最长，影响最大。仅据相关机构 1992 年的统计数据，它当年每个星期在欧美的某 6 个国家中开展的活动就达 25000 次。

1．历史及发展过程

在 NA 之前，美国于 1935 年成立了匿名戒酒会（Alcoholics Anonymous），简称 AA，又称嗜酒者互诫会、戒酒互助会等，这是世界上最负盛名的自助组织，现已成为类似自助组织仿效的范例。

可以说，NA 正是在 AA 的影响下才成立并发展壮大的。NA 的十二步戒毒法，可说是 AA 十二步戒酒法的翻版，而 NA 的十二传统更是与 AA 一脉相承。

NA 的第一次会议是在加州的洛杉矶召开的，该组织是由若干药物滥用者于 1953 年创建的。开始时，虽一直进行活动，但参加人数波动较大，影响并不很广。直到上个世纪 70 年代初，NA 的影响才一下子引起世人的瞩目，其分支机构扩展到北美的其他城市以及澳大利亚。

1978 年,NA 召开了第一次由各地代表参加的代表大会。1982 年，NA 出版了一本名为《匿名戒毒会》的小册子，集中而全面地论述了 NA 的基本思想和原则，此后，NA 声名鹊起，其组织及影响迅速遍及全美国并扩展到世界其他地方。除美国本土外，在巴西、哥伦比亚、德国、印度、爱尔兰共和国、日本、新西兰和英国都建立了全国性的 NA 组织。在《匿名戒毒会》出版后的 3 年里，其成员几乎增长了 3 倍。目前，在中东以及东欧等地也陆续建立了 NA 的分支机构。

据 1983 年的统计数字显示，全球有 27500 个 NA 组织。到 1993 年底，全世界已有 54 个国家设有 NA 组织，登记在册的 NA 组织有 220000 个。此外,NA 还与许多专业机构（如戒毒所、医院）有着密切联系，通过举行各种活动，为希望寻求长期康复的滥用者提供帮助。到 21 世纪初期，NA 组织的数量随着毒品在发展中国家的泛滥而激增，所以就很难精确统计 NA 组织的数量了。

2. NA 的性质、基本思想与活动方式

NA 是一个非盈利性的组织，其方法是让成瘾者自发定期聚会、

互相帮助、保持操守，从而达到康复的目的。NA 认为吸毒或其他药物成瘾其实是一种病，但这是一种可治之症，通过努力，借助于集体的力量，这种病是完全可以治愈的。但 NA 对入会的成瘾者有一条很重要的要求：成瘾者自己要有戒毒的愿望，即戒毒的动机，尤其对于新入会的成瘾者更是如此。

有戒毒的愿望和动机是戒毒的第一步。NA 会通过一些方法，再逐步对其提高要求，而这些要求是循序渐进的。主要的康复过程就是通过十二步戒毒法进行的小组活动。这些活动包括：承认问题的存在，产生求助的要求和愿望，对自己给予公正、客观的评价，自我开放，对已经给他人造成的伤害给予补救，帮助其他吸毒者，通过助人达到自助的目的等。

NA 十二步戒毒法的具体内容如下：

（1）承认对酒无能为力；

（2）认识到只有靠最强的毅力才能戒酒；

（3）决定将自己的愿望和意志寄托于自己的信仰；

（4）自我反省，在精神上对自我进行大胆解剖；

（5）向自己和他人坦言自己嗜酒的实质；

（6）从精神上除掉自身性格中的弱点；

（7）从精神上除掉自己的缺点；

（8）列出所有因自己嗜酒而受伤害的人的名字，在心中向他们逐一道歉；

（9）尽可能向这些人当面道歉；

（10）继续进行自我解剖；

（11）通过交流获得戒酒的力量；

（12）将自己按这些步骤戒酒的体会传授给其他人。

NA 最主要的活动是集体会议，每个小组的活动都是自主的，但所遵循的原则则是共同的。和居住性 TC 社区戒毒不同的是，NA 的成员都是平等的，相互之间并无等级之分。他们平时也不住在一起，甚至往往连固定的活动场所都没有，而是在需要时借用或租用小组活动的场地。

一般来说，NA 的会议分为封闭式与开放式两种。前者仅由 NA 会员参加，而后者则对一般公众开放，目的在于谋求公众的支持，吸引更多的人参加 NA 的活动，壮大 NA 的队伍。但因其强调自己是自给自足的组织，其全部经济来源均为 NA 成员的捐献，不接受非 NA 会员的援助。NA 虽然通常不聘请专业人员，不提供各种专业的帮助，但是对于一些新近参加 NA 活动的新成员，会由资深的有戒毒经验的 NA 会员（大多是某一组织的发起人）提供一般的辅导。

此外，NA 相当重视匿名原则，所以每次在 NA 的成瘾者聚会时，每个希望摆脱毒瘾的匿名成瘾者都会大胆地现身说法，向渴望戒毒的人讲述自己的亲身经历，痛说吸毒给自己及周围人带来的危害，讲述自己对 NA 康复程序的体会，与他人分享自己戒除毒瘾、享受生活的快乐的切身经历。另外，NA 相信戒毒的康复程序之所以有明确的效果，其部分原因在于，它强调每个个体在帮助他人的过程中也能达到帮助自己的目的。NA 相信，只要让有决心戒除毒瘾的人走到一起，分享各自的体验，就能在助人自助的过程中达到戒毒康复的目的。

为了突出自己组织的特色和侧重点，NA 还制定了一系列的原则，它强调成员之间的团结，信奉集体意识和小组规则对个人康复的重要性；强调 NA 组织的独立性，强调自己对相关机构及企业不赞同、不资助、不允许利用 NA 的名义的立场；强调不对外界的问题发表评论，不卷入公众讨论，甚至包括不对与吸毒的一些相关问题如犯罪、卖淫、艾滋病等做任何讨论。

正因为重视匿名原则，所以 NA 的成员及活动一般不在媒体上抛头露面。但在现实中，NA 在大众传播媒介中其实具有很高的知名度，尤其是在美国、加拿大等地，有些人甚至称其为药物依赖者的救星、戒毒史上的一大奇迹等，这当然也有过誉之嫌。

3．NA 最大的特色：成瘾者同伴帮扶

从 NA 发展的经验来看，NA 最大的特点就是“有戒毒经验的成瘾者帮助愿意戒毒的成瘾者”，通俗地说就是依靠成瘾者同伴帮扶的力量。这个理念也是基于人本主义心理学“一个不完美的人可以帮助到另外一个不完美的人”。在下文中要为大家介绍的 TC 治疗社区的体系中，这个理念也是同样适用的，只不过 NA 不像 TC 治疗社区里那样比较强调行为矫正的等级制度而已。

在近些年的戒毒模式探索中，成瘾者的同伴帮扶确实有一定的作用，且是其他手段与方式不可替代的。毕竟有戒毒经验的同伴，自身戒毒操守的时间相对较长，这本身就有榜样的示范作用。这种榜样的影响力，不需要任何语言，就能对渴望戒毒的成瘾者提供很大的信心，在潜意识的层面就能加强其对自身戒毒的信念。

另外，作为心理干预同伴的有戒毒经验的成瘾者，比普通的心理咨询师或社工，相对更了解戒毒的成瘾者在戒毒过程中的心理体

验，所以他们所给出的戒毒建议及相关的行为指导，往往对成瘾者而言更具有针对性。尤其是在戒毒过程中遇到家庭矛盾、毒友诱惑、职场压力等相关问题时，他们自身就有与之相似的经历，因此他们在面对困难、矛盾和冲突的时候所使用的方法及干预手段，很可能是一般心理咨询师或社工难以通过专业力量达到的。

随着自愿戒毒机构的增加，国家对该领域的投入也在逐年增加，但整体上还是存在着人力财力的严重不足。所以，大胆利用有戒毒经验的成瘾者来帮助更多愿意戒毒的人，除了能提高戒毒的成功率以外，在客观上还能节省部分人力资源及减少经济投入。

但目前由于存在对成瘾者帮扶同伴缺乏专业的培训及督导管理体系，再加上少数机构存在对成瘾者的社会歧视，以及在工作理念上存在一定的保守现象，成瘾者同伴帮扶的力量，并没有得到很好的应用。所以我们的戒毒管理理念还有待提高，成瘾者同伴帮扶的用人管理机制还有待进一步完善。

4．NA 戒毒模式的局限性

由于 NA 缺乏严密的组织形式，且其小组活动方式为匿名，而且各国的各组织结构及活动方式也有很大的差异，迄今为止尚无人对 NA 的成效（长期操守率等）进行科学的评价。虽然从现象学的角度来看，确实有许多成瘾者通过 NA 的戒毒方式达到了戒毒的目的，但要想对其戒毒效果进行科学的评估非常困难。

此外，还有人认为 NA 是一种宗教团体，这大概是由于在其理论中常出现上帝、祈祷、反省、灵魂觉醒等字眼。也正是因为这个原因，导致其理念和交流存在一定的人文因素障碍，所以 NA 在我国发展的局限除了法律相关因素之外，同时也包含类似的原因。因此有人建议，将其中与宗教有关的字眼按参加者的社会文化背景进行修改，如将上帝换为集体的力量等。

NA 在我国部分沿海城市发展相对较好，从整体上看，还是有一定的发展局限性。但客观地说，NA 之所以能存在半个多世纪而发展至今，在各国自愿戒毒领域长盛不衰且日益壮大，肯定是有其价值所在，所以对它全盘否定也不是科学的态度，我们完全可以对其有价值的部分进行大胆的借鉴。

二、TC 社区戒毒与行为矫正

1. 治疗社区（TC）的起源

治疗社区，最早起源于精神病院，1946 年美国精神科医师麦克斯威尔·琼斯率先在贝尔蒙特精神病院开展 TC 工作，目的是利用专业人士、病人、亲人协助病人治疗，帮助成瘾者获得身心康复，后来 TC 被广泛用于监狱、戒毒康复等不同的治疗领域。后来，TC 在戒毒康复领域的应用始于 1958 年查理斯·迪德瑞克（Dederich）创建的锡南浓村。以锡南浓村为原型，20 世纪 60 年代陆续在美国各地建起多种 TC，如凤凰村、奥德赛村等。戴托普社区也是在此期间（1963 年）由美国纽约传教士威廉·奥布莱创立的。

无论是凤凰村、奥德赛村还是戴托普社区，他们的思想与方法都与锡南浓村一脉相承。戒毒治疗社区模式因其良好的治疗理念和康复效果已经被世界上很多国家采用，而戴托普社区经过几十年的发展已经成为发展应用最为广泛的 TC 之一，目前该模式已经被 50 多个国家广泛采用。

TC 社区按工作层次不同，出于社区独立运作的日常功能，所有的 TC 社区入住者，会模拟社会上的不同人群及相关管理机制，大致会分为 4 个组：清洁组、厨房组、事务组和激励组。清洁组负责社区内的环境卫生；厨房组负责社区的饮食，包括菜谱的拟订及采购；事务组负责社区内各种事务性的工作；激励组统筹管理各项活动时间，督促检查各种工作进度及完成情况。有些社区还会设置针对新成员的陪护组，或是根据需要针对外来事务接待需求而设置外事组。

一般来说，社区辅导员或协调员都是由有 TC 经验的前居住者担任，在 TC 的管理层中占重要位置，他们对吸毒有极高的敏感性，对戒除毒品及心理康复有非常深的感受和深层次的理解力，对社区中的居住者具有很强的洞察力，通过他们现身说法和他们已取得的成就，影响和感染后来者。

此外，整个社区还按职务的高低分为组员、领班和组长。组员要认真完成本职工作，同时有监督上级的权利；领班协助本组组长的工作，了解组员的思想动态并及时向上级反映；组长统筹安排本组工作，接受协调员发出的指令性任务，参与各种特权的评估及审批工作。协调员为 TC 社区中权利最高的级别，与值班辅导员一道全面负责治疗社区的日常活动，参与各种特权的评估及审批工作，安排小组重要活动，并向下级发出指令性任务。

在社区中，居住者通过每天不同的小组活动及相关的行为矫正体系，秉承“自助助人”的行为矫正理念，帮助每一个参与治疗的成瘾者，努力地找回丢失已久的人生价值观和自尊，重新树立新的人生价值体系。并通过对不良日常生活习惯的矫正，逐渐摆脱吸毒的亚文化，恢复主流社会的生活态度，从根本上改变自身，从而戒除毒瘾并长期操守。

1991 年 11 月，由我国卫生部和美国戴托普公司、美国国家麻醉品国际事务局签署协议，于 1998 年 9 月 28 日在云南昆明成立的“戴托普”TC 治疗社区，这是我国第一家自愿戒毒性质的 TC 治疗社区。

2003 年 10 月，北京市公安局强制治疗管理处派民警到云南“戴托普”TC 治疗社区体验学习，回北京以后，在强制隔离治疗戒毒所内，组建了“向日葵”TC 治疗社区。“向日葵”TC 治疗社区是北京市公安局强制治疗管理处戒毒中心在禁吸戒毒工作中做出的积极探索，是把戴托普的经验、文化与强制戒毒相融合，是我国成立的第一个在强制戒毒机构内的 TC。

它以成瘾康复治疗为目的，以社会学、管理学和社区文化建设为保障，是具有人性化、科学化、制度化特色的戒毒康复管理模式。该社区采取集体生活方式，用心理学、社会学的方法建立起一种独特的社区文化（有责任的关心和爱、理解、信任、友谊、真诚、奉献、互助、信念、支持、质量和自豪感等），有严格的等级制度、社区规则和奖惩制度。这是我国戒毒机构在戒毒管理机制的理念及管理思路上做出的大胆探索，也为我国的戒毒工作管理思路的多元化，揭开了重要的一页。

2．理念特点

TC社区治疗是一种有效的药物滥用康复治疗方法，又称治疗集体。它强调所有成员同吃住同劳动，遵守规则，互相约束，互相帮助，共同成长，从而使其成员抛弃药物或毒品，停止反社会行为，产生亲社会的态度及价值观，重新成为社会有用的人。

治疗集体有以下特点：

（1）强调所有成员生活于同一环境之中；

（2）要求每个居住成员遵守一系列行为规范，不得违反；

（3）以集体及个别心理治疗为基础进行各种活动，不仅关注生活中的问题，而且关心居住者的情绪问题；

（4）在共同生活的环境内，有一套明确的奖惩条例；

（5）采用等级制，等级不同，身份、地位、责任及权利均不同，各成员自入住起，即沿等级逐步上升，直至“毕业”；

（6）有些入住者成员可成为其中的工作人员。

3．入住流程

一般来说，成瘾者要想入住TC，具体的流程和相关活动的组织方法主要包括以下相关内容：

（1）申请。每一名进入“向日葵”治疗社区的戒毒者，都必须遵循以下程序，即：写书面申请提交社区，经社区心理辅导面试考察其戒毒动机是否强烈，并提交书面报告审批。审批通过后，辅导员与戒毒者双方在自愿的基础上签订《入院治疗协议书》。

（2）安检、接诊。入院时，检查小组给戒毒者做毒品安全检查。检查小组必须做检查备忘录，作为今后工作评估素材。检查结束后，戒毒者必须做“接诊”。首先让戒毒者坐冷板凳反省因吸毒给个人、家庭、社会带来的危害；引导其端正戒毒心态和戒毒动机；简单介绍社区规则与制度；帮助其认真对待治疗过程中的心态问题；“接诊”结束后，正式告之其尚未被接纳入院，依据本人一周内的行为表现、工作态度，由全体家庭成员决定其去留问题。

（3）明确社区规则。向日葵治疗社区之所以能够正常运作，其原因在于治疗社区运用有效的等级结构和非常全面细致的管理规则，因过于详细，不作论述，但社区有四大禁忌只要违反其中任何一条，立即被开除出院。四大禁忌包括：

吸毒（包括酗酒及饮用含有酒精类饮料）

暴力（包括威胁性语言及动作）

性关系（包括同性及异性之间暧昧关系）

偷盗（包括未经他人允许私自动用他人物品）

4．治疗社区的小组活动

（1）对质小组。通过相互提问，让居住者学会坦诚待人，坦诚待己，诚实地对待每件事，敢于承担责任，开放自己，并彻底撕下自己的假面具，促使当事人反省自己，并下决心一步步改正自己的缺点。对质活动中，可以假定某人已经犯了错误或已经有违反社区规则的意图和行为。被对质方必须坦诚的正面回答问题，不许回避、反问或以问题回答问题。在对质小组中，没有等级之分，对事不对人，可以对质组长、领班、协调员和工作人员，任何人不得带有私人情感。对质小组的目的是在于解决问题，而不是制造矛盾。

（2）碰撞小组。碰撞小组通常称之为情感宣泄小组。每周活动两次，星期一和星期四晚上 8：00 在工作人员的监控下进行。在活动中，当事人双方相互指责（或致谢）因对方某行为或某件事给自己带来的影响。其目的在于通过该活动使戒员慢慢学会正确对待日常生活中的矛盾，控制自己的情感，延缓即刻满足的心理。同时训练居住者自身心理的承受能力。碰撞小组中，允许宣泄好的情感和对立情感；活动中，当事人双方可以不讲道理，但不提倡不讲道理；碰撞会上没有等级之分，对事不对人，可以碰撞组长、领班、协调员及工作人员，所有成员一律平等；在宣泄过程中，如果主持人示意停止，宣泄双方必须立即停止，否则视为暴力；在宣泄过程中，任何人不得擅自离开自己的座位（包括不得站立）；宣泄双方可以运用认为能够表达自己情感的语言，但不许使用侮辱他人人格和威胁性的语言，不允许无休止的漫骂。

（3）固定小组。固定小组通常由 6～8 名成员组成，每周组织一次小组活动，这些成员基本不变，小组活动中可以抽烟、喝茶，在固定的人员中，每个人都应该充分的开放自己，暴露自己的过去，说出自己内心深处的痛苦和秘密。在大家的帮助下，寻找造成自己吸毒及复吸的诸多因素，达成共识，相互理解，相互促进，相互鼓励，达到保持长期操守的目的。在固定小组中，可以畅所欲言，所谈及的问题不能在固定成员之外传播。

（4）艺术情感。居住者可以将自己或者对别人的情感及希望用绘画、音乐、小品等多种形式在作品中表现出来。艺术情感实际上是情感宣泄的另一种手法。

（5）周末小结。每周末晚 8：00 做周末小结，总结一周以来社区内所发生的重大事件，居住成员各自的感受以及对治疗社区提出具有建设性的意见和建议，找出自己的不足之处。

（6）其他行为矫正活动。主要包括救人、冷板凳、谈话警告、照镜子、剃头、自由人、家庭总会、开除出院等等。

三、北京天康“4+1”自愿戒毒模块

目前，我国自愿戒毒机构主要由当地卫生部门或司法部门管辖设立，还有少数戒毒机构以民政注册的社团民间非营利机构（NGO）的形式存在，但这类机构的规模相对较小。随着新型毒品的吸食人数增长，因新型毒品成瘾人群在戒毒过程中出现的相关问题，与传统毒品的成瘾人群不尽相同，导致原来旧有的戒毒模式、管理方式及方法也会面临更多新的问题。

经过近些年的探索与研究，以及我们通过在北京市天康自愿戒毒康复所内的戒毒管理机制的实践，总结了“4+1”基本工作模块的经验，在此我们简称为天康“4+1”模块，其中前 4 个模块主要包括：医疗评估巡诊、家属干预、同伴干预、社工及心理咨询师干预等 4 个不同的工作模块；另外还有一个综合模块，是由戒毒社工、心理咨询师、成瘾者同伴（或家属）组成的综合转介模块，该模块以集体小组的工作形式，去外面相关的戒毒机构做一些推广及转介的工作。所以该工作模块统称为北京天康“4+1”模块。现介绍该

模块的具体内容以供同行参考。

1．医疗评估巡诊模块

随着新型毒品成瘾者人数的增长，许多以吸食冰毒为代表的新型毒品成瘾者在戒毒过程中，会有少数存在较为严重的苯丙胺精神障碍的症状。这些成瘾者在自愿戒毒机构戒毒，如果对其管理不善，很可能会对自愿戒毒机构造成严重的管理隐患。

总体来看，在自愿戒毒所设立相关的医疗评估巡诊模块，可以帮助戒毒机构筛查苯丙胺精神障碍的成瘾者，并在其有医疗保障的情况下，监督其在自愿戒毒机构的治疗期内做一些相关的药物治疗。如果遇到较为严重的苯丙胺精神障碍成瘾者，医疗评估巡诊模块的工作人员，将根据具体的评估结果，建议其到专业的精神科进行药物治疗，而不建议其进入戒毒所进行戒毒治疗。

医疗评估巡诊模块的工作人员是以精神科大夫为主，但大部分不在卫生部门管辖范围内开设的自愿戒毒所，都没有处方权，这就存在一个诊疗机制的问题。这就需要自愿戒毒所的领导从管理的安全大局着手，去外面整合相应的医疗资源，尽量以外聘精神科专业大夫的形式，每月定期对新进入戒毒所的戒员进行评估巡诊，尤其是对成瘾者治疗期的评估，更要保证其长期性。

医疗评估巡诊模块的具体工作包括以下几个方面：

（1）针对申请进入戒毒所戒毒的成瘾者，在精神健康方面做出初步的评估；

（2）在成瘾者治疗期的观察阶段，根据成瘾者的外在行为及精神症状，做出深入的管理风险评估；

（3）对列为重点的戒毒者，根据评估结果，对戒毒所提出相关的医疗建议及理由；

（4）对部分需要药物治疗的成瘾者，给出药物治疗的方案，并在戒毒所管理机制内，监督治疗者按时服药。

（5）根据戒毒所的其他需要，配合戒毒所内其他模块工作人员从事相关的其他工作，例如戒毒咨询、转介工作等。

医疗评估巡诊工作在自愿戒毒所里是一项长期的工作，通过这个模块，可以把那些首先需要药物治疗的不适合戒毒所的成瘾者，转介到其他医疗机构，以保证戒毒所的管理安全，降低管理风险，同时还能大量节约戒毒所的人力资源。所以这个模块就像是一道安全防火墙，如果自愿戒毒所有这道防火墙，戒毒所内的安全系数就会比较高。就像我们日常使用电脑或手机的安全系统一样，如果没有，手机或电脑就容易崩溃或被网络病毒感染。

此外，医疗评估巡诊工作除了要结合戒毒所内的管理机制以外，还需要考虑到成瘾者自身的药物治疗需求。毕竟药物治疗是尊重成瘾者的意愿，但有些成瘾者的家属和成瘾者本人可能会存在一些药物治疗需求的分歧，这就需要戒毒所的工作人员耐心沟通协调，并根据实际情况来灵活处理。

2．家属干预模块

家属的干预，是成瘾者成功戒毒过程中的一个重要因素。很多研究资料表明，吸毒者家庭环境或存在的多种缺陷是导致吸毒的重要原因，如原生家庭的生活方式、父母的性格特点、父母的药物滥用及对待药物滥用的态度、家庭关系恶化等都与子女吸毒有关。此外，相关的调查显示，有 70% 成瘾者的家庭中存在问题，而在这个群体中又有近 1/3 成瘾者的家庭关系较差。

例如，根据萨提亚的家庭治疗理论，一个人在原生家庭中经历到的各种关系，以及各种应付方式，对这个人的一生的活动影响最为重大。可以看到，人在各种关系中，影响他人，也被他人影响。所以，就成瘾者的家庭而言，其吸毒行为的产生，并不是一个原因导致一个结果这么简单，而是成瘾者与其家庭环境相互影响的结果。而在那些家庭关系相处的过程中，往往又是因为家庭成员的不良沟通，导致了各种压力、情绪、症状的产生。所以在自愿戒毒所内针对成瘾者家属的干预，也是保证戒毒的成瘾者顺利走向康复的重要环节之一。

一般来说，成瘾者家属干预的问题主要包括以下几个方面：

（1）毒品知识和戒毒普及。毒品知识欠缺，是绝大部分成瘾者家属普遍存在的现象。成瘾者家属对毒品的认知存在着两种极端的情况。有些家属对毒品的成瘾性毫无概念，主观地认为毒品会像香烟和酒一样，要想戒断会比较容易，所以很不理解为什么毒品那么难戒。还有另外一种极端的情况，就是吸毒者反复戒毒，却一直都没办法戒断，家属于是会觉得戒毒比登天还难，然后对成瘾者持放弃的态度。所以，在家属干预的模块中，毒品和戒毒知识的普及是非常重要的环节之一。

在对家属干预的模块中，既要让家属明白不同毒品对成瘾者的身心影响，帮助其明确戒毒过程的长期性与挑战性，又要对其进行适当的鼓励，以提高其帮助成瘾者戒毒的信心。

（2）不良情绪干预。绝大部分成瘾者家属对吸毒的成瘾者存在极端的不良情绪。对于刚刚知道自己家人有吸毒行为，家属大多充满了恐惧和焦虑。但这时候一般既不敢随便与其他的亲戚朋友交流，又不知道该如何解决问题，更不知道如何寻找相关的戒毒资源。在诸多负面情绪的影响下，成瘾者家属与成瘾者的沟通自然会迅速走向崩溃的边缘。

所以自愿戒毒所的家属干预模块，主要是以小组心理干预的形式为主，小组成员的构成都是成瘾者家属，有戒毒经验的心理咨询师或戒毒社工作为小组的引导者，在每一个家属成员加入小组的时候，处理相关的情绪问题是小组的重要干预目标之一。

（3）家庭人际沟通技巧。家属自身与成瘾者沟通模式的问题，其实可能同样也存在于其他普通家庭之中。但对于成瘾者的戒毒康复而言，家属很可能是成瘾者戒毒康复的重要依赖。所以，家属在其中扮演的角色，应该是改变不良家庭沟通模式的重要力量。这也就要求家属主动调整以往的不良沟通模式，在家庭环境中尽量为成瘾者的康复提供一个良好的氛围，以减轻成瘾者在家庭中的心理压力。既要保持一定的耐心，不对其吸毒行为过度苛责；也不要对其过度信赖，放任自流。

3. 同伴干预模块

有戒毒经验的同伴干预，在成瘾者戒毒中具有重要、积极的作用。具有类似经历的戒毒人员在一起能够通过共同语言、情感交流和良性沟通等方式达到彼此鼓励、互相治疗的效果。

同伴干预的方式，有利于接近成瘾人群。正因为同伴有过类似的吸毒、戒毒经历，交流更为自然，互相之间不会感到压力。尤其是有戒毒经验的同伴可起到现身说法的作用，还比较容易沟通与情感交流，有利于深入展开有针对性的讨论，尤其对一些敏感话题，如具体复吸毒品的细节、了解复吸毒品的真实原因等。所以相比较而言，同伴干预更容易被成瘾人群接受。

此外，同伴干预能够将正式教育（如上课或小组活动）与非正式教育（如在日常生活中的议论）联系起来进行，因此同伴干预模式有助于开展深入、个性化、可持续的教育和指导，可以作为接近成瘾者并进行干预的较好方式，同时可弥补强制戒毒及自愿戒毒等传统方式的不足，并大量节省自愿戒毒所的人力资源。

从另外一个角度来看，有戒毒经验的成瘾者在帮助其他成瘾者戒毒的过程中，也能不断巩固自己的戒毒信念，提高自己操守的自信心。所以，成瘾者同伴干预的戒毒效果是双向的，对帮助人和被帮助者同样都具有戒毒康复的积极意义。

但绝大部分的有戒毒经验的成瘾者，都没有反过头来帮助其他成瘾者戒毒的动机。戒毒成功的成瘾者，往往更愿意彻底告别与毒品相关联的事情，全力回归自己正常的工作与生活。所以对于自愿戒毒所而言，一旦遇到有戒毒经验又愿意帮助其他成瘾者戒毒的同伴，应该倍加珍惜。

然而有戒毒经验的成瘾者，就算自己能成功保持操守，却不一定有能力正确地帮助到其他的成瘾者戒毒。所以在有戒毒经验的同伴中培养和选拔出戒毒动机端正、戒毒意愿强烈、沟通表达能力较强的成瘾者，通过分期、分级培训，逐渐发展成为同伴治疗的参与者、组织者、领导者，成为同伴干预模块中最重要的核心工作。通过该模块的工作，可以利用戒毒榜样的力量，通过合理有效的同伴工作，提高自愿戒毒所内的综合戒毒能力，帮助更多成瘾者顺利戒毒。

同伴干预模块的实施需要注意以下几方面的问题：

（1）条件要求及招募。首先，同伴干预者应属于成瘾人群中的一员，有过成瘾和较长时间的戒毒操守经历，真正了解与熟悉本地成瘾者的情况，最好是戒毒的典范，在成瘾者中有一定威信和影响力。此外，同伴干预者还需要有足够的责任心、自信心，以及自愿为渴望戒毒的成瘾者服务的精神，有足够的工作时间与精力。另外，同伴还要有一定文化程度，口齿清楚，有较好的语言表达能力和一定的组织协调能力及社会公关能力，在对其培训后，能掌握基本的毒品知识及戒毒知识，并最终拥有一定的戒毒行为矫正的培训技能。

同伴的招募工作，是同伴干预的首个环节。需要将同伴参与式治疗的意义、目的，对个人戒毒及成长规划的作用等内容以海报的形式，在有戒毒经验的成瘾者中进行宣传，并要明确相关招募的标准和要求。还需要让有意向的成瘾者填写相关的志愿申请表格，并进行归档统一管理。

（2）培训内容和培训方式。要想让有戒毒经验的同伴真正发挥作用，首先要对其进行一系列的专业培训。培训的内容主要包括毒品危害基本知识（例如毒品种类及其对成瘾者个人身心健康的危害）、相关法律基础知识（成瘾者可能面临的法律风险及工作生活中可能遇到的问题）、防复吸基本知识（不同种类毒品的戒毒方法）、识别危险行为及危险场所、复吸以后的自我心理调整、家属帮扶等。

具体的培训形式，可以根据自荐者在自荐表上选择的感兴趣或擅长的内容，先进行分组、分工，培训小组可分为戒毒知识组、家属干预小组、防复吸小组等。然后根据各自所选内容，通过小组讨论、网络学习、阅读等方式分阶段进行。在这个过程中，可以在培训师的指导下，利用现实案例、存在的问题、实用应对技巧、相关建议等四个环节，来设计小组活动的整体结构流程。

在经过一段时间的培训以后，受培训的成瘾者可以根据自己受训的熟练程度，按照受训的专题内容，以实习培训师的身份在其他戒毒的成瘾者中参与授课活动。受培训的成瘾者可以一个版块一个版块地逐次受训实习授课，在完成相应版块的实习工作任务和标准后，经矫治部门考核方可进入下一个版块的受训与实习，参与更广泛的同伴干预活动。

（3）安全原则与工作守则。成瘾者的同伴干预工作，是一项在管理方面需要特别强调安全原则的工作。毕竟有成瘾经历的毒品吸食者，虽然自己有一定的戒毒经验，但作为戒毒工作的工作人员，虽然我们不能对其成瘾身份有任何的歧视，但为了保障自愿戒毒所的管理安全，降低戒毒场所内部的管理风险，在戒毒所内的相关管理理念及细则上还是应该有所不同。

首先，在保证不歧视原则的前提下，为了保证同伴教员自身的戒毒效率，还是应该对其进行不定期的尿检。只不过考虑到其作为同伴教员的身份，尿检的实施过程可以在保密的状态下进行。此外成瘾者同伴教员还应该遵循以下相关的工作守则：

① 能够按时参加各项培训活动，不迟到，不早退，不扰乱小组活动秩序；

② 能够尊重督导老师及小组其他成员的意见和建议，保证小组活动过程中不发生言语侮辱、攻击他人、肢体冲撞他人等行为；

③ 能够在规定时间内保质保量完成督导老师或小组组长制订的

教学任务，不推诿，不敷衍，切实达到自我学习和成长的目的；

④ 能够连续参加教员培训活动，出勤率不低于90%；

⑤ 如无特殊情况，不得随意请假；如确实有特殊情况，需提前与督导老师联系并以书面形式告知，如不请假缺席活动或无正当理由者，视为自动放弃培训资格；

⑥ 在担任同伴干预教员期间，保证能够从各方面以较高标准要求自己，在成瘾者中起到表率作用，不做有损个人形象、有损同伴教员形象的事，如有发生，自愿接受退团处理；

⑦ 保证在担任同伴干预教员期间，按时回到戒毒所，不发生违纪、复吸等行为，如有发生，自愿接受开除的处理；

⑧ 在戒毒所内使用网络时，能够保证正确使用多媒体设备，不随意下载软件，不浏览非法网站，不发布任何与康复所及成瘾者有关的言论、音频、视频、照片等资料，如有发生，自愿接受戒毒所处理并承担全部责任。

4．戒毒社工及心理咨询师干预模块

该模块是自愿戒毒所日常的核心工作，主要是指戒毒社工和心理咨询师在戒毒所内，对处于不同戒毒阶段的成瘾者进行有针对性的行为矫正及戒毒心理干预。除此以外，还包括对部分在戒毒所陪住的家属做相关的心理辅导及干预工作。这些工作内容在后续的章节中将会系统地讲述，所以在这里就不做赘述。

5．综合转介模块

天康“4+1”中的最后一个模块，是一个综合对外的转介工作模

块。主要的功能是帮助戒毒所做一些宣传及转介的工作。

对于大部分自愿戒毒机构，是否能吸纳足够的戒毒成瘾者进来戒毒，是其存在的根本。所以，自愿戒毒所内场所管理的安全性、工作人员的素质、戒毒服务体系是否完善、硬件环境设施条件、戒毒价格等因素，都是影响戒毒成瘾者前来戒毒的重要因素。除此以外，自愿戒毒所还可以根据自身的条件和力量，去人员相对集中的强制戒毒所做一些转介的工作，以吸引部分戒毒成员。

该模块主要依靠经过专门训练的精神科大夫、戒毒社工、心理咨询师和成瘾同伴（或家属）组成的综合工作小组，去到当地强制隔离戒毒所开设“出所心理干预小组”转介模块。该转介模块一方面可以通过有针对性的心理干预工作，降低强制隔离戒毒人员解除强制隔离戒毒以前的心理焦虑，学习防止毒品复吸的应对行为技巧，同时还可以为自愿戒毒机构做一些宣传推荐性的工作。该转介模块主要包括 6 个部分板块的工作内容（如下图所示）：

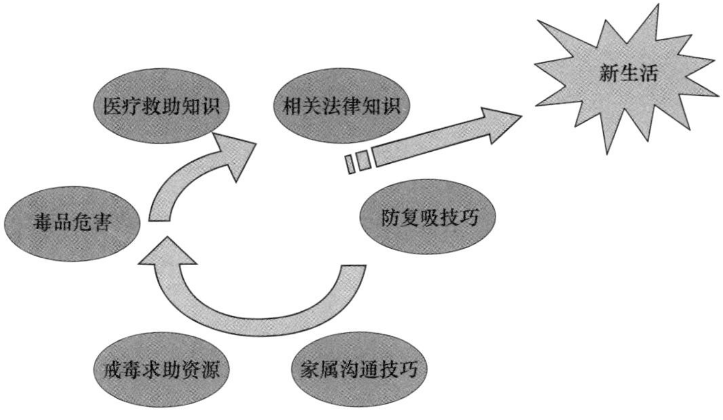

转介模块示意图

防复吸技巧：教会成瘾者如何看待复吸，吸毒的典型场景识别，拒绝复吸的行为技巧及相关行为练习。

相关法律常识：学习《禁毒法》的相关内容，了解关于动态管控系统验尿的知识，了解以后生活中可能遇到的相关法律问题。

家属沟通技巧：学习走出戒毒所以后和家属的沟通技巧，学习自我情绪的表达、管理与调节，学习正常社会人际沟通的相关技巧。

戒毒求助资源：当地较好的自愿戒毒机构介绍、其他相关自愿戒毒资源介绍（如美沙酮门诊机构）、相关医疗资源介绍。

毒品危害：系统地讲解毒品对家庭、社会的危害，以及毒品对身体及心理的危害。

医疗救助知识：学习美沙酮替代治疗、苯丙胺精神障碍的治疗常识，了解阿片类毒品过量使用的急救措施，学习吸毒行为与艾滋病及丙肝等传染病的相关知识。

该模块所包含的这 6 个板块，都是根据具体的活动内容，让经过专门训练的心理咨询师、精神科大夫、成瘾者同伴、戒毒社工等分别引导。组织活动方可以让在强制戒毒所里的 3 个月内可以出所的成瘾者自愿加入小组参加活动。活动周期以每周（或每两周）一次，6 个板块的内容可以常年按周期不断滚动，加入小组的成瘾者可能在初入组时会遇到不同的板块，在其结束强制隔离戒毒走出戒毒所之前，所有人都能接触到这 6 个板块的内容。

本章值得思考的问题：

1. NA 戒毒模式的理念是什么？

2. TC 治疗社区与 NA 的戒毒方式有哪些相同点和不同点？

3. 北京天康“4+1”的自愿戒毒模式有什么特点？

4. 从管理的角度来看，为什么在戒毒的社会工作中要认同成瘾者同伴的积极作用？

第二章　提高戒毒动机的心理干预

戒毒动机是所有成瘾者在戒毒过程中面临的第一个问题。有些吸毒时间较长的成瘾者，虽然因为深受毒品的危害而拥有一定的戒毒意识，但在操守过程中经常摇摆不定。所以提升、巩固戒毒动机，是成瘾者真正戒断毒品的第一关。

绝大部分吸毒的成瘾者在吸毒的初始阶段，都存在错误的认知，所以对戒毒存有很大的抵触情绪，这些错误的认知严重地损害了成瘾者的戒毒动机。从本章开始，我们将针对成瘾者的戒毒的错误认知，结合戒毒动机在心理学中不同的理论及流派体系及相关的引导技术进行讲解。

一、戒毒动机相关的理论

1．马斯洛相关的动机理论

马斯洛的研究主要集中在内部动机即由基本需要引起的动机上。在马斯洛看来，动机理论的研究在方法论上应以人本主义心理学的方法论为指导，主张坚持以人为中心，以健康人为对象，重视健康动机的研究，强调整体动力论，务必阐明动机与有机体和环境以及动机与动机之间内在的整体动力的关联。他还认为动机是驱使人从事各种活动的内在因素。动机有外部动机和内部动机之分。外部动机指的是个体在外界的要求或压力的作用下所产生的动机，内部动机则是指由个体的内在需要所引起的动机。

马斯洛从人的需要与动机的关系出发，把人类的需要分为生理需要、安全需要、归属感与相爱的需要、受人尊重的需要、自我实现的需要等五大类。马斯洛认为这五大需要是逐级增高的，较低级需要满足后，才会出现高一级的需要。由于马斯洛是人本主义心理学的倡导者，因此其提出的需求层次论中，最低层是原始生理性需要，具有可辨识的生理过程，亦即原始动机。所谓原始动机就是指饥饿、口渴、好奇、性方面的需要；而社会心理动机则包括恐惧、攻击、交往、亲和、个人成就等，个人成就的需要是个体社会行为动机的决定因素。但其他高层次的需要明显较少依赖于特定的生理过程，故称为社会心理动机。

从马斯洛的相关需求及动机的理论体系来看，成瘾者的吸毒过程既可能包含了毒品带来的欣快刺激、好奇等原始动机的满足，又包含了与毒友社会交往的群体归属感的社会行为动机的满足。如果戒毒的过程，能够消除成瘾者戒断毒品的不良躯体反应，消除戒断综合征对成瘾者的不良影响。此外，由于很多成瘾者长期吸毒，大部分朋友也都吸毒。若是在戒毒的过程中不跟毒友打交道，很可能会产生严重的孤独感，从而丧失社会交往和社会归属感。如果在戒毒过程中，能让成瘾者认识越来越多的有戒毒经验的同伴，同时又能给愿意戒毒的成瘾者提供戒毒成就的鼓励与信念，就很有可能在动机的成就感和层次上获得更高的满足。

这一点，NA 的对戒毒成瘾者的激励体系就做得非常好。NA 戒毒的成瘾者，每年过的生日，都是从自己操守的第一天算起，他们认为从自己操守不吸毒的那一天开始，就是自己生命的新的开始。如果能操守一年都不吸毒，就可以过 NA 的生日，意味着自己操守了一年，NA 还会给戒毒一年的成瘾者颁发操守一年生日纪念币。戒毒过程中操守时间很长的成瘾者们，在 NA 中具有极高的威望，这样一来，后来的戒毒者会把他们当作戒毒的榜样，而操守者自己也会因此而产生被认同的自豪感。

所以从心理动机相关理论来看，给成瘾者提供一个自我勉励的奖励机制至关重要。如果戒毒过程中，能强化成瘾者对戒毒操守的成就感，就能强化他们的戒毒动机，提高操守率。那么如何来强化操守的成就感，并拉开不同梯度与层次，是每一个自愿戒毒所需要考虑、设计和面对的。

2．诱因理论与本能发展的习性学理论

诱因理论是在 20 世纪 50 年代以后出现的。许多心理学家认为，不能用驱力降低的动机理论来解释所有的行为，外部刺激（诱因）在唤起行为时，也起到重要的作用，应该用刺激和有机体的特定的生理状态之间的相互作用来说明动机。例如，吃饱了的动物在看到另一个动物在吃食，将会再次吃食物。吸毒行为的从众性和社会性，也包含了类似的因素。这时的动机是由刺激引起的，人类经常追求刺激，而不是力图消除紧张使机体恢复平衡。诱因理论强调了外部刺激引起动机的重要作用，认为诱因能够唤起行为并指导行为。

诱因理论认为，诱因是指能满足个体需要的刺激物，它具有激发或诱使个体朝向目标的作用。此外，诱因理论还认为诱因有积极

和消极之分，诱因与驱力分不开，它由外在目标所激发，只有当其成为个体内在的需要时，才能推动个体的行为发生。

此外，与吸毒、戒毒动机相关的，还有本能发展的习性学理论。特别是 K. Z. 洛伦茨和 N. 廷伯根的许多研究，近来引起人们的关注。他们主张满足需要的行为可以是本能的，也可以是对某一特殊对象习得的定向。如果没有特殊指向性的目标，行为就是随机的，只有当找到适当的符号刺激（环境线索）时，行为才会有固定的模式。激素等内部刺激和外在动机都可以产生能量，而这种能量需要有外部的符号刺激才能释放出来。这里所谓的环境线索就包括了经典吸毒的场景（例如迪厅、酒吧）等，行为的固定模式则包括了吸毒的动作及特定工具（针管、针头、吸管、溜冰壶等）的使用。

综上所述，根据诱因理论和本能发展的习性学理论，吸毒者的复吸行为与毒友、吸毒环境因素有重要的相关性。戒毒过程应该强化积极诱因的因素，避免或消除那些消极的诱因因素。也就是说成瘾者只要在吸毒的环境中与毒友待在一起，就很有可能因为同伴的吸毒行为感染而导致复吸行为的发生，这些其实就是所谓消极的诱因因素。这些因素很容易成为成瘾者吸毒行为动机的扳机。

所以在戒毒的过程中，需要随时提醒成瘾者不要与吸毒环境（主要是吸毒的毒友）接触是非常必要的。这样一来，可以最大限度地避免遇到吸毒场景的刺激而降低复吸毒品的行为。

3．期望理论与归因理论

期望理论原想解决动机的两个问题：期望什么，即实现目的的可能性有多大，以及目的的价值如何。

而E. 洛克认为目标是动机的决定力量，要高标准才有最高的成就。不过这个目标一定要是自觉提出的，而且要求具体。如果只是提出“尽力为之”这样的笼统目标，结果就不会有提出具体指标时所取得的成绩。这样，洛克的理论就包含了弗罗姆期望理论中的“工具性”这一要素，但这两者并不矛盾。

归因理论最早来源于美国心理学家E. 托尔曼，他通过对动物实验研究提出行为的目的性，即行为的动机是指望得到某些东西，或者企图躲避某些讨厌的事物。动机理论不仅要解释人是如何被推动的，更要解释他为什么这样活动而不那样活动。达到目的的活动可以采取多种形式，有许多不同的途径，但一个人为什么采取这一条而不选取另一条？这就要追究他是怎样看待事物的因果关系了。因为人们是根据他们对因果关系的了解而采取达到目的的手段的。这就是归因理论。所以期望理论和归因理论可以说是认知的动机理论的连理枝，二者也并不冲突。

例如一个人戒毒成功了，他可以归因于自己的努力或能力，失败了则归因于外部的环境条件或他人引诱自己吸毒的过错。所以归因还可以分为内源的（如自己戒毒努力）和外源的（如戒毒环境和毒友的人际因素）。

此外，归因因素还可以分为稳定的和不稳定的两种。同为内源，成瘾者的人格就属于稳定的归因，而戒毒的主观努力则属于不稳定的归因。例如，一个人戒毒失败，可能会归因于不够努力坚持，另一个人则归因于成瘾者个体的人格因素，这样就会形成两种结果完全不同的动机。毕竟，归因于不努力坚持操守，可以用激励坚持来挽回败局；但若是归因于人格因素，便有可能就不会去努力坚持了。

显然，成瘾者在这里的归因不一定是真正的原因，但只有主观上所归结的成功或失败的原因，才会决定一个人的行为究竟是朝着什么方向去发展。所以根据期望理论与归因理论，在戒毒的过程中，如何引导人正确看待吸毒和戒毒的过程，也是一个相当重要的环节。

二、成瘾者关于戒毒认知的常见问题

在戒毒的成瘾者人群中，大多数成瘾者都存在不同程度和不同角度的错误认知，这些常见的错误认知大致可分为以下四大类型：

1．对吸毒行为的错误认知

（1）**个体至上观。**认为吸毒纯粹属于个人生活方式的问题。持这种认知的人考虑问题只考虑自己，是典型的自我中心主义者，奉行个体至上的观点，认为自己才是最重要的，自己有绝对的自由去按照个人意愿生活；不能从整体的角度看问题，且不会意识到自己的行为对他人和社会造成的客观影响。

（2）**感觉至上观。**包括两个方面。第一，认为吸毒是至上的享受。第二，认为吸毒可以弥补失去的东西。持这种认知的人追求感觉至上，过于追求感官刺激，只关注自己暂时的快乐，而不顾及其他，更不会从理性层面上分析吸毒的成本，没有认识到这种行为的严重后果与巨大代价。在心理层面上，持这种观点的人大多是因为不敢面对压力与痛苦而通过吸毒寻求逃避和解脱。

（3）**错误归因观。**包括两个方面。第一，认为只要没有在经济上损害家庭利益就是没有对家庭造成伤害。持这种观点的人认为只要没有花家里的钱，没让家里经济状况大受损伤就不是伤害家庭。而他们不明白吸毒给亲人造成的心理影响才是最重要的，才是更大的伤害。他们过于狭隘地理解了“伤害”的含义。第二，认为国家不应该打击吸毒的人，而应该打击贩毒的人。持这种观点的人没有学习国家对贩毒、吸毒的法律和政策规定，没有意识到二者隶属的体系不同，国家对贩毒的打击主要通过刑法体系来实施，而对吸毒的打击主要通过行政法体系来实施。

2. 对毒品的错误认知

（1）**毒品无害观。**持有这种认知的人包括四种类型：

第一，认为毒品是好东西。最典型的观点是：“毒品本身是好东西，有很多好处，只是因为人们把它叫作‘毒品’，所以才会认为它不好。”持有这种观点的人混淆了因果关系，人们因为毒品有害才称之为毒品，而不是因为将其称之为毒品，它才有害。而且毒品带给他们的所谓的好处只是表面的和暂时的，在这背后是深刻持久的伤害。总之，他们没有认清毒品的本质。

第二，认为合理使用毒品能长寿。最典型的观点是：“毒品只要合理使用是能够延年益寿的，张学良就是实例。”持有这种观点的人或者不相信毒品能够戒断或者高估自己的自制力，前者把自己的不相信投射到他人身上，认为媒体所说的张学良戒断毒品是虚假的，他一直到死都在吸毒；后者认为自己是可以控制使用毒品的量和频率的，是能够做到合理使用的。

第三，认为毒品没有给自己造成损害。最典型的观点是：“我边吸毒边做生意，我的身体也没有问题，所以毒品并没有给我带来明显的影响，我也没有必要戒。”持有这种观点的人没有意识到毒品对人的身体和心理的腐蚀是个渐变的过程，当他意识到自己的身体出现了明显的病变时，毒品已经严重损害他的身体，当他发现自己生意严重受到影响的时候已经是深陷毒瘾之中。

第四，认为新型毒品不会成瘾。最典型的观点是："溜冰不像吸海洛因，想什么时候溜就什么时候溜，想戒就戒了，该干什么还能干什么，不耽误事。"持有这种认知的人没有认识到新型毒品与阿片类毒品的作用机制上的区别，也没有了解新型毒品的成瘾行为表现。如当民警问戒毒人员"你一般多长时间溜一次冰？"有的人说："我没有事干的时候就溜冰，大多数时候是每天都溜或隔天溜一次。"他们将这一频繁的行为归因为是自己意志的自由选择而没有意识到是因为冰毒的成瘾性使得他不自觉地作出这样的选择。

（2）**毒品绝对成瘾观。**持有这种认知的人认为毒品的成瘾性太大了，根本不可能戒掉。最典型的观点是"许多戒毒成功的案例是虚假的，即使有人标榜自己戒掉了也是假的，他们也会吸花烟"。持有这种观点的人是把自己的悲观与绝望投射到他人身上，因为自己曾经多次戒毒失败而认为别人也不可能戒掉。

3. 对自己的错误认知

（1）**低自尊和低自我价值感。**持有这种观点的人过于自卑，看不到自己的独特性，认识不到自我的价值，从而对将来过分的悲观，潜意识中认为"一个人过去的经历影响他目前行为决定，有的影响还比较大"，但这并不是说它们就此决定了一个人的现在与未来。人是可以改变的，只要我们客观地分析过去对现在可能存在的限制，善用自己的能力和机会，就可突破这种限制，使自己的现在与未来充满希望与生机。低自尊和低自我价值感，在戒毒人员身上还通过反向的防御机制表现出来，主要表现为盲目自大。最典型的观点是："我有足够的毅力，戒毒对我不是难事，只要我想做肯定能做成"，"我很好，我现在的状况很好，我不觉得有问题"。

（2）**对于困难与责任，逃避比面对要容易得多。**持有这种观点的人，采取的应对压力的方式是逃避，而不是面对。艾里斯认为，逃避困难与责任，固然可以得到暂时的解脱，但问题并没有解决，而且会因贻误时机而使问题变得越来越难以解决。本来毒品就以它强大的魔力吸引着他们，面对越来越严重的问题他们又选择继续逃避，因此对他们来说，会越来越离不开毒品。

4．对复吸原因的错误认知

他们将自己的复吸归结于外因，具体包括两种类型：

（1）**将复吸归因于社会。**最典型的观点是："是社会的歧视让我复吸，如果不歧视，我是不会走上复吸路的"，"社会太复杂了，有许多烦心事，我不得不吸毒"，"只有换个社会环境才能戒毒，我只能暂时的换个环境，等我回到原来的环境，受到它的影响还是会复吸"，持有这些观点的人都把自己的复吸进行外归因。但是马克思主义哲学告诉我们外因和内因虽然都影响事物的发展，但是内因是主要原因，外因通过内因起作用。进行外归因的人其实是把自己应该承担的责任放在了他人身上，而没有看到自己的问题。持有第二种观点的人潜在的信念是"吸毒是唯一摆脱烦恼的方式"。其实摆脱烦恼的方式有很多，但是他们只愿意去重复错误的方式，而且会为自己的错误寻找借口。持有第三种观点的人是典型的环境决定论者，他们认为是环境造就了今天的自己，他们做了片面的概括，因为他们没有看到同样的环境下，有人却能够拒绝毒品的诱惑。

（2）**将复吸原因归因于他人的影响。**最典型的观点是："要不是朋友的诱惑，我根本不可能复吸"，"要不是爱人离开我，我就不会复吸"，"家人不关心我，我只有吸毒"。

持有这些认知的人潜意识中，会有这样的想法"人的行为是由外在因素控制的，我们不能控制自己的想法与行为"，"一个人应该依赖他人"。诚然毒友和家庭幸福对戒毒者的影响是非常大的，但这并不是我们时时事事都依赖他人的理由。毒友的诱惑和家庭的破裂是对戒毒者戒毒决心和意志的考验，一个没有坚定意志和坚毅决心的人，不能控制自己行为、不能独立面对困难的人，即使没有朋友的诱惑，也会有"吸一口"的想法或行为；一个没有学会面对问题、处理人际关系包括家庭关系的人，即使没有家人的离去，也会因为其他方面的人际关系问题的困扰，而出现借毒品逃避困扰的想法，进而出现复吸行为。

三、针对戒毒动机的认知治疗

根据以上的相关理论体系和成瘾者在戒毒认知方面的误区，我们接下来介绍一些与戒毒动机相关的心理干预方法。主要包括认知行为疗法（CBT）和动机晤谈法。

1. 认知行为疗法（CBT）

认知行为疗法（Cognitive Behavioral Therapy，CBT）是A. T. 贝克在20世纪60年代初提出的，也是目前国际上实证数据最丰富、应用最广泛的心理治疗方法之一，以短程、结构化、问题导向、聚焦当下为主要特征。

认知行为疗法认为，人的情绪来自人对所遭遇的事情的信念、评价、解释或哲学观点，而非来自事情本身。正如认知行为疗法的主要代表人物贝克所说："适应不良的行为与情绪，都源于适应不良的认知"。此外，认知行为疗法还认为心理治疗或干预的目标，不仅仅是针对行为、情绪这些外在表现，而且分析病人的思维活动和应付现实的策略，找出错误的认知加以纠正。

（1）认知行为疗法的十大特点

① 内在系统：让当事人学会识别与自己烦恼情绪有关的想法，学会评价和制订更多的适合自己想法的措施，不止是消除表面症状，而是针对当事人的价值观和人生信念开展工作；

② 时间限制：通常 4~14 次会谈，有些可能需要 15~22 次，每次持续 50 分钟；

③ 结构明显：每次会谈检查情绪，回顾本周情况，对前次治疗进行反馈，共同制订会谈主题，评价自己的想法并对其做出反应，布置新的家庭作业，结束时寻求反馈；

④ 问题取向强调现在：与当事人一起界定当前问题及解决方向，一般情况下不回顾成长史，但有时会花时间讨论当事人的发育史或童年信念，如有人格障碍者；

⑤ 合作关系积极参与：治疗师与当事人是合作关系，治疗师鼓励当事人积极参与治疗，让他决定要谈哪个话题，识别其想法的曲解之处，概括要点等；

⑥ 教育指导防止复发：要想使当事人去掉歪曲的认知，就需要

训练他们科学地进行逻辑思维与分析，治疗师在治疗中好像教师，尝试对当事人进行再教育，治疗师指导当事人确认、评估及回应他们不良的思想与信念，促使问题的解决，目的在于教会当事人成为自己的治疗师，防止复发；

⑦ 科学方法：采取实验的方法，治疗包括资料收集（问题、想法、态度），形成假设，实验和评估；

⑧ 家庭作业：根据治疗进程，给当事人留家庭作业，一般包括个人资料的收集，验证假设以及认知治疗技术的练习等；

⑨ 治疗技术：治疗师用不同的方法来改变想法、情绪和行为，除了常用的苏格拉底式对话技术外，行为技术和格式塔技术等也常用于认知治疗，目的在于让当事人认知其内在想法，寻找不同的解决方法或修正其意见；

⑩开放治疗：治疗的历程是明确、清楚、开放的，治疗师和当事人能对治疗的进展彼此分享。

（2）认知行为疗法应用于戒毒的具体操作方法

认知行为治疗在戒毒的过程中，整体上分为 3 个阶段，整个疗程需 15～18 次，18～20 周时间（不含随访）。

初级阶段：1~2 次。核心：个案形成或个案概念化。

① 收集资料：评估诊断（个案概念化内容），判断是否适合用 CBT；

② 介绍 CBT 的特点：CBT 工作原理（认知三角），治疗与问题匹配；

③ 强调治疗关系：各自的责任，是否愿意做 CBT 的家庭作业；

④ 形成个案：讨论个案概念化工作表；

⑤ 介绍 CBT 疗程：大概需要多少次，每次多长时间，治疗频率；

⑥ 利用心理教育：注入希望，引导激发治疗动机；

⑦ 治疗前评估。

中间阶段：12~13 次。工作的核心主要包括识别、评估和挑战核心思维。

① 识别自动思维：找出戒毒失败经典借口的自动思维情境；

② 改变自动思维：探索修正自动思维的资源及方式；

③ 识别 – 评估 – 修正中间信念和核心信念（如果有人格障碍则很难在这个阶段进行）。

注：结合其他行为疗法，通过活动来改变思维和情绪；必要时在认知概念化的基础上采用其他的技术。

结束阶段：2~3 次。

① 讨论 2～3 周后结束治疗；

② 温习 CBT 技术的掌握情况，讨论存在的问题及处理的对策；

③ 讨论预防复吸，应对策略；

④ 建议随访（支持性会谈）2～3 次。

2．动机晤谈法

动机晤谈法是有效处理成瘾行为的心理治疗法之一。主张以成瘾者为中心，用引导的方式，让其通过探索和解决矛盾提高成瘾者内在改变的动机。动机晤谈法一般使用不具威胁性的方式，提升成瘾者需要改变的动机，主要强调成瘾者自己克服物质成瘾的理由。一旦这些理由帮助他们提高了戒除的愿望，成瘾者一般会自己发展出一套策略去克服物质成瘾。

动机晤谈法的核心概念是合作（合作关系）、启发（将成瘾者的想法和解决方法引导出来）和自主（成瘾者的选择和决定）。若是成瘾者的改变动机得到提高，根除毒品使用问题的策略就有了更多的成功机会。所以动机晤谈法的前提是相信许多人都是可以自己停止使用毒品的，而动机性晤谈只不过是增加成瘾者自己停止吸毒的机会。动机晤谈法有四条总体原则：表达共情、发展差异、回避阻力、支持自我效能。

动机晤谈法应用于戒毒的具体操作方法

动机晤谈法应用于戒毒防复吸的具体操作方法主要包括懵懂期、沉思期、决定期、行动期、维系期、复发期共 6 个阶段（如下图所示）。

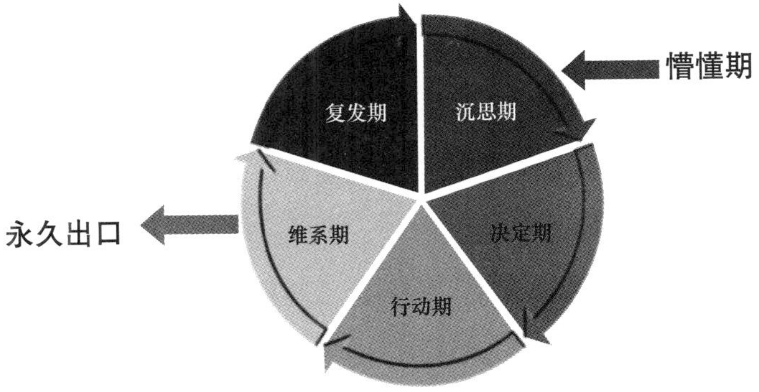

改变轮 （六阶段）

（1）懵懂期

成瘾者一般在这个阶段，都没有彻底意识到成瘾行为带来的负面后果；不相信、不承认自己有问题，认为自己可以控制毒品吸食行为。对戒毒也处于观望和试探状态。所以这个阶段的工作目的是提升当事人的意识，帮助他们开始考虑成瘾行为带来的负面后果并承认改变是有可能的，让他们逐渐开始关心当前的行为模式并产生疑问，提升其对改变的必要性的意识。

下面介绍主要工作技巧。

① 意识觉醒的技巧

* 鼓励成瘾者对改变的思考，但不一定非要其立即改变；

* 提升成瘾者的意识并使其产生对毒品的怀疑；

* 参与技能，建立信任，接纳成瘾者的状态——确认成瘾者有关准备不足的感受和想法；

* 不试图去假定成瘾者有问题（继续保持中立），相反地，从“你有一定的可能性会有问题”这样的一种视角开始；

* 提供信息：根据成瘾者的情况提供具体的信息；

* 讲故事：给成瘾者讲一个与他（她）情况相似的“故事”并给出结局；

* 讨论吸毒行为对他人的影响：帮助成瘾者了解其个人行为是如何给成瘾者关心的人产生负面影响的。

② 环境的再评估（社会的重新评估）：药物滥用问题对社会／他人（未来）产生的影响。

③ 情绪唤起（情绪激发）：反射一个药物滥用的人周围的情绪感受。

（2）沉思期

通过前一个时期的干预，成瘾者可能会对自身思维的改变感觉矛盾，但也会逐渐意识到自己的行为造成的负面后果，并有可能考虑作出改变，但不一定会承诺采取行动。所以沉思期的工作目标，是让成瘾者明白自己是否决定改变，同时鼓励成瘾者衡量改变行为的好处和坏处，协助其巩固倾向采取改变的决定，通过当前自己的行为模式及改变后的各种利弊分析以进行决策。

主要工作技巧：

① 自我再评价：使用列表决策平衡的方法，即治疗师鼓励成瘾者坦率地罗列出他们不改变药物使用的所有好处、坏处，以及改变药物使用的所有坏处、好处。

一位冰毒滥用者的决策平衡例表	
不改变的好处	不改变的坏处
* 好玩	* 和家庭有矛盾
* 需要的时候能醒着	* 花钱多
* 社交能力和谈话能力	* 疲惫
改变的坏处	改变的好处
* 需要交新朋友	* 省钱
* 生活要有规律	* 不会被击垮
* 没“劲”	* 不会忧郁

② 提问总结概括：例如，有 3 个较理想的问题可以问：A. 是什么增加了不改变的坏处？ B. 是什么增加了改变的好处？ C. 这些行为在不久的将来会向什么方向发展？

（3）决定期

决定期的成瘾者一般都有可能打算采取行动，还有些人已初步有了细微的改变，甚至有部分成瘾者或许有初步的实施计划。这个阶段的工作目标是协助成瘾者去识别其现实生活中存在哪些可用的资源，同时还要积极鼓励和支持其那些细微的转变，增强承诺的心理倾向，并让其主动制订一个可以执行的改变计划。

主要工作技巧：

① 设定目标：讨论设定目标和计划的好处；

② 鼓励成瘾者提出自己的计划，让他们具体说明如何实现这些目标；

③ 赞扬成瘾者采取改变的决定，因为他们是可以选择不改变的；

④ 帮助其建立具体的行动计划。

（4）行动期

行动期的成瘾者，大多都能以正面的态度积极改变行为，并能根据具体的环境去解决自己所要面对的问题。但在这个阶段所设立的行为改变周期，应该是设定为少于 6 个月的。如果改变行为的时间设定太长，容易让成瘾者产生疲倦或困难的感觉。所以在这个阶段的工作目标，主要是增强成瘾者自我效能感，增强他们改变行为的自信心，并继续巩固成瘾者自我改变的动机，帮助其调整实施改变的具体策略，根据具体的困难和需要修正计划，坚持去面对困难面前需要履行的承诺。

主要工作技巧：

① 刺激控制（减少不良刺激）；

② 替代，用良性的行为替代旧有的不良行为；

③ 建立良好的新的人际关系；

④ 强化管理（自我奖赏）。

（5）维系期

这个阶段的成瘾者，一般都会积极努力地防止复吸毒品的行为，其相应的其他良性行为改变仍然会继续，并不会在此阶段结束。所以这个阶段的工作目标主要是发展应对以后生活的计划，教会其如何获得后续的支持，巩固现有的成功经验，这样就能使其在时间变化和各种不同困难情境中持续已经发生的良性行为改变，避免回到旧的行为模式。因此在这个阶段，需要教会其辨识自身复吸的行为迹象。

（6）复发期

复发期的成瘾者很有可能会再次出现成瘾行为，对部分未能落实改变或恢复吸毒的行为，他们会对自身动机或改变的能力产生挫败感。所以对处于这个阶段的成瘾者，需要协助他们重新开始。并要让成瘾者明白复吸的现象并不可怕，而且只要操守的时间和周期能延长一点就算是进步。

从戒毒工作者的角度来看，复发的实际情况必须成为治疗项目和理念的一部分。如果一味责备，或让成瘾者感到内疚，就会破坏他们自我改变的动机。所以戒毒工作者在帮助其改变的过程中，一定要坚定地支持成瘾者的再次重新承诺。

本章值得思考的问题：

1. 戒毒动机为什么是戒毒的第一步？
2. 针对戒毒动机的认知治疗有哪些特点？

第三章　海洛因成瘾者的防复吸心理干预

对于绝大部分海洛因成瘾者而言，在戒断期经常会因为看到或听到吸毒相关的细节（如吸毒的针头、锡箔纸工具等）及场景（洗手间的马桶等），而出现强烈的戒断综合征的躯体反应，我们可以把这种现象称为“环境扳机效应”。这种“环境扳机效应”导致的戒断综合征的躯体反应，往往会引发成瘾者在戒毒过程中的焦虑情绪，甚至会直接引发海洛因成瘾者的复吸行为。

针对海洛因成瘾者在戒断期的这种情况，有条件的戒毒所，可以让有经验的心理咨询师对该人群做一些有针对性的心理干预工作，这样就能帮助其顺利地避免一些导致复吸的危险因素。所以本章将专门介绍一些行为主义心理学中相关的理论体系及行为干预技术的内容。

一、行为主义心理学原理

1．经典条件反射原理

经典条件反射最著名的例子是巴甫洛夫对狗的唾液条件反射实验。经典条件反射的原理还认为，一切来自体内外的有效刺激（包括复合刺激、刺激物之间的关系及时间因素等）只要跟无条件刺激在时间上结合（即强化），都可以成为条件刺激，形成条件反射。条件反射建立以后，如果多次只给条件刺激而不用无条件刺激加以强化，条件反射的反应强度将逐渐减弱，最后将完全不出现。这就是经典条件反射中的“消退原理”。

条件反射的情境涉及 4 个事项，两个属于刺激，两个属于机体的反应。一个是中性刺激：它引起预期的、需要学习的反应，在条件反射形成之前，即条件刺激（CS）——在巴甫洛夫的实验中就是铃响。另一个刺激是无条件刺激（UCS）：它在条件反射形成之前就能引起预期反应（本能）——条件反射形成之前，出现了肉，即 UCS，就引起唾液分泌。对于无条件刺激的唾液分泌反应叫作无条件反应（UCR），这是在形成任何程度的条件反射之前就会发生的反应；由于条件反射的结果（被刺激）而开始发生的反应（流口水）叫作条件反应（CR），即没有肉，只有铃响的唾液分泌反应。当两个刺激紧接着（在空间和时间上相近）反复地出现，就形成条件反射。通常，无条件刺激紧跟着条件刺激出现，条件刺激寄生于无条件刺激。条件刺激和无条件刺激相随出现数次后，条件刺激就逐渐引起唾液分泌，这时，动物就有了条件反应。一个中性的条件刺激（铃响）现在单独出现即可引起条件反应（唾液分泌）。

中性刺激与无条件刺激在时间上的结合称为强化，强化的次数越多，条件反射就越巩固。条件刺激并不限于听觉刺激。一切来自体内外的有效刺激（包括复合刺激、刺激物之间的关系及时间因素等）只要跟无条件刺激在时间上结合（即强化），都可以成为条件刺激，形成条件反射。一种条件反射巩固后，再用另一个新刺激与条件反射相结合，还可以形成第二级条件反射。同样，还可以形成第三级条件反射。在人身上则可以建立多级的条件反射。

当条件刺激不被无条件刺激所强化时，就会出现条件反射的抑制，主要有消退抑制和分化。条件反射建立以后，如果多次只给条件刺激而不用无条件刺激加以强化，条件反射的反应强度将逐渐减弱，最后将完全不出现。例如，对以铃声为条件刺激而形成唾液分泌条件反射的狗，只给铃声，不用食物强化，多次以后，则铃声引起的唾液分泌量将逐渐减少，甚至完全不能引起分泌，出现条件反射的消退。

心理学以经典条件反射理论为基础推导出了多种心理治疗理论，包括厌恶疗法、系统脱敏感疗法、泛滥疗法、爆炸疗法。经典条件反射可以短期使用，与人道的治疗不一样的是，较少占用成瘾者的时间和精力，这些疗法最后可以使人对某些事物感到厌恶，也可以使人减少对某些事物的厌恶。例如厌恶疗法又称惩罚法，通常就是利用某些非条件刺激（如反胃、呕吐），以经典条件反射的原理使某些中性刺激（如性行为）转变为条件刺激。治疗之后使成瘾者不再产生某种行为。这种疗法通常被用在治疗酗酒和毒瘾，甚至性犯罪。但其中的泛滥疗法和爆炸疗法（又称“大满贯疗法”）曾经被用来使个体对事物产生焦虑，并因为潜在的危险而受到道德伦理方面的争议。

2．系统脱敏原理

系统脱敏疗法是由美国学者沃尔帕创立和发展的。沃尔帕认为，人和动物的肌肉放松状态与焦虑情绪状态，是一种对抗过程，一种状态的出现必然会对另一种状态起抑制作用。例如，在全身肌肉放松状态下的肌体，各种生理生化反应指标，如呼吸、心率、血压、肌电、皮电等生理反应指标，都会表现出同焦虑状态下完全相反的变化。这就是交互抑制作用。而且，与焦虑状态有交互抑制作用的反应不仅有肌肉放松，进食活动也能抑制焦虑反应。

根据这一原理，在心理治疗时便应从能引起个体较低程度的焦虑或恐怖反应的刺激物开始进行治疗。一旦某个刺激不能再引起成瘾者焦虑和恐怖反应时，施治者便可向处于放松状态的成瘾者呈现另一个比前一刺激略强一点的刺激。如果一个刺激所引起的焦虑或恐怖状态在成瘾者所能忍受的范围之内，经过多次反复的呈现，他便不再会对该刺激感到焦虑和恐怖，治疗目标也就达到了。这就是系统脱敏疗法的治疗原理。

类似系统脱敏疗法的心理治疗方法在中国古代也有运用。据《儒门事亲》载：王德新的妻子旅途中，在旅舍的楼上住宿，夜逢盗贼烧房子，因受惊而掉下床来。自此以后，每当她听到声响，便会受惊昏厥不省人事，多年来一直没得到疗愈。这导致其家人在日常生活中也只得蹑足而行，不敢贸然弄出声响。

后来遇到了一个叫戴人的医生，诊断后，让丫鬟把她的两只手，按在一张高高的椅背之上，在她面前放一张小桌儿。戴医生对她说："娘子，请看您这眼前的木头！"然后便忽然轻轻地击打了一下她面前的桌子，这位夫人大惊。戴医生说："我用木头击桌，有何可惊的呢？"妇人受惊吓后稍显安定，戴医生又开始不断地击打桌子，她的惊恐已显然减缓。过了一会儿，戴医生又猛烈地连击三五次，同时还用木杖击门，又过了一会儿，又暗中令人敲击她背后的窗子，妇人也慢慢从惊恐中适应并安定下来。到了晚上睡觉的时候，戴医生又叫人击打其卧房的门窗，接连数日。过了一两个月以后，那个妇人就算听到雷鸣也不惊恐了。

系统脱敏疗法作为行为疗法，其中的理念是，人的行为，不管是功能性的还是非功能性的、正常的或病态的，都经学习而获得，而且也能通过学习而更改、增加或消除。其技术理论主要包括以下观点：

（1）条件反射的形成和建立，就是条件刺激取代无条件刺激，形成特定的“刺激—反应”关系的获得过程。

（2）强化或榜样：强化是使一个人积极寻求刺激的动因，会使一个人趋向某种特殊的活动或形成某种特定的行为。

（3）泛化：这是人和动物把习得的经验扩展运用到其他类似的情境中去的倾向，是许多症状得以维持和发展的原因。

（4）消退：新条件反射建立后，若仅继续给予条件刺激，原条件反应的强度就会下降，直到消失。

许多人都有对某些特定事物感到恐惧或敏感，例如海洛因成瘾者在生活中如果忽然看见了针头、锡箔纸等吸毒工具，就会产生强烈的戒断综合征的躯体反应。系统脱敏疗法是在成瘾者个体引发扳机场景的基础之上，以渐进的方式建立一套秩序，其中每一个步骤都以条件方式使得成瘾者对这些事物的敏感反应稍微减弱，在疗程结束之后，成瘾者将失去对这些特定事物的敏感反应，从而降低成瘾者的不良躯体及心理体验。下面将就具体的操作环节，做一些相关的介绍。

二、系统脱敏疗法应用于海洛因成瘾者的技术环节

通俗地说，系统脱敏疗法通常是以“刺激—放松”反射为适应行为，来取代求助者已经形成的“刺激—异常行为反应”反射，继而强化适应行为，因泛化而使适应行为得到巩固，克服异常行为。

1．系统脱敏的方法

采用系统脱敏疗法进行治疗包括三个步骤。首先是要做相关的评估，并建立引发成瘾者戒断体验的场景等级层次，这是进行系统脱敏疗法的依据和主攻的方向；然后是需要针对焦虑体验的情况下，进行放松训练；接下来再要求成瘾者在放松的情况下，按某一恐怖或焦虑的等级层次进行渐进的脱敏治疗。具体的操作手段如下。

（1）**评估**：系统脱敏治疗前，与成瘾者进行细致的讨论，具体有哪些可能引发戒断综合征躯体反应的相应情境或对象。把这些对象或场景的描述越细越好。并对这些不同的情景或对象按照从低到高的等级层次，排列一个有梯度的顺序。

（2）**放松训练**：首先应选择一处安静适宜、光线柔和、气温适度的环境，然后让成瘾者坐在舒适的座椅上，让其随着音乐的旋律开始肌肉放松训练。训练依次从手臂、头面部、颈部、肩部、背部、胸部、腹部以及下肢部训练，过程中要求成瘾者学会体验肌肉紧张与肌肉松弛的区别，经过这样反复长期的训练，使得成瘾者能在日常生活中灵巧放松。一般需要6～10次练习，每次历时半小时，每天1～2次，以达到全身肌肉能够迅速进入松弛状态为合格。放松的过程主要是在心理咨询师的指导语的引导下，通过躯体的渐进放松环节来进行的。

（3）**系统脱敏想象体验练习：**首先应当让成瘾者想象某一等级的刺激物或事件。若成瘾者能清晰地想象，再感到紧张时停止想象并全身放松，之后反复重复以上过程，直到成瘾者不再对想象的刺激物或事件感到焦虑或恐惧，那么该等级的脱敏就完成了。以此类推做下一个等级的脱敏训练。一次想象训练不超过 4 个等级，如果训练中某一等级出现强烈的情绪，则应降级重新训练，直到可适应时再进入高等级训练。当通过全部等级时，可从模拟情境向现实情境转换，并继续进行脱敏训练。按刺激的强弱程度制订刺激步骤，从轻到重进行脱敏的想象练习。以下是根据某一个海洛因成瘾者的个人情况制定的脱敏梯度，仅供大家参考：

① 想象针头和锡箔纸放在 10 米远的地方。

② 想象针头和锡箔纸放在眼前。

③ 想象针头和锡箔纸拿在手里。

④ 想象针头、锡箔纸和海洛因放在手里。

（4）**现实脱敏场景体验练习：**从脱敏想象的练习跨越到现实场景的脱敏，也是治疗最关键的步骤，仍然从最低级开始至最高级，逐级放松、脱敏训练，到不引起强烈的情绪反应为止。现实体验的脱敏练习，一定要在有安全保证的前提下进行，成瘾者可作为家庭作业，每周在治疗指导后对同级过敏场景进行有针对性的强化体验训练，每周 2 次，每次 30 分钟为宜。但具体的实际场景要与成瘾者深入探讨相关的细节，并排列出不同过敏体验的等级。例如：

A. 观看针头、锡箔纸和模拟海洛因的图片。

B. 去到曾经吸过毒的地方。

C. 把真实的针头、锡箔纸和模拟海洛因放在眼前。

脱敏训练疗法需要把握循序渐进的原则，刺激强度应该由弱到强，由小到大一级一级地进行。每次刺激体验出现相关的体验以后，都要让成瘾者及时进行相关的放松练习。当某个刺激对象的想象练习，不再引起成瘾者不良情绪反应时，就可向处于放松状态的成瘾者呈现一个比前一刺激稍强的刺激。

需要特别提醒的是，系统脱敏疗法的关键是确定引起过敏反应的事件、场景或物体。但有时成瘾者提供的内容，并不一定就是真正引发戒断综合征的真实原因。比如，有的成瘾者只要听到曾经一起吸过毒的毒友说话的声音，都会产生强烈的戒断躯体反应，但看到一些视觉性的场景却反应不大；还有的人甚至闻到打火机的气味也会产生类似的反应。尤其是很多成瘾者甚至自己都不能清楚列举自己的过敏原，所以这时候，心理咨询师就应该仔细与成瘾者进行深入的探讨，以便找到真正引发戒断综合征的原因。

2. 系统脱敏疗法需要注意的问题

（1）**安全原则**：系统脱敏疗法是一个让成瘾者学习在刺激体验下放松的过程。但不排除很多成瘾者在戒毒过程中，由于操守的时间较长，所以在系统过敏的初次体验时，引发强烈的戒断症状，这样一来，系统脱敏的刺激就有可能变成部分躯体疾病的外在诱因。所以心理咨询师在刺激实施以前，一定要对成瘾者的躯体状况做一个细致的评估。评估以后在具体操作的过程中，还需要留意成瘾者在练习过程中的具体反应，如果成瘾者的体验过于强烈，心理咨询师就应该进入到低一层次的场景；如果成瘾者躯体体验仍然过于剧烈，心理咨询师可以终止技术实施的体验。

（2）**防止复吸的监督原则：**对于海洛因成瘾者而言，由于系统脱敏的过程本身包含想象吸毒的体验，这样一来，系统脱敏治疗行为本身就很有可能成为成瘾者复吸毒品的一个诱因。这也是系统脱敏应用于类似人群中，一直受到道德伦理方面及法律方面争议的主要原因。但笔者认为，系统脱敏的技术只要在有安全保证的条件下使用得当，对于海洛因成瘾者的戒毒康复还是有一定的积极作用的，只不过我们需要在自愿戒毒所内的相关管理方面做出安全保证，减低该项行为治疗技术所引发的负面问题。因此立足于临床心理的应用领域，我们还是应该更辩证、更客观地看待各种心理干预临床技术的特点。

从具体操作层面来看，笔者认为在自愿戒毒所内，如果要对成瘾者进行系统脱敏治疗，最好选择有强烈戒毒动机的人，而且要在有书面协议保证的前提下，一般要求规定从事系统脱敏的海洛因成瘾者在系统脱敏期间（1 至 3 月以内）不得私自外出，以免因系统脱敏的行为治疗而引发成瘾者的复吸行为。如果自愿戒毒所不能对成瘾者做到相应的行为约束，系统脱敏治疗技术的使用就一定要非常的谨慎。

三、戒断综合征睡眠障碍的音乐治疗

阿片类戒断综合征的睡眠障碍，是海洛因依赖人群常见的戒断综合征症状之一，也是导致海洛因依赖人群复吸的重要原因之一。很多海洛因成瘾者是因为受到严重的睡眠障碍戒断综合征的困扰，导致了最终的觅药复吸行为。所以，音乐治疗在阿片类戒断综合征睡眠障碍的临床应用，对于帮助成瘾者保持操守具有较为重要的临床推广价值。

戒断综合征的睡眠障碍症状，一般在脱毒开始后的一周内出现，一周后会有部分缓解但仍可迁延数周。具体表现为成瘾者睡意浓重，哈欠不断，但卧床后却辗转反侧而无法入睡，并伴随有焦虑的情绪症状。脱毒者也常常因此变得烦躁不安，情绪起伏不定，还有的出现易激怒的情绪障碍问题。尤其是在脱毒的晚期，部分脱毒者可出现晚上兴奋、深夜不睡和不停地来回走动，病人会感觉“越到深夜越清醒”。

在脱毒中期，因为受到睡眠障碍的折磨而显得疲乏无力，困倦难耐。往往偶尔的睡眠还伴有满身大汗，或是骨关节疼痛等其他戒断症状，并且经常会伴随有吸食海洛因有关的梦境。到了脱毒阶段的晚期，逐渐出现睡眠节律失调现象。这是脱毒治疗晚期较为常见的现象之一。在经过数天较重的戒断症状后，脱毒者一般都会感到筋疲力尽、疲惫不堪，多数人此时可以出现短暂的浅睡眠状态，但由于脱毒者总是认为自己几天没有睡好，应该补一觉，再加上长期使用海洛因形成的黑白颠倒的睡眠习惯，故此时脱毒者常是白天睡得较多，晚上无睡意或是睡不着。

阿片类戒断综合征的睡眠障碍的治疗很难通过药物进行治疗，因为以海洛因为代表的阿片类的毒品本身就是极强的麻醉类精神管制药品，由于成瘾者长期服用毒品，已经造成了成瘾者对麻醉类的精神药物极强的耐药性，所以服用任何普通的安眠药都不可能产生安眠的作用，只可能依靠行为治疗的手段进行治疗。音乐治疗的技术就是其中最有代表性的一种技术。

1. 音乐治疗应用于睡眠障碍的相关原理

（1）音乐治疗的原理。音乐治疗之所以能发挥助眠的功能，是因为人的神经感知系统具有“感觉疲劳效应”的心理现象。所谓“感觉疲劳效应”就是指一种重复性的单调刺激，长时间施加在一种感官上后，该感官系统就会产生感知觉的疲劳现象。“如入芝兰之室，久而不闻其香；如入鲍鱼之肆，久而不闻其臭”，说的就是这种现象。而这种“感觉疲劳效应”通过特定的睡眠引导，就能转而变为解除睡眠障碍的有效手段。

其实，声音作为一种助眠的听觉刺激手段，在现实生活中出现的类似情况我们并不陌生。例如当我们在会场里听人作报告的时候，如果发言人的语言表达在音调上缺乏抑扬顿挫的变化，语速又缓慢，声音又较为低沉，内容枯燥又缺乏新鲜感的时候，时间只要超过15～20分钟，就逐渐会让人产生困倦的感觉。一般情况下，感觉疲劳产生越快，感官灵敏度恢复就越快。各种感官在同一种刺激施加一段时间后，均会发生程度不同的疲劳。疲劳现象发生在感官的末端神经、感受中心的神经和大脑的中枢神经上，疲劳的结果是感官对刺激感受的灵敏度急剧下降。

（2）助眠音乐的特点。音乐作为一种听觉上的刺激源，如果在组织形式上高度符合这种生理心理学上的疲劳效应所具备的特征，自然就能通过人工制造出来的感觉疲劳效应而对人起到助眠的功效。

整体而言，有助眠功能的音乐具有曲调相对平缓，曲式结构相对单一，乐句单调而重复，速度相对较慢，节拍节奏变化单调等特点。

音乐放松技术中所使用的音乐一般是速度为每分钟 60 拍左右的速度较慢的音乐，因为这个速度是最接近人在睡眠过程中心脏跳动的速度。如果音乐的速度过快，反而容易引起机体的兴奋感而导致个体不容易放松。例如莫扎特的大部分音乐作品都是速度较快的，不适合做音乐放松的聆听音乐。但婴幼儿及儿童的放松音乐的速度一般来说是在每分钟 72 拍左右，整体速度会稍微高于成人，因为这个速度与婴幼儿和儿童睡眠时候的心动速率是一致的。

另外，助眠音乐的乐器不宜太复杂，因为过于繁复的器乐变化层次，很容易在音乐助眠放松的过程中分散个体自身躯体放松的注意力。此外，助眠音乐乐句的旋律线在高音区和低音区之间的变化也最好不要太大，不要过于抑扬顿挫，最好以平缓的中低音区为宜。音乐乐器的演奏种类也尽量选择避免高音色彩的乐器例如长笛、竹笛、小号、芦笛等，因为高音色彩的乐器在听觉心理上容易让人产生清醒的联觉心理效应。而大提琴、圆号、中提琴等低音声部的乐器则容易让人产生混沌低沉的联觉心理效应。

放松音乐如果有旋律的话，其乐句变化也应该越简单越好，不宜太丰富，如果有人声在助眠音乐中出现的话，最好是没有任何歌词内容的衬辞性质的无词歌（如人声的哼鸣等），如果有具体的歌词内容，也是越简单越好，歌词内容表达不宜太过丰富。

放松音乐的结构和时间长度也非常重要，最好是没有任何结构的一段体的音乐结构，且整体时间在 15～30 分钟为宜。而且在放松助眠的过程中，音乐治疗师可以根据每个人的放松助眠进程而进行时间上的调整。

有了这些有助眠功能的音乐是不是就可以达到解除睡眠障碍

的目的了呢？事实并非如此，最好还需要有专业的音乐治疗师引导，通过在助眠音乐中实施专业的助眠指导语，才有可能把助眠音乐的功能发挥到极致。所以，如果没有专业的音乐治疗师，助眠音乐的功能很可能会大打折扣。这也是为什么市面上有那么多出售助眠音乐的 CD，但依然有那么多的人存在严重睡眠障碍的重要原因。

2．戒断综合征睡眠障碍的音乐治疗过程

由于感觉疲劳效应是一种心理学的现象，而在音乐治疗过程中，如果不把聆听者的注意力引导到助眠功能音乐的聆听中，周围任何其他声音的刺激，都有可能破坏助眠音乐的助眠功能。所以有助眠功能的放松音乐，虽然可以帮助成瘾者解除睡眠障碍的烦恼，但要是缺乏音乐治疗师引导语的治疗引导，助眠音乐的助眠功能也不能完全发挥出来。这就像让婴幼儿和儿童听 CD 播放的摇篮曲，但却不一定有助眠的效果一样。因此，音乐治疗师的引导技术，是助眠音乐治疗中至关重要的一个技术环节。

一般来说，在使用音乐助眠技术之前，音乐治疗师需要让成瘾者在一个较为舒适的地方躺好，同时要让其找到一个自己舒服的睡眠姿势，可以是平躺或是侧卧，但最好不要俯卧。音乐治疗师最好坐在能看见成瘾者呼吸和面部表情的位置，以便仔细观察成瘾者的呼吸及睡眠的状态适时进行引导。在这个过程中，如果成瘾者因为同一个卧姿持续时间过长而产生疲倦不适感，音乐治疗师可通过引导语告诉成瘾者随时调整一个新的卧姿。

在过于明亮的治疗室里，音乐治疗师最好拉上窗帘，避免室内

过于明亮。此外，治疗室最好还要保持适当的温度，因为太过寒冷或是炎热，都有可能造成音乐治疗助眠的失败。另外，助眠的环境也需要音乐治疗师进行适当的调整，不宜让助眠过程在嘈杂的环境中进行。

在音乐助眠时一般先播放事先选择好的助眠音乐，音乐治疗师逐渐通过引导语来引导聆听者的注意力，让聆听助眠音乐的失眠者把自身注意力先是放在引导语的内容上，然后逐渐转移到有助眠功能的音乐的聆听上。同时还要让聆听者逐渐把注意力放在自己身体感觉的体验上——让失眠者跟随音乐治疗师的引导语进行全身各部位的肌肉渐进放松的练习。

肌肉渐进放松的过程一般是从头部开始，依次往下是：肩膀和脖子、胸部和背部、胳膊和双手、腹部和腰部、臀部和大腿、双脚。且不同部位的放松指导语的语言结构，一定要一模一样的完全重复，不能有任何的更改或变化，并使用重复的“放松了”“不想动了”等核心的关键词。这样才能达到“感觉疲劳效应”对于刺激信号的重复单调刺激的要求。

音乐治疗师在说助眠指导语时，要用较为低沉的胸式发声方法，让自身的语音尽量保持较为低沉的音色，语速尽量放慢，如果用气声或头声的发声方法，容易让聆听者产生感觉清醒的联觉效应。在每一句助眠指导语说完以后，音乐治疗师一定要停顿 3 至 5 秒钟，让聆听者有充分的时间来完成音乐治疗师通过指导语所表达的引导助眠的放松想象练习。这样的指导语语言结构及发音特征也是音乐治疗师人为制造心理疲劳效应的关键所在。此外，音乐治疗师指导语的音量与助眠音乐的音量也应该保持相对的平衡，如果助眠音乐的音量过大或过小，都会影响成瘾者的助眠体验质量。

在助眠过程全部完成以后，音乐治疗师需要在助眠音乐停顿的状态下，有步骤地唤醒助眠后入睡的成瘾者。通常来说，音乐治疗师指导语唤醒的步骤是要把成瘾者的听觉注意力，由远及近地进行引导，先让成瘾者听一听环境周围还存在的其他的声音；然后让成瘾者想象一下这间屋子的样子，并让其感受一下自己的呼吸和心跳；最后让成瘾者在睁开眼睛以前，可以先慢慢地活动活动自己的双手或双脚，然后让成瘾者在自己感觉舒服的时候慢慢睁开眼睛。

睡眠障碍的音乐治疗一般来说每次的时间在一小时左右。其中前期的音乐放松过程大约为 15～20 分钟，到了后期的睡眠引导过程，音乐治疗师可以根据成瘾者的入睡状态来灵活掌握时间。如果成瘾者入睡顺利，音乐治疗师就可以让其多睡一会儿，让其充分保持良好的睡眠状态；但如果睡眠引导不太顺利，音乐治疗师可以对其进行多轮有耐心的睡眠引导。

3．音乐治疗应用于助眠过程中需要注意的问题

需要提醒的是，在睡眠障碍的音乐治疗实施之前，音乐治疗师需要对成瘾者进行系统的评估，排除在极少数成瘾者中可能存在的各种严重躯体疾病、精神分裂症等疾病因素所造成的睡眠障碍因素，从而全面降低助眠过程可能会遇到的各种技术实施障碍及风险。

笔者在大量的临床治疗过程中发现有部分多药滥用的成瘾者，因为曾经服用过大量的苯丙胺、麻古类的新型毒品，这些新型毒品

在戒断过程中经常引发带有负面情绪的回溯性幻觉体验。这种回溯性的幻觉体验有时候会在睡眠障碍的音乐治疗过程中引发不良的身心反应。所以在实施助眠音乐治疗之前，音乐治疗师可能需要事先处理苯丙胺等新型毒品所造成的相关的情绪障碍的问题。

另外，评估的过程还需要特别注意筛查成瘾者是否拥有精神分裂症的家族史、住院史及其他精神类药物的使用史。如果存在这些精神分裂症的潜在因素，音乐治疗师应该谨慎对其使用睡眠障碍的音乐治疗技术。因为音乐放松、冥想及助眠等技术对精神分裂症人群的治疗存在着一定程度的不可控因素，有可能会成为其病症复发的扳机因素。

此外，音乐治疗师还应该要求成瘾者在实施音乐助眠治疗之前，不要吃得太饱，但也不要处于饥饿的状态。为了避免在助眠过程中不受躯体其他因素干扰，最好在助眠治疗开始之前询问成瘾者是否有上厕所的需求。还有可能根据成瘾者的睡眠习惯，建议其摘下眼镜或是耳环项链等穿戴的饰品。

根据常年的临床经验，音乐治疗师还可以根据成瘾者的身心状况，选择成瘾者认为自己感到最困倦的时候进行音乐治疗的助眠干预。这在某种程度上有可能提高阿片类成瘾者睡眠障碍在音乐治疗中疗愈的概率。只不过这样的工作方式对音乐治疗师而言，需要克服一定的困难。

总体而言，音乐治疗对于阿片类戒断综合征睡眠障碍的临床应用，属于一种非药物治疗的行为治疗技术，该项技术具有操作简便、无毒副作用等特点，除了能帮助阿片类毒品成瘾者缓解失眠痛苦，还能帮助他们在戒断毒品的过程中缓解焦虑情绪，减轻关节疼痛等躯体不良感受，所以在戒毒康复的临床领域具有广阔的推广前景。

本章值得思考的问题：

1. 针对海洛因成瘾者防复吸的系统脱敏技术包括哪几个步骤？

2. 针对成瘾者睡眠障碍的音乐治疗过程中所使用的音乐有什么特点？

第四章　针对成瘾者不良情绪的心理干预

成瘾者在戒毒过程中，往往因来自家庭和社会的压力以及屡次戒毒失败的挫折，而背负着很多的负面情绪。如果成瘾者在戒毒过程中，对自身的负面情绪管理得当，就很有利于戒毒康复；反之，则很容易引发复吸行为。所以在戒断期，针对成瘾者情绪的疏导及管理，是我们戒毒工作中需要重点关注的问题之一。

本章将针对成瘾者戒断期相关的负面情绪问题，在理论及相关技术方面进行详细的论述。鉴于当前以苯丙胺为代表的新型毒品成瘾者的情绪障碍问题较为严重，给自愿戒毒所的管理及日常工作带来了很多新的课题，本章将对情绪相关的理论及具体干预技术操作细节做较为详细的探讨。

一、情绪的定义及相关理论

情绪总是同人的需要和动机有着密切的关系，如人的某种需要得到满足或目的没有达到时，他将会产生愉快或者难过等感受。因此，一般意义上讲，情绪是指人们在内心活动过程中所产生的心理体验，或者说是人们在心理活动中，对客观事物的态度体验，是人脑对客观事物与人的需要之间的关系的反映。

关于情绪的定义，在心理学历史上一直存在众多争议。人们通常以愤怒、悲伤、恐惧、快乐、爱、惊讶、厌恶、羞耻等不同的感受来给情绪归类。在不同的情绪状态下，人生理上的心律、血压、呼吸乃至人的内分泌、消化系统等，都会发生相应的变化。例如，人在焦虑状态下，会感到呼吸急促、心跳加快；人在恐惧状态下，则会出现身体战栗、瞳孔放大；而在愤怒状态下，则会出现汗腺的分泌增加、面红耳赤等生理特征。包括成瘾者在毒品作用下出现的各种情绪反应等。这些变化都是受人的自主神经支配的，是不受人的意识所控制的。因此，情绪状态下的这些变化，具有极大的不随意性和不可控制性。

1. 情绪的维度理论

人的情绪不会无缘无故地产生，必然有其发生的情境。正如人们常说，人逢喜事精神爽，学业成功、身处优美的环境，都可让人随之产生愉快的心情；反之，人际的冲突、学习的压力、生活中的挫折，甚至恶劣的气候，会使人感到烦躁和抑郁。除了外在的环境和事件会直接引起情绪变化外，人的自身生理和心理的反应也同样会引起情绪的变化。例如，在青春期阶段，由于身体上的急剧变化，引起内分泌的紊乱，并由此造成情绪上的躁动。女生因为月经周期带来生理上的变化，也容易导致情绪的变化。在戒毒过程中，同样也会因为不同的情境，给成瘾者带来不同的情绪问题。

冯特早期提出的情绪三维理论认为，情绪是由三个维度组成的，即愉快－不愉快；激动－平静；紧张－松弛。每一种具体情绪分布在三个维度的两极之间不同的位置上。20 世纪 50 年代，施洛伯格根据面部表情的研究提出，情绪的维度有“愉快－不愉快”“注意－拒绝”“激活水平”三个维度，建立了一个三维模式图。60 年代末，普拉切克提出，情绪具有强度、相似性和两极性等三个维度，并用一个倒锥体来说明三个维度之间的关系。

到了 20 世纪 80 年代，伊扎德提出情绪四维理论，认为人对情绪状态的自我感受，是在愉快度、紧张度、激动度和确信度四个维度上产生的心理感受。愉快度表示主观体验的享乐色调；紧张度表示情绪的心理激活水平，包括肌肉紧张和动作抑制等成分的激活水平；激动度表示个体对情绪、情境出现的突然性，即个体缺乏预料和缺乏准备的程度；确信度表示个体胜任、承受情绪的程度。

2．情绪分类的相关理论

美国加利福尼亚大学旧金山分校心理学家保罗·艾克曼的发现，在一定程度上证实了，人类的确存在少数几种核心情绪。艾克曼指出，人类的 4 种基本情绪（喜、怒、哀、惧）所对应的特定面部表情，为世界各地不同的文化所公认，包括没有文字、尚未受到电影电视污染的人群，这说明情绪具有普遍性。

心理学教授黄希庭认为若撇开情绪所指的具体对象，仅就情绪体验的性质来看，按照情绪发生的速度、强度和持续时间可将情绪分为心境、激情和应激 3 种。

心境是一种微弱、弥散和持久的情绪，也就是平时说的心情。

心境的好坏，常常是由某个具体而直接的原因造成的，它所带来的愉快或不愉快会保持一个较长的时段，把这种情绪带入工作、学习和生活中，会影响人的感知、思维和记忆。愉快的心境让人精神抖擞，感知敏锐，思维活跃，待人宽容；而不愉快的心境让人萎靡不振，感知和思维麻木、多疑，让人觉得看到的、听到的全都是不如意、不顺心的事物。

激情是一种猛烈、迅疾和短暂的情绪，类似于平时说的激动。激情是由某个事件或原因引起的当场发作的情绪，表现猛烈，但持续的时间不长，并且牵涉面不广。激情通过激烈的言语爆发出来，是一种心理能量的宣泄，从一个较长的时段来看，对人的身心健康的平衡有益，但过激的情绪也会使当时的失衡产生危险。特别是当激情表现为惊恐、狂怒而又爆发不出来的时候，全身发抖、手脚冰凉、小便失禁、浑身瘫软，那就得赶快送医院了。

应激是机体在各种内外环境因素及社会因素、心理因素刺激时所出现的全身性非特异性适应反应，又称为应激反应。这些刺激因素称为应激原。应激是在出乎意料的紧迫与危险情况下引起的高速而高度紧张的情绪状态。应激的最直接表现是精神紧张。指各种过强的不良刺激，以及对它们的生理、心理反应的总和。应激反应指所有对生物系统导致损耗的非特异性生理、心理反应的总和。应激或应激反应是指机体在受到各种强烈因素（应激原）刺激时所出现的非特异性全身反应。

此外，还有人从情绪的功效角度，将愉快、欢乐、舒畅、喜欢等视为正性情绪，而将痛苦、烦恼、气愤、悲伤等视为负性情绪；也有人将情绪划分为积极情绪、消极情绪等。

3. 情绪的生物学相关理论

早期美国的心理学家詹姆斯和丹麦生理学家兰格，分别提出内容相似的一种情绪理论。他们强调情绪的产生是植物性神经活动的产物，后人称它为情绪的外周理论。即情绪刺激引起身体的生理反应，而生理反应进一步导致情绪体验的产生。詹姆斯提出情绪是对身体变化的知觉。在他看来，是先有机体的生理变化，而后才有情绪，所以悲伤由哭泣引起，恐惧由战栗引起。兰格认为情绪是内脏活动的结果。他特别强调情绪与血管变化的关系。詹姆斯与兰格两人的理论都体现了情绪与机体变化的直接关系，强调了植物性神经系统在情绪产生中的作用；但是，他们片面强调了植物性神经系统的作用，忽视了中枢神经系统的调节、控制作用，因而引起了广泛的争议。

坎农·巴德的情绪学说则认为情绪的中枢不在外周神经系统，而在中枢神经系统的丘脑，并且强调大脑对丘脑抑制的解除，使植物性神经活跃起来，加强身体生理的反应，而产生情绪。外界刺激引起感觉器官的神经冲动，传至丘脑，再由丘脑同时向大脑和植物性神经系统发出神经冲动，从而在大脑产生的情绪主观体验而由植物性神经系统产生个体的生理变化。该理论认为，激发情绪的刺激由丘脑进行加工，同时把信息输送到大脑和机体的其他部位，到达大脑皮层的信息产生情绪体验，而到达内脏和骨骼肌肉的信息激活生理反应，因此，身体变化与情绪体验同时发生。

保罗·克莱因金尼和安妮·克莱因金尼两人提出了一个关于情

绪的定义：情绪是主观因素、环境因素、神经过程和内分泌过程相互作用的结果。为支持这一定义，他们提出了以下要点：

（1）情绪能够产生情感体验，如快乐与否；

（2）情绪能够激发人们的认知解释，如将情绪归因于自身或环境；

（3）情绪能引发一系列的体内调节，如心率加快；

（4）情绪常引起表情行为（笑或哭）、目标指向行为（助人或逃避）和适应性行为（远离危及生存的潜在威胁）。

这一定义表明，情绪产生于生物习得和认知过程的相互作用。

很多心理学家和生物学家在情绪相关的生理领域做了大量的研究。他们认为情绪在产生心理体验的同时，伴随的内脏器官的变化完全是生理现象的表现。我们知道，在情绪中也有像不安、希望等由于经验而习得的成分，从比较心理学的观点出发，研究与先天的行为方式相反的学习的影响。根据最新研究，情绪可能是由一个独立的功能系统完成的，这个功能系统可能包括下丘脑、边缘叶、丘脑核团等，丘脑核团是获得情绪的核心结构，丘脑中存在一种叫丘觉的遗传结构，丘觉是产生情绪体验的。

4. 情绪与认知的相关理论

“评估－兴奋”理论由美国心理学家阿诺德提出，他认为，刺激情景并不直接决定情绪的性质，从刺激出现到情绪的产生。要经过对刺激的估量和评价。情绪产生的基本过程是：刺激情景－评估－情绪。同一刺激情景，由于对它的评估不同会产生不同的情绪反应。他还认为，情绪的产生是大脑皮层和皮下组织协同活动的结果，大脑皮层的兴奋是情绪行为产生的最重要条件。

沙赫特的两因素情绪理论则认为情绪的产生，有两个不可缺少的因素：一个是个体必须体验到高度的生理唤醒；另一个是个体必须对生理状态的变化进行认知性的唤醒。情绪状态是由认知过程、生理状态、环境因素在大脑皮层中整合的结果。

拉扎勒斯的认知－评价理论认为，情绪是人与环境相互作用的产物。在情绪活动中，个体不仅反映环境中的刺激事件对自己的影响，同时要调节自己对于刺激的反应。也就是说，情绪是个体对环境知觉到有害或有益的反应。因此，人们需要不断地评价刺激事件与自身的关系。具体有三个层次的评价：初评价、次评价、再评价。拉扎勒斯与阿诺德都认为“情绪是来自正在进行着的环境中好的或不好的信息的生理心理反应的组织，它依赖于短时的或持续的评价”。这些定义都反映出情绪对人的需要和态度的关系，阿诺德和拉扎勒斯还指出了情绪因此而具有的特点，诸如体验、生理模式、评价等。

情绪 ABC 理论的创始者爱利斯认为，正是由于我们常有的一些不合理的信念才使我们产生情绪困扰。如果这些不合理的信念长久下去，还会引起情绪障碍。情绪 ABC 理论中，A 表示诱发性事件，B 表示个体针对此诱发性事件产生的一些信念，即对这件事的一些看法、解释。C 表示自己产生的情绪和行为的结果。

通常人们会认为诱发事件 A 直接导致了人的情绪和行为结果 C，发生了什么事就引起了什么样的情绪体验。然而，你有没有发现同样一件事，对不同的人会引起不同的情绪体验。同样是在戒毒，结果两个成瘾者都没能保持操守。其中一个人无所谓，而另一个人却非常的失落。

为什么？就是诱发事件 A 与情绪和行为结果 C 之间，还有一个对诱发事件 A 的看法、解释的 B 在作怪。这种看法包括不同的可能性。其中一个人可能认为：这次戒毒失败无所谓，下次戒毒可以再试试看能坚持多久。另一个人可能认为：我花了很大的精力来戒毒，可是这次又失败了，家人会怎么看我？于是不同的想法 B 带来的 C 大相径庭。

除了以上所述的相关理论以外，还有很多心理学家从情绪的类别及生发的规律着手进行研究，所以在相关领域中还有情绪分化理论、情绪动机理论等理论流派。

二、戒毒过程中的情绪干预及疏导相关技术

在戒毒过程中，我们有可能要针对不同类型的毒品滥用的成瘾者使用不同的情绪干预技术，还有可能要针对不同成瘾者的人格及情绪特点，对成瘾者进行个性化的情绪干预及疏导。例如，以海洛因为代表的传统毒品滥用的成瘾者，可能需要家庭及认知的技术对其实施情绪干预；而以苯丙胺类新型毒品为代表的大多数成瘾者，有可能存在情绪的敌对、躁狂等不良情绪，这样一来就需要对其进行情绪的疏导、干预及管理等较为细致的干预。所以，在情绪干预的实施过程中，需要戒毒社工和心理咨询师对成瘾者的情绪问题进行有针对性的评估及相应的疏导干预。下面就此向大家介绍几种常见的情绪干预方法。

1．情绪的感知及合理表达疏导

（1）**情绪的感知与觉察。**对于情绪的感知是管理情绪的第一步。如果自己对情绪的感知都缺乏相应的能力，就谈不上什么情绪管理了。如果成瘾者能随时地觉察自己的情绪，对情绪的意识清晰，这样就有可能去学习如何管理和掌控情绪；反之，不了解自身情绪状态的人，则容易沦为如柏拉图所说“感觉的奴隶”。所以认识情绪的本质是情感感知的基石，当人们出现了某种情绪时，应该承认并认识这些情绪而不是躲避或推脱。成瘾者只有对自己的情绪有更大的把握性时才能成为自己生活的主宰，才能在戒毒遇到困难的时候，准确地对自己的行为作出正确的决策。

此外，觉察他人情绪也是一种重要的情绪觉察能力。觉察他人的情绪，其实就是所谓同理心，亦即能设身处地站在别人的立场，为别人设想。了解别人真正的感受，察觉别人的真正需要，也就是具有同理心。愈具同理心的人，愈容易进入他人的内心世界，也愈能觉察他人的情感状态。具有这种能力的人，能通过细微的社会信号，敏锐感受到他人的需要与欲望，对他人处境感同身受，又能客观理解、分析他人情感。在成瘾者情绪干预的过程中，提升对他人情绪的察觉能力，就能提高其在家庭关系修复过程中解决问题的能力。

（2）**情绪的合理表达及疏导。**一个人的情绪应该表达而又没有表达出来的状况，称之为“情绪积压”现象。美国著名外科医师希格尔曾表示，一个人如果无法表达出内心的冲突，生命机能运作将受到影响。当一个人长期处于悲观、失落的情绪状态，而自己又无法调整时，就会形成抑郁的心境，导致身心的危害，严重的还可表现为抑郁症等心理疾病。对于成瘾者而言，则有可能引发复吸行为。

当成瘾者的心情不好时，往往很容易迁怒于旁人。所以通过一些方法提醒成瘾者在其情绪不稳定时，最好能将自己的心情状态告知他人，这样可以减少很多不必要的误会和冲突。这样能帮成瘾者打开自己心理与生理的沟通渠道，适应外界对自身的影响，直面负性刺激，正确表达、释放不良情绪，帮助其达到身心平衡的良好状态。通过这样的方式能使其不良情绪得到很大的缓解，还可以从友人的经验中找到一些解决问题的办法。只不过在寻找情绪表达对象的时候，应该找到合适的时机、合适的场地及合适的人，恰如其分地去表达自己的情绪。

一般而言，喜怒哀乐是人情绪的正常反应。但是，在什么时间、什么地点和场合、对什么人、采取什么样的方式反应，就有社会和道德的规范标准。也就是说，情绪的反应以及情绪所表现的行为要符合社会的规范。情绪的管理不是要去除或压制情绪，而是在觉察情绪后，调整情绪的表达方式。有心理学家认为情绪调节是个体管理和改变自己或他人情绪的过程。在这个过程中，通过一定的策略和机制，使情绪在生理活动、主观体验、表情行为等方面发生一定的变化。情绪固然有正面有负面，但情绪管理关键不在于情绪本身，而是情绪的表达方式。以适当的方式在适当的情境表达适当的情绪，就是健康的情绪管理之道。

2. 情绪自我的调节与正性激励

情绪调节有很多不同的方式，不同方式也可能会适合不同的人群。成瘾者可以根据自己的性格特点来选择不同的情绪调节方式。情绪调节方式大体上可以分为以下几个方面：

（1）**人际调节。**人与动物的区别在于人的社会属性。当情绪不好时，可以向周围的人求助，与朋友聊天、娱乐可以使你暂时忘记烦恼，而曾经与你有过共同愉快经历的人则能引起你当时愉快的感觉。人际关系取决于一个人情绪表达是否恰当。倘若常在他人面前任由负面情绪决堤，丝毫不加控制，如乱发脾气，久而久之，别人会视其为难以相处之人，甚至列为拒绝往来户。反之，若常面带微笑、多赞美他人，以亲切态度与别人和谐相处，人际关系自然会逐渐改善。

（2）**环境调节。**美丽的风景使人心情愉悦，而肮脏的环境会使人烦躁。当情绪不好时可以选择一个环境优美的地方，在优美的大自然中，心情自然而然会得到放松。还可以去那些曾经开心过的地方，记忆会促使你想起愉快的事情。

（3）**认知调节。**人之所以有情绪，是因为我们对事情做出了不同的理解，同一件事情不同的人观点不同，则会产生不同的情绪反应。所以我们可以通过改变我们的认知，来改变我们的情绪。比如说在为了某件事烦躁时，可以对事情进行重新评价，换一个角度看问题，改变我们呆板地看问题方式。

（4）**回避引起消极情绪的问题。**如果有些引起负面情绪的问题我们既不能改变又不能解决，就可以选择逃避问题，先暂时避开问题，不去想它，待情绪稳定时，再去解决问题，而且有时候问题的解决方案会在从事其他事情时不经意的想出来。此外，还可以使用注意力转移的方法，在烦躁易怒的时候，不妨将自己的注意力先从烦心的事情上移开，注意力转移到周围的其他事情上，正所谓“手忙心不乱”。

（5）**减低期望值。**对人对事不要抱过高的期望值，做事情、想问题既要从好的方面去设想，又要从坏的方面去考虑，做最大的努力和最坏的打算。期望值过高，往往有落空的可能。如果留下一点心理空间，做一点糟糕的设想，这样坏结局就容易接受，好结局则使人产生喜出望外的情绪。

（6）**适应法。**一般来讲，负性情绪并非都是不良的消极情绪。正如前面所说，负性情绪在一定的情境之中，也同样具有重要的作用和功能。例如，恐惧的情绪使人脱离险境，羞耻情绪会使人避免做违背社会规范的行为；即使是痛苦、悲伤等情绪反应，也同样具有能使人感受到自己的心理伤害，促使人们及时调整情绪的功能。所以说，负性情绪并不等于消极的不良情绪。能学习面对负面情绪并且适当的适应，也是应对的重要方式之一。

3．情绪的正性激励方式

（1）**自我激励法。**自我激励法是解决情绪问题常用的方式之一。能自我激励的人做任何事情的效率都会比较高，能够通过整顿激励自己的情绪，让自己朝一定的目标努力，增强注意力与创造力。任何方面的成功都必须有情绪的自我控制——延迟满足、控制冲动、统揽全局。拥有这种能力的人能够集中注意力、自我把握、发挥创造力、积极热情地投入工作，并能取得杰出的成就；缺乏这种能力的人，则易半途而废。拥有以上的情绪特质，不但有助于解决我们生活中面临的各种顺逆的情况，对个人的心境、健康和感情生活更有莫大助益。

（2）**阿 Q 精神胜利法。**当出现烦躁易怒情绪的时候，可以采用阿 Q 精神胜利法来缓解，告诉自己那些不好的事情一定还有转机，只是好的解决办法还未想到，坚定自己的信心就一定可以将事情处理好。通过这样一种良好的心理暗示，可以有效地调节自己的不良情绪，让自己变得有耐心去面对事情。

（3）**运动法。**遇到心情不好的时候，运动是一种很好的发泄方法，暂时将那些不愉快的事情放下，找时间出去锻炼一下，出一身汗之后就会变得轻松很多。可以出去打打球，或者跑步、散步。通过运动把不好的情绪随着汗液排出，使自己放松下来。

（4）**积极参与生活。**对各种事物要倾注热情，因为热情能驱散懈怠和忧愁，热情能鼓起进取的风帆。热情是一种持久、稳定的情感，只要内心充满热情，就能产生内在驱动力，驱散围绕在心头的阴霾。当自己不悦时，将全部精力投入丰富多彩的生活，你就会感到其乐无穷，感到自己未被人遗忘，进而焕发出勃勃生机。

（5）**积极正念法。**在遇到心情不好的时候，如果发现自己已经有了一些负面的想法，及时自行控制制止，多让自己往正面积极的方向想。比如早上醒来心情非常恶劣，这时可以先闭上眼睛，想象这一天可以很顺利，想想今天又有什么新挑战等等，不断地在自己的脑中重复“加油”“成功”等正面的词。此外，有研究发现，愤怒和快乐的脸部肌肉使个体产生相应的体验，愤怒的表情可以带来愤怒的情绪体验，所以当我们烦恼时，用微笑来调节自己的情绪可能是个不错的选择。

（6）**创造愉悦心境。**人生不如意事常八九。在遇到困难和挫折时，要保持革命乐观主义的态度，这是克服不良情绪的制胜法宝，也是产生愉快心情的源泉。每个人都可根据自己的情况，去设想和创造一个心情愉快的环境。情绪好坏虽受外界因素影响，但是可以控制的。人可以通过种种手段来使心理倾向平衡。比如屡次戒毒失败也不要气馁，这样的话心境自然就会开朗、豁达。事实证明，自我愉悦是良好情绪的根基，也是养生的良药。

以上这些情绪调节及管理的方法，戒毒社工及心理咨询师可以根据不同成瘾者的具体情况，做一些有针对性的心理干预。

三、苯丙胺情绪障碍的鼓圈音乐治疗

新型毒品成瘾者的不良情绪是引发复吸行为的重要原因之一。据研究资料显示，有部分新型毒品的成瘾者是因为情绪不好而导致复吸行为。此外，也有因为成瘾者社会人际关系不好，为了寻找心理归属感重新找毒友复吸毒品。新型合成毒品滥用人群已成为当前吸毒的主体人群，新型毒品所引发的苯丙胺精神病的情绪障碍发病率在该人群中日渐提升，也正因为新型毒品滥用人群在戒毒康复过程中存在的相关情绪障碍及精神病性阳性症状，所以对该人群的心理干预具有较为重要的临床意义。

首先，心理干预能够降低新型毒品滥用带来的情绪问题引发的人际家庭功能障碍，让成瘾者在康复过程中顺利回归社会，提升自身的社会人际功能；其次，还能通过相关的干预减少因为精神病阳性症状诱发的不良社会负性事件，降低新型毒品滥用人群的社会违法犯罪的概率。

鼓圈是音乐治疗的一种器乐演奏形式，该技术在欧美国家广泛用于监管场所边缘人群的心理干预领域，其打鼓目的并不是为了表演，而是一种非药物的特殊行为治疗方式。它是在音乐治疗师的引导下，让每个小组成员人手一个鼓，围成一个圆圈，根据音乐治疗师设定的节奏及主题进行模仿、练习及即兴演奏的特殊音乐治疗技术。

鼓圈音乐治疗技术最大的特点是通过击鼓的演奏方式，让团体的每一个成员学会恰当地表达、宣泄情绪，从而降低小组成员的焦虑、抑郁等负性情绪，提高其情绪管理的自我意识，加强其情绪的控制力。此外，鼓圈音乐治疗技术还能通过个体和团体在不同节奏中的相互配合演奏过程，促进小组个体与团体的沟通，提高参与者社会交往能力。

鼓圈音乐治疗技术一般分为 4 个部分：热身节奏模仿、个体和集体节奏互动、情绪标题即兴演奏、配乐声部练习。热身节奏模仿是让小组成员根据音乐治疗师设计的节奏进行速度、音量变化的模仿；个体和集体节奏互动则是指个体、团体成员通过不同节奏进行的互动交流；情绪标题即兴演奏则是指小组成员根据音乐治疗师设定的情绪标题进行的即兴情绪表达性的击鼓演奏；配乐声部练习则是指小组成员根据某一个音乐片段配合不同的节奏进行再创造的作品演绎。

鼓圈音乐治疗的即兴演奏方式一般分为：节奏模仿、个体和集体节奏互动、有标题和无标题的自由即兴演奏、配乐声部即兴演奏等 4 种不同的方式。

1. 节奏模仿

通常是鼓圈即兴演奏的第一个环节，也通常是小组建组及每一个疗程开始阶段的热身环节。具体方式是让小组成员根据音乐治疗师设计的节奏进行速度、音量变化的模仿。在这个环节中，音乐治疗师可以根据小组成员的节奏表达控制能力，为之设定一些难度适中的基本节奏型让小组成员进行模仿练习。这种练习的目的是让小组成员尽快熟悉鼓的各种基本演奏技巧，建立起通过鼓的即兴演奏方式来表达不同节奏的能力，为鼓圈音乐治疗的深入体验打下良好的基础。通常练习的基础模仿节奏类型分为以下几种：

（1）低难度节奏型练习

① X X X XX

② X X XX X

③ X XXXX X

（2）中等难度节奏型练习

① X XXXXXX X

② X XXXXX X

③ XXXXXX · X X

（3）高等难度节奏型练

① X XXXXX X

② XXOXOX X

③ X · XXXOX X

以上这几种节奏型可以在同一个鼓上进行演奏，也可以在两个以上不同音高的套鼓上进行演奏；既可以一个人单独演奏，也可以几个人同时按照鼓谱上的节奏型进行分声部、分左右手、分音色的复合演奏；还可以根据演奏者自己对音乐风格的理解与喜好，在这些基本节奏型的基础之上进行即兴发挥改编。在基本的节奏模仿练习熟练以后，如果小组成员的节奏能力达到了一定程度，还可以引进难度稍高的节奏型进行练习。

2. 个体和集体节奏互动

个体和集体节奏互动是指个体、团体成员通过不同节奏的即兴演奏进行个体与团体、个体与个体之间的互动交流。音乐治疗师可以让个体进行即兴的节奏型演奏，然后让小组成员通过对演奏者所演奏的节奏听辨，再进行即兴的演奏模仿。这种方式能让小组成员集中注意力去关注他人或小组的演奏细节，提高小组成员在人际互动方面的观察力、判断力与控制力。

节奏互动可以是个体与个体之间的互动，也可以是个体与集体之间的互动，还可以是小组和小组之间的互动。互动的形式可以是固定类型的节奏模仿，也可以是即兴节奏的模仿。可以是多人模仿一个人的节奏，也可以把同一固定节奏型分声部拆开，让不同的小组分别演奏固定节奏型中的不同节奏点。模仿节奏的过程中，既可以注重模仿节奏的情绪特点，也可以注重模仿不同节奏型在音量上的变化。

在这个互动的过程中，无论某个小组成员对其他别的小组成员有任何敌对、阻抗或是负面的情绪，或是个别小组成员缺乏自身在团队中的归属感和认同感，都可以通过鼓演奏出来的节奏模仿过程进行交流，从而为小组成员提供改良人际交流模式、完善社会功能的机会。

3．有标题和无标题的自由即兴演奏

这是指小组成员根据音乐治疗师设定的情绪标题，或是没有设定任何标题的情况下，自己通过即兴演奏不同节奏片段来进行心理情绪上的表达过程。有标题即兴演奏的标题可以是情绪型的标题，例如“我内心的愤怒”“欢喜”“悲伤”等等；也可以是关于生活事件或人物的标题，例如“我的母亲”“昨天的那个故事”“我和爱人昨天的冲突”“此时此地的我”等等。尤其是当小组成员的演奏技巧和各种节奏型演奏相对成熟的情况下，通过鼓演奏出来的声音就成了小组成员自己与自己或是自己与团体之间在情感情绪上沟通的媒介，并能通过标题的引导充分投射出个体内心的情绪状态。此外，还可以让小组成员自己随便进行无标题的自由即兴演奏，让个体通过完全自由的即兴演奏来充分表达内心深处的情感与情绪。

有标题和无标题的自由即兴演奏往往用于个体或小组成员的情绪方面的行为矫正治疗，通过音乐治疗师对个体或团体即兴演奏的引导，可以让其有机会获得情绪的自我意识、情绪的宣泄表达、情绪的自我控制等人际功能方面的基本能力。这也是鼓圈音乐治疗技术在国外广泛应用于监狱人群及边缘人群的重要原因之一。

4．配乐声部即兴演奏

这是指小组成员在音乐治疗师的引导下，根据某一个音乐片段，

配合不同的节奏进行再创造的作品即兴演绎过程。音乐治疗师可以提前选择好小组成员都熟悉或是喜欢的乐曲或是歌曲，然后根据不同音高、音色类型的鼓进行声部声色的分组。

例如，高声部音色的鼓列队在左侧，低声部音色的鼓列队于右侧，然后让不同的鼓队同时配合分别演奏同一个节奏型中的高声部和低声部，最终形成一个鼓乐队，配合所选择的歌曲或乐曲进行同步的演奏。这样一来，原来的乐曲配上了鼓乐队的节奏型以后，在音乐形象和风格上自然会产生巨大的改观，配器的风格也会与原作迥然不同，于是形成了一个拥有鼓乐队配乐的新音乐作品。

配乐声部的即兴演奏可以让每一个小组成员，通过集体审美再创造的过程获得审美的高峰体验，让小组的每一个成员内心产生强烈的团队归属感，提升个体在团队中的自我认同能力，从而提升个体的自信心和自我认同的能力。

鼓圈音乐治疗能提高成瘾者情绪的宣泄和调节能力。例如，有的成瘾者在参加鼓圈音乐治疗小组以后，就感觉“在鼓圈音乐治疗的体验过程中很高兴、放松，能够忘掉现实的烦恼”，“在活动中能够淋漓尽致地把情绪表达出来，我感觉自己压抑的情绪都宣泄出来了”，“自己对情绪的感受力和控制力得到了很大的提高”。此外，通过鼓圈音乐治疗还能让成瘾者躯体功能的调节有一定的改观。本来在戒毒场所特殊的环境里，成瘾者的神经多会觉得比较压抑，但“通过鼓圈音乐治疗以后就没有那么压抑了，食欲有很大的改善”，“可能因为情绪宣泄出来了，感觉身体非常舒服，胸口也不闷了，睡眠质量也有所改善”。

本章值得思考的问题：

1. 关于情绪的心理学领域包括哪些理论和技术？

2. 鼓圈音乐治疗对苯丙胺情绪障碍的干预能发挥哪些积极的作用？

第四部分

康复回归期

康复回归期是戒毒的成瘾者经过治疗期和戒断期以后的最后一个重要阶段。在这个阶段里，成瘾者将逐渐远离吸毒的人际圈，重新构建与家庭的和谐关系，并通过对自身不良习惯的矫正，循序渐进地回归家庭和社会。在这个阶段里，自愿戒毒所工作人员的工作主要是针对成瘾者回归家庭和社会过程中可能出现的问题，进行有针对性的心理干预及人际功能矫正，此外还会根据成瘾者的个体情况，有针对性地做一些体能方面的康复训练，以保证其顺利地康复回归。

第一章　回归家庭

本章主要针对成瘾者回归家庭过程中可能出现的问题做一些深入的探讨。一方面，我们会立足于成瘾者回归家庭的过程中，可能存在哪些需要调整改变的问题；另一方面从家属的角度，也是要家属根据成瘾者戒毒的过程及需求，及时调整与成瘾者的沟通模式。所以，成瘾者回归家庭的过程中，成瘾者本身的问题及家属存在的问题，都需要进行反思、学习与调整。

一、成瘾者与家属沟通中常见的问题

根据相关的研究数据及临床案例表明，吸毒、酗酒等成瘾行为与成瘾者的原生家庭功能失调息息相关，而一个存在成瘾问题的后天家庭中，各项功能也必将出现问题，最终失去平衡协调，甚至丧失家庭功能。这些问题也同样将会导致戒毒过程中困难重重。成瘾者往往会在面临戒毒压力或与家人关系紧张的时候，迅速回到吸毒的朋友圈中去寻找自己的归属感，进而走向复吸之路。所以家庭关系的修复是成瘾者康复里最重要的因素之一，如果没有家庭的支持，戒毒的成瘾者要想保持操守，是一件非常困难的事情。

但成瘾者在戒毒的过程中，就算家庭的支持系统提供了巨大的帮助，但也会因为相互沟通存在一些问题，导致与亲属的关系极其紧张，这会给成瘾者在康复过程中制造更多的障碍与困难。在帮助成瘾者回归家庭的过程中，戒毒社工或心理咨询师所要做的工作主要包括以下几个方面：

1．帮助成瘾者重建家庭信任的方法

戒毒的成瘾者与家属沟通过程中最常见的问题就是信任问题。由于成瘾者有长期吸毒行为，给家庭带来的伤害及心理阴影很深，造成家属对成瘾者的不信任是极其常见的，所以要想重新构筑双方的信任势必会是一个漫长的过程。戒毒社工的主要工作，就是在康复阶段，帮助成瘾者以正确的心态面对家人可能存在的不信任，并逐渐学会用自身的行动重新构建与家人的信任关系，重新学习与家人相处，并理解家人不信任的情绪情感，以达到帮助成瘾者及其家属恢复正常的家庭功能，重新构建起和谐健康的家庭关系。

首先，要引导成瘾者进行换位思考，让他们设身处地地设想一下自己和家人之间的家庭角色在吸毒行为发生以后，在家人的心理和情感上会发生哪些变化。通过这样的方式，让成瘾者逐渐理解并接纳家人对自己的不信任的现实，并让其理解家人不信任的背后是对自己的担心、关爱等正性的家庭情感。

其次，要让成瘾者平和心态，端正态度，尽量不与家人争吵，在家人说话的时候耐心安静地倾听，与家人心平气和地沟通。尤其是当家人对成瘾者抱怨和有情绪的时候，要鼓励成瘾者勇于主动向家人承认自己因为吸毒所造成的错误。

另外，成瘾者需要尽量以正性的行为慢慢弥补过去对家属的伤

害，尽量通过诚实的沟通方式，帮助家人缓解紧张。成瘾者在条件允许的情况下，可以同家人一起参加家庭治疗，改变与家人之间的旧有沟通相处模式。在日常生活中，最好能放下自我，把心态重新调整回童年时代，把自己重新交给家人，做好重新成长的准备。此外，成瘾者还可以让家属一起来学习毒品成瘾及戒毒康复的知识，让家属了解毒品，并与自己一起来学习应对的方法。这样会更有利于帮助成瘾者保持长期的操守。

以海洛因为代表的传统毒品成瘾者，在重建家庭信任方面的问题，更是比较凸显。主要是因为部分阿片类成瘾者在吸毒过程中，经常会因为毒资匮乏而出现习惯性的说谎行为，这样一来，成瘾者要想重建与家属之间的信任，更是需要时间来检验。

2. 引发家人焦虑的行为模式的具体改变方法

此外，应该让成瘾者学会去选择正确的行为方式，并且在自己的行为上做出相应的调整，以便让家属明显地觉察出成瘾者自身的变化。所以成瘾者需要重新审视自己的日常行为，调整以往那些容易让家属产生紧张和焦虑的行为模式。那么成瘾者什么样的行为可以让家属增加信任感呢？可以从以下几方面着手：

（1）成瘾者需要尽量减少一个人出门，在外出的时候，尽可能地接受家人的陪伴。

（2）外出前，提前与家人沟通好，如果在有些场合下不得不一个人出门，就要随时随地地向家人报告自己的行踪，并且要提前告知什么时候能回家。万一因意外情况不能按时回家，需要及时打电话与家人耐心而详细的说明情况。

（3）尽量顺从、孝顺父母，多为家人做些力所能及的事情，比如做一些家务或是做饭做菜，或是在家庭生活方面多多听从家人的安排。

（4）面对面与家人真诚交流，主动寻求家人督导，如果家人有疑虑，自己应该主动要求尿检。

（5）如果可能的话，尽量把和朋友们的聚会地点改到家人能看到或明确知道的地方，以便让家人放心。

（6）新型毒品的成瘾者，还需要注意在跟家属进行沟通的时候，控制好自己的情绪问题，因为新型毒品对成瘾者有可能会存在不良情绪的药物作用，而导致在与家属沟通过程中，很容易出现极端的负面情绪。所以新型毒品成瘾者还需要逐渐学会管理自己的不良情绪，以便更好地改变自己和家人之间的家庭关系。

通过以上这些行为上的调整，家属自然就会逐渐对成瘾者产生信任感，从而让其家庭关系逐渐走向良性的发展方向。但这种改变不是短期就能达到的，毕竟成瘾者对家属造成的伤害，已经是“冰冻三尺非一日之寒”，要想在短期的三五个月内就达到改变的目标也不现实。所以成瘾者通过这些行为来修复家庭的信任关系，需要有一个相对较长的时间，成瘾者要有思想准备。

二、家属与成瘾者沟通中常见的问题

本章节的内容与本书第二部分第九章关于家属问题的内容有一定相关，但又有所不同。除了前面讲述过的家属的个人情绪等心理问题和对毒品欠缺了解的问题之外，他们对成瘾者的戒毒问题还包括很多其他方面的内容，本章节所关注的家属问题，是立足于家庭系统的角度，针对家属与成瘾者之间的沟通障碍来进行叙述的。

在家属与成瘾者的沟通模式中，我们首先面临的是如何让家属正确看待成瘾的问题。如果能让家属清楚了解成瘾的相关理念，明了成瘾是可以作为一种反复发作的脑部疾病的行为，就可以让家属在亲人戒毒过程中遇到的一些问题有思想准备。所以针对家属在自愿戒毒所的工作，首先是要让家属了解成瘾的正确的理念。

1．帮助家属明确成瘾的正确理念

绝大部分家属会想当然地认为，毒品这东西和烟酒没什么太大差别，想要戒毒只要依靠成瘾者的个人意志应该就能戒断。但实际情况并非那么简单。当今国际医学领域已经对成瘾问题有了一个客观的认识，一般认为个体成瘾与社会学、心理学、生物学因素均有较为密切的关系，不能用某种单一的模式来解释，社会、心理、生物学因素相互交织在成瘾行为的发生中起着重要的作用。

就心理因素的个性特征来说，成瘾者有一些共同的心理行为特征（许多吸毒的年轻人喜欢寻求新奇的刺激和感觉，自控能力低，成瘾物质使用者有明显的焦虑、抑郁），在人格上存在明显缺陷（反社会、情绪控制较差、易冲动、缺乏有效的防御机制、追求即刻满足等），这些特点与毒品使用互为因果，可以加速成瘾的发展形成，也常常会影响戒毒的治疗反应、临床表现及戒毒治疗的预后效果。此外，成瘾者相关的社会因素、家庭因素、同伴和朋友的影响、毒品的可获得性、教育和文化背景等因素都不同程度影响成瘾行为。

而从毒品的药理生物学因素来看，成瘾的毒品大多作用于中枢神经系统产生奖赏效应，从而强化用药行为，这也将导致中枢神经系统发生长期的适应性的变化，而且进一步使用毒品，也会导致成瘾行为反复发作。所以成瘾问题，又被当今国际医学领域看成是一种滥用毒品所引起的反复发作的慢性脑病。既然吸毒的成瘾行为是一种病，那么就意味着成瘾者的戒毒与康复过程，肯定需要借助外来的干预手段，同时也意味着成瘾者依靠自己自愈的可能性是极小的。

对于普通的成瘾者的家属而言，类似这样关于成瘾的理念，他们接受起来也需要一定的时间。所以自愿戒毒所的戒毒社工及心理咨询师，要耐心地向每一位家属进行讲解，以使家属对成瘾者的戒毒康复过程有一个全面而客观的认识。

2．引导家属正确看待成瘾者康复阶段的复吸问题

家属们在帮助自己吸毒的亲人成瘾者戒毒的过程中，一旦成瘾者出现复吸的行为，家属多会产生一些极端的负面情绪。所以绝大部分家属对复吸问题都充满了焦虑与困惑，同时还伴随着抑郁、紧张、绝望等一系列的负面情绪。对于在戒毒所工作的戒毒社工或心理咨询师而言，如何引导家属调整自己面对成瘾者复吸的心态，就成了自愿戒毒所针对家属的另外一个重要的工作。

通常来说，如果成瘾者家属发现成瘾者复吸的“偷嘴”行为，如果其是在不清醒状态下，建议不要采用说教或过激的方式应对，而是在第一时间让成瘾者与毒品、毒友隔离；做好房间内毒品及工具的清理工作；控制成瘾者的经济来源；监督其适当饮水，加快新陈代谢的排毒过程。

一般来说，以海洛因为代表的传统毒品的成瘾者，在停止吸毒

后的 3～7 天是成瘾者犯点瘾的集中发作期，主要表现为烦躁、流泪、无力、疼痛等，此时容易出现外出寻觅毒品的行为，家人需要做好监督、看护和隔离工作，避免成瘾者复吸。这期间可以通过服用镇静类药物（需到正规医院说明情况根据处方开具）、转移注意力、宣泄等方式进行缓解，也可以及时求助于专业戒毒机构的工作人员或同伴教员予以介入。

“在戒毒过程中，如果您发现家属有一次偶吸行为，会怎么做？”对于这个问题，绝大部分成瘾者的家属都是非常困惑而头疼。绝大部分人会出现“我要绝望了，我坚持不下去要放弃了”“真的不能再相信他了……”“已经管不了了，反正他也已经长大成人了，他自己爱怎么着就怎么着吧”等类似想法。几乎每个答案，都带着非常消极与绝望的情绪。

事实上，一名真正想戒断的成瘾者如果出现偶吸的行为，他必然经过了激烈的自我挣扎，内心非常歉疚，会自责不已。此时如果家属不分青红皂白，一通埋怨，往往会让成瘾者走向自暴自弃，觉得“反正都已经这样了”“家里的人反正都已经将我看扁了”，之后，成瘾者的偶吸行为，就在无意间变成了复吸的开始。但是如果处理得当，就会让成瘾者逐渐停止偶吸的行为，降低“偷嘴”行为的概率，而把成瘾者“拉回来”。

比如，成瘾者在戒断期，有可能会隔几个月“偷嘴”一次；但到了后来康复期，成瘾者可能半年或一年“偷嘴”一次。虽然仍然存在复吸的行为，但从整体上看，成瘾者的操守周期是在逐渐延长。成瘾者戒毒康复的过程其实是一个循序渐进的过程，但这也意味着成瘾者可能会偶尔出现复吸行为，这也就是成瘾行为的“病症发作”。

但只要成瘾者的复吸的周期越来越长，就可以看成是成瘾者的进步。了解了这些知识，家属在成瘾者出现偶吸现象的时候，就可以鼓励成瘾者以后要警醒和坚持。

目前，在自愿戒毒所内陪伴成瘾者的家属大多是女性，大部分是妻子，极少数是母亲。她们一旦发现成瘾者“苗头不对”，就会下意识地用一些情绪化的语言表达出来，这也很有可能导致成瘾者对戒毒丧失信心，从而自暴自弃最终走向复吸之路。所以戒毒的社工或心理咨询师，需要找到特定的范式缓解她们的心理压力，更重要的是，让她们学会与成瘾者更好地相处，理解他们，信任他们，鼓励他们，而不是一味地抱怨。

3．引导家属把握关爱尺度，建立良性沟通机制

给戒毒康复的成瘾者一定的家庭关爱，是成瘾者戒毒操守的重要支持。根据相关的研究和调查数据显示，绝大多数能保持操守的成瘾者，都与家庭系统的支持有关。也就是说，家庭成员对成瘾者的关爱、关心和关注，是保证成瘾者走向康复的重要因素之一。

生活中很多人都有过这样的体验：当我们对某个人表现出过分的关心，或者对其某种行为表现出过度关注的时候，非但不会获得对方的感激，反而会遭到对方莫名其妙的冷处理，甚至抗拒与反感。此时，我们心里就会滋生出一种对方辜负自己的好意，甚至是委屈情绪。而成瘾者在戒毒康复的过程中，如果已经经历了治疗期和戒断期，那么成瘾者在自我控制方面，应该已经具备了一定的能力。但若这时候家属依然对其采取过于苛刻的管理措施，成瘾者会有一种被控制的感觉，这种感觉一样也会演化为压抑的负面情绪。

戒毒，说到底还是成瘾者自己的事儿。随着成瘾者自我行为控制能力的增长，成瘾者会开始出现独立、自主的戒断操守的意识和自控行为，这时候家属也应该逐渐的转换角色，从各个方面积极关注成瘾者的行为变化和其他社会需求，尊重成瘾者自身其他的社会愿望，在管理方面也应予以适度的放手，而不是一味地“提醒和警戒”。

例如，有些成瘾者反映，自己在外出的时候，家属都会跟踪自己的行踪，在一些正常的社交场合，就会显得非常尴尬；还有些家属甚至把成瘾者卧室门上的锁给拆了，以便随时可以监控成瘾者的行为；更有甚者，在成瘾者上厕所蹲的时间长一点的时候，家属都会控制不住，会不停地敲厕所的门。这种过度关爱、关注、关心成瘾者的行为，反而会造成成瘾者的逆反心理，甚至有可能引发成瘾者的复吸行为。

成瘾者康复所需要的家庭沟通模式，应该是父母以积极、平等、关注、尊重、接纳的态度去和成瘾者保持良好的互动；如果成瘾者的家属是夫妻关系，二者的关系应该是建立在稳定、和谐、平等的良性沟通机制之上。在戒毒康复回归阶段，往往会出现夫妻关系、亲子关系紧张现象，无法建立相互之间的认同感而导致沟通不畅等诸多问题，导致家庭支持系统与成瘾者脱失或迟迟无法再建立联系。

针对以上问题，戒毒所内的戒毒社工或心理咨询师在有条件的情况下，可以通过家庭治疗或小组治疗的方式帮助成瘾者重新构建良性家庭沟通机制。对于在戒毒康复期的成瘾者家属，需要引导他们逐渐学会放弃原有的行为方式，在有安全保证的前提下，尽量给成瘾者的自主行为权限提供一定的自由掌握空间。比如，成瘾者外出时间的自主性可以和验尿监督结合在一起。这样一来，就能为建立起家庭成员之间的良性沟通机制提供一定的保障。

4．家属与成瘾者交流的注意事项

（1）切忌对成瘾者无休止的唠叨与指责。家属对成瘾者戒毒的心理预期变化：吸毒的时候觉得只要成瘾者能戒毒就行；戒了毒之后开始对行为标准提出更高要求；成瘾者心理、行为等发生改变后，特别容易满足导致标准降低或者进一步提高要求，稍有不如意就觉得失望、伤心，然后开始无休止的埋怨和指责。指责的时候往往又出现"一竿子打死"的现象，不会就事论事进行评价和沟通。这种情况往往容易导致成瘾者情绪失控。

所以，家属有义务成为成瘾者戒毒的行为监督员，必须做到坚持原则，明确标准。但是要做到预期合理，评价客观。尊重戒毒康复治疗的规律和特点，既要肯定成瘾者的进步，又要对不足之处客观、中肯评价和指出。同样的道理，如果是家属说出来，哪怕是对的成瘾者也不愿意听。但是如果是心理咨询师或者其他人指出来，成瘾者往往就愿意接受并采纳。究其原因，一是成瘾者和家属之间因为吸毒行为导致冲突不断，认同关系存在障碍；二是成瘾者家属的沟通方式出现问题，导致沟通效果严重下降；三是成瘾者希望得到他人的认同，乐于通过这种接纳、交流的方式与他人重新建立良好的社会关系。因此，家属要学会寻求帮助，可以通过第三方力量介入来达到沟通的目的。

此外，家属对成瘾者行为存在的问题一定要做到就事论事。家属一旦与成瘾者发生冲突，往往会因为气愤、失望而口不择言，特别容易出现“你这个人就是不负责任、懒散、爱撒谎”等贴标签式的评价。如果能把评价方式改为“你这件事在有些方面我认为做得不太合适，你能说说你的想法吗？”或者是“你这件事这么做让我心里很不舒服，如果你下次这样做的话，可能我心里会好受点。”这样的表达方式对成瘾者来说肯定会更容易接受。

（2）避免家属出现的“托管心态”。部分家属来到戒毒所之后，将戒毒康复的所有希望都寄托在戒毒社工和心理咨询师身上，认为自己已经无能为力，只能凭借外力来帮助成瘾者戒毒。他们会出现严重依赖心理，行为上则可能出现放任不管、不敢管、不愿意管的倾向。

戒毒康复是一个长期、连续，需要多方共同参与才能完成的过程，这不能仅凭成瘾者本人，或者工作人员某一方面来实现。在戒毒的不同阶段，不同身份的人对成瘾者发 挥的作用也不同。。

比如，在戒毒所内，可能工作人员发挥的作用比重更大一些，要给成瘾者提供专业指导，作为家属，侧重的是陪伴、关注、学习；但成瘾者回归社会之后，由于空间距离等多方因素影响，工作人员更多的是发挥监督、指导的作用，而家属则成为重要帮教人，负责监督、指导、陪伴、反馈等更重要的任务。因此，家属需要好好珍惜在所内帮教的机会，认真学习相关帮教知识和技巧，便于在成瘾者回归社会后真正成为成瘾者防复吸的重要引导力量。

（3）注意培养家属自己的原则和立场。有些成瘾者在家的时候，很多家属是不敢管，认为一管就怕他生气，离家出走复吸，怕发脾气，怕折腾，所以凡事任由成瘾者自己做主。来到戒毒所之后，他们也怕自己管得不恰当导致成瘾者闹情绪，拒绝戒毒，解除协议离开戒毒所，进而导致成瘾者的戒毒康复功亏一篑。于是他们会在行为控制、请销假把关、人际关系的社会交往等方面生闷气，不敢言语，一发现问题就会来找戒毒所的老师解决问题，从而形成了对老师的依赖心理。

其实，有些复杂深入的问题，家属确实可以通过找工作人员这种第三方介入的方式来解决，但是在客观情况下，大部分的问题完全可以通过家属与成瘾者沟通来解决。所以家属要注意培养自己坚定的立场和明确的态度，不能因为“怕”而不敢管，不敢说。

尤其是成瘾者经过一段时间的戒毒之后，头脑会逐渐清醒，认知能力也在逐渐回归，只是有时候容易受外界或吸毒毒友的亚文化影响，当他们坚持正确原则的时候，有可能会让他们自己产生不适感，因此也会习惯性地回避或投机取巧。作为家属，就要树立一个相对高的标准，让成瘾者能够通过长时间的观察、沟通而慢慢意识到自己的问题。这样才能从长远的角度有利于成瘾者家庭关系的深度修复，从而达到戒毒的目的。

三、部分家庭治疗相关的干预方法

很多研究资料表明，吸毒者家庭环境所存在的各种缺陷是导致吸毒的重要原因，如父母的生活方式、父母的性格特点及对待吸毒行为的态度、家庭关系恶化等。据相关的调查数据显示，有 70% 以上的成瘾者家庭关系状况存在着问题，而在这个群体中又有近 1/3 的成瘾者的家庭成员之间的关系较差，这很容易对成瘾者回归家庭造成障碍。因此，推进家庭治疗在戒毒康复中的应用在戒毒康复领域中具有重要的意义。在这里，介绍两种家庭治疗技术以供大家参考。

1．萨提亚家庭治疗

萨提亚家庭治疗模式的理念认为，人是活在环境和社会家庭关系中的（或系统中）。一个症状的出现，与他周围的综合性人际环境的互动有很大的关系。尤其是成瘾者在原生家庭中体验到的各种关系，以及各种应付方式，对成瘾者的康复过程都将产生重大影响。所以成瘾者吸毒行为的产生及康复，并不会是某个单一原因促成的。这些人际关系中的不良沟通，很可能会导致各种压力、情绪、症状的产生。

萨提亚创造出家庭图、影响圈来协助人们了解自己在家庭或整个人际关系圈中，与他人的关系是怎么样的；还有自己与他人不同的应对姿态是怎么样的。在家庭修复团体中，主要依据萨提亚治疗的理论，运用“温度读取”“家谱图”“应对姿态”“影响轮”等方式，来帮助戒毒成瘾者更好地认清自己的家庭以及与家庭成员之间的关系。以下简要介绍一下“温度读取”和“应对姿态”的活动细节，以供团体治疗活动的组织者参考。

温度读取（又名“天气预报”）是由萨提亚家庭治疗体系发展出的一个傻瓜式的沟通工具，分为 5 个环节，只要按部就班地做，它就会帮助人们创造出一个安全而充满信任的情境，使人们可以相互肯定，并放下防御和猜忌，进行直接、有效的沟通。在成瘾者家属的小组治疗中，可以让成瘾者与家属在同一个治疗小组中，通过相关的治疗程序，让成瘾者家属与成瘾者进行新的沟通模式的探索。“天气预报”在成瘾者家属小组治疗的具体操作流程如下：

（1）**欣赏和感激。**让家属说出成瘾者在戒毒过程中出现的一些积极的行为变化；让成瘾者表达对家属帮助自己戒毒的感激。

（2）**困惑、担忧或关注。**让家属说出自己对成瘾者的困惑、担忧或关注的内容；让成瘾者说出自己的困惑、担心或关注的内容。

（3）**抱怨和提议。**让家属说出对成瘾者不满意的行为，并提出自己对成瘾者的建议；让成瘾者说出对家属不满意的行为，并提出自己的建议。

（4）**新的信息。**这个环节主要是让成瘾者与家属双方各自提出相互之间可能存在的误会，并对这些误会存在的原因进行分析。

（5）**希望和期待。**这个环节主要是让家属与成瘾者表达对对方积极的新行为的期待及希望。

心理咨询师或戒毒社工在运用上面的 5 个环节时，可以引导小组成员在交流的过程中尽量使用下列的表达方式，例如：

① 我要感谢……；我对于……感到兴奋

② 对于……我感到担忧

③ 我不喜欢……同时我提议……改变

④ 我发现有一些新的内容值得来探讨……

⑤ 我希望……

此外，在分享结束后，心理咨询师或戒毒社工可以引导成瘾者及家属对以下问题进行深入的讨论与分享：

① 你曾经直接对家人（成瘾者）表达过感激与欣赏吗？

② 在表达感激与欣赏时，是否觉得不好意思？背后的原因可能是什么？

③ 对对方直接表达自己的困惑与担忧，对你来说是否感到困难？

④ 表达“抱怨”与“我抱怨……我提议 …… ”时有何不同？

⑤ 听到大家都表达希望与期待后，你有什么发现？

⑥ 在刚才的交流过程中，你印象最深刻的是什么？

需要提醒心理咨询师或戒毒社工注意的是，萨提亚家庭治疗并不是万能的方法，该方法使用的主要目的，是为了帮助成瘾者与家属之间建立起一个新的沟通模式，通过这种全新沟通模式的体验，给家属与成瘾者之间带来家庭关系的良性变迁，从而为成瘾者营造出更多的顺利回归家庭的可能性。

2. 焦点技术

焦点技术又叫“焦点解决短期治疗”，是指以寻找解决问题的方法为核心的短程心理治疗技术，充分体现了后现代主义的理念和建构主义的特征，抛弃了传统咨询与治疗理论的庞杂繁复，一改以往心理咨询与治疗中回溯过去、探究原因的做法，而强调实践性和可操作性，以正向的、朝向未来的、朝向目标的积极态度，寻找成瘾者的成功经验，从小步的改变做起以促使成瘾者的困扰的逐步减轻。焦点技术的基本精神是强调如何解决问题，而非发现问题原因；以正向的、朝向未来的、朝向目标的积极态度促使改变的发生；同时还强调成瘾者的主动角色，强调心理治疗师和成瘾者提供一个正向思考的选择，远离过去病理学的问题思考取向，不去探究坏的、不良的所在，而是以合作的姿态邀请成瘾者共同寻找好的、有资源的、有用的事物，以形成问题的解决之道。

焦点技术是从治疗实践中发展起来的，其合理性和有效性已得到许多实证研究的支持。在几十年的实践发展中，焦点技术已广泛地运用于各种临床问题，如学生问题行为、青少年危机事件、自杀、性侵害、酗酒、毒品滥用、婚姻暴力和创伤经验等问题的心理治疗。同时，焦点技术也从个别治疗，发展到团体治疗和专业督导，也开始大量应用于学校教师的咨询训练、亲子教育、行政人员的管理及学校气氛的营造方面。

焦点技术的实施过程简洁、目标明确，强调语言在建构现实中的核心作用，提出要重建积极的语言表达方式与技巧，实施有效的信息回馈，把语言作为揭示问题和解决问题的一条重要途径。焦点技术中设计精巧的问句就是这一思想的具体体现。

焦点技术的基本理念可以从以下几方面得以体现。

（1）**事出并非一定有因：**许多问题发生的因果关系常常很难确定，问题往往是互动下的产物，原来的因演变成后来的果，后来的果又变成因，不断循环下去。因而，焦点技术强调建构解决方法而不是寻找问题原因，治疗的核心任务是帮助成瘾者想象他在家庭系统中所期望的情形会发生什么变化，在家庭中使用新的交流方式可能会有什么不同，他们可能在家庭系统中想得到解决问题的必要条件是什么。

（2）**问题症状同样也具有正向功能：**焦点技术认为一个问题的存在，不见得只呈现出病态或弱点，有时也存在正向功能。所以，焦点技术认为，协助成瘾者通过家庭中的资源去寻求更好的方法取代问题行为，而又能保有其正向的期待，这才是通过家庭解决问题的重要关键。

（3）**合作与沟通是解决问题的关键：**焦点技术认为在言谈的过程中，成瘾者和家属的关系是一种合作互动的关系。同样的道理，在戒毒过程中，成瘾者与家属的关系也可以是一种合作互动的关系。

焦点技术强调以“建构解决之道的耳朵”，强调让家属倾听成瘾者述说出自己的故事和感受，通过让家属配合成瘾者的声调、感情和用语，一步步进入成瘾者的世界，做出积极的行动引导，促进成瘾者的进一步改变，协助他们搜寻并创造新的良性戒毒行为。所以焦点技术强调没有失败，只有回馈；没有抗拒的成瘾者，只有不知变通的治疗师。家属与成瘾者合作的方式应是正向与未来的导向。

（4）**不当解决方法是造成问题的根本**：焦点技术假设症状或问题通常是人们试图解决问题但却“形成不适当的习惯模式”。也就是说，吸毒行为本身不是问题，而是由于戒毒过程中解决问题的方法不当，导致戒毒的失败，甚至会带来更大的其他相关的社会问题及家庭问题。

（5）**相信成瘾者是解决自身问题的专家**：焦点技术认为成瘾者有能力自己解决问题，治疗应从强调成瘾者的优点而非缺点着手。这一理念突出表现在焦点技术的实用性与灵活性因人而异，并没有统一的模式。在焦点技术的基本精神中，不以精神病理的缺点看待人类行为，不特别去深究吸毒问题行为的根源，而是相信成瘾者本身具备所有改变现状的资源，强调利用成瘾者本身的资源达到改变的目标，提供机会让成瘾者去积极发现改变的线索。

（6）**从正向的意义出发**：焦点技术强调成瘾者的正向力量，而不是让家属去关注他们行为的缺陷；所以需要家属更关注成瘾者戒毒曾经成功的那些经验，而不是戒毒失败的经历；强调成瘾者戒毒的可能性，而不是他们戒毒过程中的局限及问题。焦点技术是从正向的角度来拟定戒毒实施的具体目标，强调家属更应该做些什么具体的内容，才能够帮助成瘾者达到戒毒的目的。

（7）**小的改变的发生，就是成功的一半：**焦点技术强调小的阶段性目标，可以带动成瘾者戒毒的信心与动机，尤其是最先出现的小的积极改变如果得到鼓励，则会让戒毒的后续积极行动变得更容易。所以，焦点技术强调家属应该看到成瘾者戒毒过程中的小改变的存在，并对其强调这些小改变的价值，就能促进小改变的发生与持续，从而在更远的将来达到质的改变。

（8）**凡事都有例外，有例外就能解决：**焦点技术认为凡事都有例外，只要有例外发生，就能从例外中找到解决方法。因此，焦点技术在了解成瘾者吸毒问题性质的同时，特别持续地注意“例外”情况的存在。这里所谓的“例外”是指成瘾者戒毒过程中出现的没有复吸的积极因素，但这些因素又可能没有被成瘾者自己或家属注意或发现到。

基于焦点技术以上所提到的这些基本理念，焦点技术具体的实施环节则主要包括以下几个步骤。

① **问题描述阶段：**这一阶段是透过询问成瘾者家属的求助动机，同时也为成瘾者提供描述问题的机会。治疗师需要询问一些问题的性质与事件的细节，但不追究问题的成因，在倾听成瘾者家属诉说的同时，计划着如何使与家属之间的对话朝着解决问题的方向前进。

② **设定良好的目标：**晤谈是朝着成瘾者家属所期待的目标方向进行的，治疗师在好奇、尊重、关怀的态度下，引导家属进入咨询访谈，澄清他想要的目标，并建立工作目标。

③ **探索例外：**此阶段集中寻找与深入探究家属在成瘾者戒毒生活中发生过的各种戒毒成功的例外经验，并且追溯家属和成瘾者是怎样做到让这些例外发生的。由于家属和成瘾者往往不易看到例外

的存在，治疗师需要采用例外询问的谈话技巧，去帮助家属和成瘾者发现成瘾者戒毒成功的偶发的例外因素，使家属和成瘾者能有意识地再度使这些良性的例外因素继续发生作用。

④ **晤谈结束前的回馈**：治疗师需回顾和整理家属在前面阶段所提到的有效解决的途径，然后以正向的回馈、有意义的信息及家庭作业的方式，将这些信息反馈给家属和成瘾者，以促使家属和成瘾者良性行动或改变继续保持。

⑤ **评估成瘾者的进步**：指导家属和成瘾者自己评估是否满意于寻求解决问题的过程与结果。

需要提醒的是，由于焦点技术过于强调理论与技术方面的策略模式，同时又缺乏丰厚的心理学理论基础，所以焦点技术在临床应用的过程中，也还存在一定的局限性。但从个案的角度来看，焦点技术在成瘾人群中的应用，确实存在一定的疗效。

本章值得思考的问题：

1. 家属在与成瘾者打交道的过程中存在哪些常见的问题？

2. 焦点技术应用于成瘾者的戒毒康复过程中，主要包括哪些方法和步骤？

第二章　社会人际功能

从心理学的角度来看，除了生存、安全、尊重与被尊重、求知等需求以外，社会交往也是人重要的一个需求部分。如果缺乏正常的社会交往，人就会感到孤独而没有社会归属感。随着成瘾者的逐渐康复，很多成瘾者虽然逐渐远离了毒品，却会感到孤独。毕竟在成瘾者原来的朋友圈里，大部分都曾经是“志同道合”的毒友。一旦自己远离原来由毒友组成的朋友圈，自然就会感到没有朋友、没有社会归属感。

因此成瘾者在逐渐康复回归社会的过程中，除了要逐渐结交更多不吸毒的正性朋友，重新建立自己正常的社交圈以外，还要学会逐渐脱离原来吸毒的朋友圈。这样才能从长远的角度让自己保持操守。

一、吸毒朋友圈的规避

成瘾者在戒毒的康复过程中，要想真正彻底远离毒品，首先需要远离原来吸毒的朋友圈，否则随着时间的推移，如果继续与毒友们在一起，重新吸毒的概率就一定会增加。尤其是当成瘾者请假回家或解除戒毒所的戒毒协议走向社会，积极保持操守的过程中，直接面对的就是原来的毒友圈。因此，帮助成瘾者清楚地意识到与毒友联系的危险性，看到拒绝毒友对自己戒毒的重要性，有着重要的意义；如何避免接触以前的毒友，如何学会拒绝，如何对待“毒友”，成为了避免复吸的关键因素。

那么使用哪些方法可以帮助成瘾者逐渐远离原来毒友的朋友圈呢？现在介绍几种方式，以供大家参考练习。

1.“30秒拒绝法”

“30秒拒绝法”其实就是对原来毒友的吸毒诱惑给予简单直接的回绝方式。其中的拒绝语一般包括：“我不吸了”“我戒了”“不用了，多谢”“我不想再走回头路了”“毒品让我失去的东西太多了，我不会再用它”“请尊重我，否则咱们朋友也做不成了”“别逼我，别害我了”“别这样，我已经受够了”等等。

除此以外，“30秒拒绝法”还可以通过转移话题的方式来达到拒绝的目的，例如：“对不起，我的父亲（母亲、妻子、儿女）生病了，我得去看他（她）”“对不起，我这边有更重要的事情去处理”“我与老婆正打赌，一年内我不吸”“我的妻子正怀孕，我不能这样做”“我正被警察盯着”“风头正紧，你也不要吸了”“家人管得严，出不去”等等。

另外，如果想让毒友确信自己不想吸毒，“30秒拒绝法”除了使用以上的这些拒绝语以外，还可以向毒友提出新的行为建议，例如：“我戒毒戒成了，你也别吸了”“你看我多自在，你也不要再陷下去了”“我学会了戒毒的方法，很有效，你要不要试试”等等。这种建议可以帮助自己表达出更为明确的戒毒意愿及操守的愿望，从而让对方望而却步。

需要提醒的是，在使用“30 秒拒绝法”的拒绝过程中，自己的拒绝语气一定要坚定，且在说的过程中，一定要大胆地直视对方，清晰而自信地说“不”。切忌在拒绝过程中支支吾吾、犹犹豫豫、坐立不安；或是拒绝时表情不自然，紧张而不安地笑。所以在拒绝过程中，身体语言的配合也很重要。如果成瘾者的口气稍有犹豫或是顾及面子说“今天不行”“以后再说”“我要回家”“我身体不舒服”等，对方很可能就会觉得你只是在设法找原因和借口，很有可能再次对你发出吸毒的邀请。

2．角色扮演的行为矫正法

在自愿戒毒所内，我们可以通过一些简单的行为训练，通过对一些模拟场景的角色扮演，来帮助成瘾者学习如何对毒友吸毒的诱惑进行拒绝。在角色的扮演过程中，也可以让参与活动的成瘾者以“30 秒拒绝法”为基础，在情景行为训练过程中，对自己的拒绝方法做进一步的训练巩固。角色扮演的行为矫正法具体操作流程如下：

（1）情景讨论与设定。小组治疗的心理咨询师或戒毒社工可以在开始的环节进行讨论，请每一个小组成员分享他们曾经历过的而又极力想避开的那些诱惑情景。在讨论的过程中，一定要把那些情景的细节描述出来，以增加现场的真实感受。例如在过年之前，大家马上面临春节请假回家，这时候就可以引导大家想象春节回家期间，以前的毒友有可能在哪些情况下跟自己进行联络沟通的场景。小组成员通过对场景的细节讨论设定，让成瘾者深入地进入到角色的体验过程中去。

（2）角色扮演。等到大家把具体的场景确定下来以后，可以在小组成员里选择两名成员开始进入角色，进行角色扮演的环节。其中一人扮演拒绝者，另一人扮演诱惑者；并要求拒绝者的扮演过程中一定要尽可能抵制诱惑，而诱惑者在扮演过程中一定要用尽一切办法去诱惑拒绝者。

（3）观演及讨论。在角色扮演的过程中，心理咨询师或戒毒社工要引导小组成员对角色的交流过程进行引导，主要让小组成员对两个人的语言、语气、表情、肢体动作等细节予以关注。在角色扮演结束以后，可以请每一个成员分享个人观看角色扮演以后的感受及体会，并与小组的其他组员一起分析讨论，给予角色扮演者的角色以回馈，讨论拒绝者和诱惑者为什么成功？或为什么不成功？如果拒绝者在角色扮演中拒绝的行为失败，大家可以对其原因进行归纳讨论，并给出相关的应对方法。

无论是“30 秒拒绝法”的语言练习还是“角色扮演的行为矫正法”行为练习，对成瘾者而言都是一个需要逐渐学习的过程。成瘾者可以通过这些方法的练习，逐渐熟悉一些适合于自己的拒绝毒友的言行方式，这样一来就能更好地帮助成瘾者逐渐远离原来的毒友圈。这两种练习方法，对传统毒品和新型毒品的成瘾者都是适用的。

二、高危复吸风险环境的规避

在本书的第三章介绍系统脱敏的内容中，我们已经提到对于以海洛因为代表的传统毒品成瘾者，有部分人在遇到或看到以前熟悉的吸毒场所或工具时，容易出现“点瘾”的现象。从行为主义心理学的角度来看，这其实是经典条件反射所造成的心理扳机反应。也就是说，成瘾者一旦遇到或看到以前熟悉的吸毒场所或工具，这些视觉的信息就会引发成瘾者对以前吸毒行为体验的记忆，从而像触动扳机一样，拉动成瘾者吸毒行为记忆的闸门，这一连串的回忆与想象，很容易触发成瘾者复吸毒品的行为冲动。所以我们通过系统脱敏的行为训练方法，可以降低成瘾者对那些扳机场景及吸毒工具的敏感度，从而降低其相应的扳机效果。

另外，我们也需要帮助成瘾者进一步识别哪些是容易导致复吸毒品的环境因素，并教会成瘾者学习规避那些危险场所的方法。所以帮助成瘾者认识走出戒毒所以后所要面临的复吸高危情境，并主动规避复吸高危情境是非常重要的。通过相关的行为学习及练习，我们可以帮助成瘾者掌握应对高危情境的方法，并在此之前提前做好预防。

高危复吸风险环境对每一个成瘾者可能是不一样的。所以，辨识具体的高危复吸风险环境的过程，一定要根据每一个成瘾者自己的吸毒经历来进行有针对性的确定。我们通常可以在成瘾者的康复小组中，通过对每一个成瘾者的讨论，最后才能确定每一个成瘾者小组成员自己高位复吸风险环境。一般来说，传统毒品的高危复吸场所都是在宾馆等相对人员来往安静的地方，还有的则是在自己家里或毒友家的卧室；而新型毒品则大多是在娱乐场所如 KTV 、酒吧、网吧、游戏吧、洗浴中心等。

成瘾者在戒毒康复期间，很有可能会因为已经操守了相当长的一段时间，这时候容易对自己过于自信而对复吸风险的防范掉以轻心。因此在遇到要去相关场所的机会的时候，有些成瘾者就很容易麻痹大意，觉得自己去了这种场所也不会有太大问题。但实际上如果真正到了那样的场所和情景之中，就很可能会因为各种主观或客观的原因，而导致复吸行为的发生。所以最好的方法就是在去到这些危险的复吸场所之前，就放弃去这些场所的念头和机会。这样一来，就可以在概率上减低自己复吸的可能性。

三、新型毒品滥用人群的相关人格因素

工作在一线的戒毒工作者肯定都会有这样一种感觉，那就是海洛因滥用人群与冰毒滥用人群相比较而言，在行为特征上还是有很大的不同。具体说起来，冰毒滥用者人群比海洛因滥用人群更冲动、易激怒，他们似乎有一种更加目空一切的气质，并且大部分人多少都有一些反社会人格的行为特征。所以，本章最后这个部分会在相关领域进行一些探索性的探讨。

关于反社会人格特征，美国精神病学家 Hervey Cleckley 毕生致力这一研究，他对反社会人格特征的归纳被学界广泛地认同。Cleckley 将反社会人格者的特征归纳为所谓的 16 条“Cleckley 标准”。以此为理论基础，再结合 DSM-IV-TR 所列出的反社会型人格障碍诊断标准，美国学者将反社会人格概括为 5 个基本要素：（1）在 15 岁之前开始并且在成年期继续违法，或有社会不支持行为的历史；（2）在性关系、亲子关系、工作或财务责任中没有表现出足够的责任感；（3）攻击性和易激怒；（4）鲁莽和冲动行为；（5）漠视社会规则与真理。

相比海洛因吸食群体而言，新型毒品滥用者的“心瘾”，基本都是为了追求吸食带来的刺激感与欣快感，出于一种娱乐性的目的，甚至是作为消遣性的手段来使用的，而不仅仅是一种追求享乐，同

时还有一定群体亚文化背景。所以，新型毒品的心理依赖更多的偏重于刺激性神经体验的怀念与依恋。也就是说，尽管新型毒品滥用者并不会出现类似海洛因滥用者戒断时的戒断症状，但就吸毒者内心的主观感受而言，如果有适当的条件与环境，依然会为了体验那种神经性快感而复吸。如果以 Hervey Cleckley 的反社会人格特征为理论支撑，再重新审视新型毒品滥用中的“心瘾”的由来，我们就会发现新型毒品滥用人群中，这种反社会人格的行为表现是极为普遍的，主要表现为以下三个方面。

1．低唤醒水平与强刺激性需求

Raine 等人发现，在他们所调查的那些 15 岁的研究对象中，中枢神经系统以及自主神经系统存在明显差异，那些后来犯罪的研究对象的皮肤电导比较低，休息的时候心率比较低，有较多的低频脑电波的活动明显慢，这些都提示了他们大脑的兴奋水平较低。另外，加拿大精神病学家罗伯特·黑尔也曾得出过相似的研究结论：“一些反社会型病态人格者的脑电图类似于儿童时期的脑电图，有较多的慢波，是脑电唤醒水平较低的脑电类型……某些反社会型病态人格者对刺激表现出病理性的渴求，说明其唤醒水平较低。”所以，麦卡罗克和费尔德曼甚至提出了大胆的建议：“既然反社会型病态人格的生物学基础是唤醒水平低下，那么，像苯丙胺一类的兴奋剂就可以用来治疗反社会型病态人格。”

根据反社会型人格障碍者的低唤醒水平假说，此类人格障碍患者特征性皮质兴奋水平是导致他们反社会人格和喜欢冒险行为模式的主要原因。如果从这一假说出发，则能够得出这样一个结论：正因为他们的神经系统兴奋的唤醒水平极为低下，所以他们才会主动去采取更多刺激性的行为，以使自己冷漠的神经或情绪能兴奋起来。进而，他们所表现出来的症状往往可理解为获得足够的兴奋行为，比如撒谎、违法、破坏等等。而新型毒品由于能带来强兴奋、强刺激性的体验，因此能够最大限度地满足低唤醒水平所需要的兴奋强度。这也就不难解释为什么他们一经尝试新型毒品，就极有可能产生强烈“心瘾”并导致滥用。这些低唤醒水平的研究已经足以说明，新型毒品滥用与反社会人格障碍之间存在本质性关联。

2．新型毒品滥用中广泛存在的无责任性关系

根据相关的调查：“使用新型毒品后有兴奋感、发泄欲和性冲动等反应者的比例高达 53.7%；54.8%的人承认有临时性伴，这些临时性伴包括恋人或情人、熟悉的朋友、不太熟悉的朋友、商业性交易者和娱乐服务场所偶遇者等；22.6%的人承认该调查前的 3 次性行为对象不是同一个人；28.1%的人承认与因用药而结识的新朋友发生过性关系；10.4%的人承认用药后发生过群交或滥交行为。”可见新型毒品的相关社会行为已经与性放纵、性滥交等无责任性关系密切到了不可分割的地步。

部分新型毒品滥用者称：“吸大烟（海洛因）后我有五六年都没有性生活了，可以说，吸大烟的人生活里就没有‘性’这个字眼，女孩子看都不要看的，根本就没想法。结果，‘溜冰’（指吸食冰毒）以后又有性欲了，而且还挺强的，一般都是十几、二十个男男女女在一起，一次肯定不止一个人了（和一个人发生性关系），这个（冰）吃了以后（性欲）会很强的。”“群交太普遍了。不玩那个（群交），

只吃药还有什么意思”。换言之，相当一部分滥用者是出于这种混乱的性发泄需求，而诉诸新型毒品这一刺激手段。

3. 新型毒品滥用者的易怒与攻击性

新型毒品滥用者的种种易怒或攻击性、暴力性表现，多是在他们吸食了新型毒品之后才发生的。但即便如此，他们在明知如此且并无生理依赖的前提下，依然选择了重复吸食，其原因无非是身处这样一种暴力倾向性状态是新型毒品滥用者所欲求的。换言之，这样做能够满足他们的“心瘾”，这种任意妄为的精神状态很过瘾。这就不能简单地归咎于毒品的毒性了。

这种毒品亚文化称之为所谓的“新潮、刺激的娱乐享受”，甚至在具备一定社会层次的群体之中同样存在相当数量的滥用者。由此可见，新型毒品滥用者群体之间的共性并不在于财富、地位、社会身份，以及是否实施暴力性行为，仅仅在于刺激性“心瘾”的效果体验，在于规范社会行为之外被压抑人格的尽情释放。

新型毒品对于神经官能的强刺激性，几乎能够满足成瘾者的一切潜在欲求，既可作为娱乐放松工具的定位，以及相伴的群体性亚文化氛围，又能使他们被社会规范所压迫的人格得以充分的释放。此外，对毒品的生理依赖不明显这一特质，又使他们在滥用毒品时减轻了更多的心理担忧。所以新型毒品滥用为反社会人格障碍人群，几乎是提供了一种难以拒绝的体验方式。

如果我们深刻认识到这一点，对于我们制订更为有效的矫治策略是不无裨益的。所以针对新型毒品滥用人群在康复回归期的工作，需要我们针对该人群的相关人格因素做一些有针对性的工作。

4. 针对新型毒品滥用人群的人格矫正

产生人格障碍的最主要原因是家庭因素，包括家庭结构的影响和家庭教养方式的影响。家庭结构出现问题时，如父母分居或离婚，一方或双方死亡，父母中有精神疾病的患者，或者是有违法犯罪行为，父母对子女遗弃或者忽视，这些非正常结构的家庭都可能造成孩子的异常人格。这些孩子会出现怯懦、孤僻，或对他人和社会极端的冷漠，缺乏信任感。

家庭教养方式出现问题时，如父母对孩子过于溺爱，过度保护，或者过度纵容，就会使孩子形成幼稚和神经质的人格，使得生理年龄与心理年龄不符，心理发展严重滞后。这样的人走向社会后，会以儿童青少年的方式处理成人世界中纷繁复杂的矛盾，就很容易产生心理应激和挫折感。如家庭教养方式特别严厉，则使孩子的心理长期受到压制，造成人格障碍，一旦郁结在内心的不满情绪爆发出来，这些人常常以较激烈的行为来发泄。

此外，不良的社会环境也是人格障碍形成的重要因素，尤其是生活在社会的底层、遭受歧视、居住拥挤、缺少受教育的机会等，也对人格发展产生巨大的影响。

人格障碍的诊断一般要求在 18 岁以后才能进行，这是由于人格是在 18 岁以后才相对稳定下来，而在这以前人格是不成熟的。然而，人格成长是我们一生的任务，与生理上的成长不一样，18 岁后我们人格中还有很多不完善的地方，如果我们是有心人，就能了解我们人格中的缺陷，并有意识地加以纠正。以往对人格障碍的矫正非常悲观，但是随着治疗技术的进步，许多人格障碍的患者获得了改善。

其主要的治疗方法是药物治疗和法律、纪律的约束，也就是说让其可以对行为的后果进行处理，以约束患者的不适应性行为。

四、戒毒所内的禁毒文化功能与构建

文化作为社会思想价值观传播的纽带，对社会发展和人类传承具有十分重要的作用，它往往通过文学、艺术、小说、音乐、影视、戏剧等各种载体传播，潜移默化地影响人们的物质生活、思维方式、价值标准、伦理原则和行为取向。对于戒毒的成瘾者而言，他们在使用毒品前后大多接触到了社会上不健康的毒品亚文化，导致其引发了不良的社会行为。禁毒文化恰恰是成瘾者康复过程中，在意识形态上帮助其抵御毒品亚文化的有力武器。

在戒毒所的相对封闭的环境里，如何利用正面积极的禁毒文化去帮助成瘾者走出毒品的困惑，如何把禁毒文化作为一种帮助成瘾者戒毒康复的手段，是值得我们深入探讨的问题。北京市天康自愿戒毒所经过近几年的摸索，把禁毒文化作为重要的戒毒行为矫正元素植入了戒毒所内部的环境中，收到了不错的效果。现将在自愿戒毒所环境中相关禁毒文化的理念与构建方式分享给各位同仁。

1．戒毒所内的文化功能

（1）**转变成瘾人群不良的伦理、道德观念。**在中华人民共和国成立以后相当长一段时间内，封建社会长期留存的包办婚姻及封建迷信思想，在社会上留有严重影响。当时的一些影视、戏剧作品，就成了向包办婚姻和封建迷信思想宣战的有力文化武器，并在短时期内大大转变了社会上包办婚姻和封建迷信的不良风气。可见文化传播对社会不良行为及现象的转变有巨大的影响力。

成瘾者在接触毒品之前，绝大多数人都曾受到毒品不良亚文化的影响，都会认为吸毒的行为“没花别人的钱，自己没偷、没抢不犯法”，是“追求自由和个性的体现”，他们对吸毒违法行为的认知往往都是扭曲的。所以大多数成瘾者无论是对政府的强制戒毒管制措施，还是对家人朋友的苦情劝说，都充满了逆反抵触情绪。这种扭曲的认知和不良情绪体验，很容易引发成瘾者的毒品复吸行为。

在戒毒所内相对封闭的环境中，通过音乐、文学、影视、戏剧等成瘾者们乐于接受的禁毒文化方式，可以在某种程度上消除成瘾者吸毒亚文化的消极影响因素，减少对戒毒的心理阻抗，让成瘾者顺利接纳禁毒文化中所包含的积极正面的价值观、人生观的影响。

（2）降低戒毒机构的管理风险。部分成瘾者反复戒毒，且戒毒所处于相对封闭的管理中，他们内心充满挫败感和对戒毒机构管理有抵触情绪是很常见的。如果长时间内没有一个针对心理精神领域的文化娱乐平台来释放负面的情绪、消除负面的认知，很容易让成瘾者在封闭的环境下产生和积累负面情绪，从而给戒毒管理工作带来一些管理难题和安全隐患。

而具有娱乐性的禁毒文化，可以丰富成瘾者的生活色彩，让成瘾者在面对戒毒封闭环境时，舒缓心理压力，缓解不良情绪，提高成瘾者对戒毒环境的适应力，减低成瘾者对戒毒管理工作的心理阻抗，从而降低戒毒机构对成瘾者的管理风险。

（3）有利于成瘾者个体不良人格的矫正。近些年针对成瘾者的调查研究数据显示，有部分成瘾者因其家庭成长环境及其周边不良社会环境的影响，人格的发展存在一定的缺憾，这些不够健全的人格，又反过来影响成瘾者的戒毒康复过程。

我们可以在戒毒机构相对封闭的环境内构筑积极正面的禁毒文化环境，潜移默化地渗透正性的思想、价值观和人生观，影响成瘾者的人格塑造过程，从而达到矫正成瘾者的不良社会行为的目的。

2. 戒毒所内的禁毒文化构建

文化是抽象概念，禁毒文化的软环境在戒毒所内究竟应该如何构建？如何让其发挥禁毒的社会功能？大多数戒毒机构可能都会想在禁毒文化方面做一些工作，却往往不知道应该从何处着手。总体而言，我们建议从以下三方面着手：

（1）提高利用禁毒文化、构筑社会禁毒软环境的意识。少数戒毒所的管理理念还停留在旧有惩戒管理的阶段。我们对边缘人群的惩戒与管理肯定是必要的，但随着时代的发展，惩戒管理与人文疏导相结合的禁毒理念已经成为时代的大趋势。但很多戒毒机构的管理者对人文疏导方面虽然有认知，但却在短时间内缺乏相应的人本管理意识，难以在具体的管理细节中落实，所以就会形成对禁毒文化软环境的构筑还不够重视的现象，从而忽略禁毒文化因素对成瘾者戒毒发挥的积极作用。

从禁毒文化的内涵来看，禁毒文化的倡导者除了应该具有专业的禁毒知识以外，还需要有禁毒文化的敏感视野，并了解那些需要禁绝的毒品亚文化内容及相关的不良社会意识形态，禁毒文化相关的作品需要能引发成瘾者对毒品危害的反思，展示积极正面的价值观所倡导的生活方式，并能在戒毒过程中，有效地帮助成瘾者去重新树立正确的人生观和价值观。

通过禁毒文化为载体，我们更有可能在相对封闭的戒毒环境中，为成瘾者塑造出一个相对正性的禁毒氛围，以此引发成瘾者人群对自身不良行为的思考，提高其自身的内省能力，这样才能将我们禁毒文化引导到一个准确的方向，并最终达到我们的工作目标。

对此，戒毒机构在保证常规戒毒手段的同时，如果能加强利用禁毒文化的管理意识，丰富机构管理层及工作人员利用禁毒文化工作的手段，完善自身对禁毒文化相关的素养，引进禁毒文化的管理机制，就能很好地利用禁毒文化这个有利的工具，更有效地让成瘾者回归社会与家庭。

（2）**充分积累、储备禁毒文化资源。**禁毒文化一般以禁毒题材的影视、戏剧、文学、音乐等作为载体，所以有条件的戒毒机构，首先可以在当地充分引进相关禁毒文化的社会资源，然后通过构建禁毒文化中心的方式，充分借助社会禁毒文化资源，在戒毒机构内外定期开展相关的禁毒文化主题活动。

近年来，由中国禁毒基金会、中国药物滥用防治协会、北京禁毒办、北京团市委、北京市禁毒教育基地管理中心联合发起成立禁毒教育高校公益联盟，该联盟通过与戒毒所的交流与合作，创作了一大批关于禁毒文化的优秀作品。以北京市天康自愿戒毒所为例，该戒毒所作为北京地区司法系统管辖的唯一一家自愿戒毒所，充分借助禁毒教育高校公益联盟的社会禁毒平台，调动在北京地区的艺术院校，例如中央戏剧学院、北京电影学院、中国传媒大学、中央音乐学院等专业的文化艺术力量，通过年度禁毒项目的方式，带动所内禁毒文化的构建，推动戒毒所与社会之间禁毒文化的交流与传播。这些文化艺术资源与戒毒所的对接，不但以禁毒预防教育的方式反哺社会，还让戒毒所的禁毒文化环境得到了持久有效的保持。

禁毒教育高校公益联盟通过多年积累，创作了一大批禁毒文化的优秀作品。例如很适合青少年观看的禁毒动画片《你可能不知道》《燃之舞》《追梦人》《药丸秀》《爬楼梯》等；另外还有适合在网上传播的禁毒微电影《通往黑夜的漫长旅程》《白色往事》《幻灭》《追梦人》《时间的瘾》等；此外还有禁毒题材的舞台剧《瘾型人》《黑夜及点灯人》《出窍》《临界》《鸟》等。戒毒所内的成瘾者、家属和戒毒工作人员，都积极地参与到这些优秀的禁毒文化艺术作品的创作中，成瘾者们通过参与这些作品的创作，充分体验到了禁毒文化的精神力量，对其自身的戒毒行为矫正也起到了激励作用。

当然除了参与创作禁毒主题文化艺术作品以外，戒毒所还可以搜集一些现成的经典禁毒题材的影视作品，并把这些作品作为戒毒所开展禁毒文化活动的素材库。这些禁毒主题的文化艺术作品的搜集，对戒毒所内开展丰富的禁毒文化活动是一个重要的资源保障。

（3）**开展丰富的禁毒文化活动。**针对戒毒所内不同戒毒阶段的成瘾者，可以有针对性地开展一些分阶段、分层次的文化活动，甚至还可以针对不同毒品滥用类型的成瘾者人群，开展有针对性的禁毒文化活动。大体可以从以下三方面入手。

① **禁毒影视沙龙活动。**禁毒影视沙龙活动就是定期组织成瘾者观看禁毒主题的影视作品，或是参与到禁毒文化作品的创作中。并在开展这些活动后进行即兴的讨论引导，深化其对禁毒影视作品中所包含的积极正面的价值观和世界观的理解与认同。

一般来说，在每次具体的活动后，可以以 8～10 人分小组进行深入地讨论。这种形式的活动参与的难度较小，也容易普及开展。如果是定期组织的影视观演活动，注意要在禁毒影视作品库中挑选不同层次的作品，并合理安排观看的顺序。通过类似的定期影视沙龙活动，可以提高初入戒毒所的成瘾者形成禁毒文化活动的参与动机。

例如，对刚刚进入戒毒所的处于戒毒治疗期的成瘾者，最好每周定期开展禁毒知识方面的影视作品沙龙活动。这样可以让成瘾者首先通过一些影视资料，充分了解有关毒品的法律、医学、心理等方面的知识。而对那些处于康复期的有戒毒经验的成瘾者，可以调动他们结合自身的戒毒经历，积极探讨禁毒文化作品中主要人物的故事细节和行为，促进其对毒品危害的反思，深化巩固禁毒文化对其不良行为的积极影响力。

② 禁毒戏剧沙龙活动。禁毒戏剧沙龙活动一般是针对处于康复期和回归期的成瘾者，通过开展禁毒文化的体验式活动，加强成瘾者对禁毒文化的深刻理解来达到行为矫正的目的。通过组织、挖掘典型的成瘾者和家属自身的戒毒故事、场景，让成瘾者参与禁毒戏剧的真实而虚拟的角色体验，激发成瘾者对自身吸毒行为的内省能力，提高其戒毒过程中的行为控制能力，从而达到行为矫正的目标。

在禁毒戏剧沙龙的组织过程中，可以在当地寻找相关专业舞台剧的编导人才，以分组的形式定期开展禁毒戏剧的沙龙活动。具体的方式可以分为，组织小组通过提炼讨论故事剧本素材及结构、舞台人物表演基本训练（台词、舞台行动的表达）、剧情初步呈现、综合合成等几个步骤。在小组中可以让成瘾者本人、家属、戒毒工作者共同参与到禁毒戏剧的剧本创作、表演、排练的过程。

戏剧沙龙的作品形式可以有很多种，例如小品、短剧、哑剧、形体剧和音乐剧等等。戒毒所在平时戏剧沙龙活动的基础之上，在每年的主题日（例如国际禁毒日、母亲节、父亲节等）可以组织戒毒所内不同的戏剧小组，把他们的戏剧沙龙作品集中汇演，演出完以后再做一些深入的交流研讨。

需要提醒的是，禁毒戏剧沙龙活动的功能，主要是用来构筑戒毒所内的禁毒文化氛围，还有就是对成瘾者进行心理行为矫正的功能，一定不要把禁毒戏剧的作品创作作为对外展示的一种政治任务，那样做很可能会损害成瘾者参与禁毒文化的积极性。

③ 音乐、绘画及其他文体活动。在戒毒所内，除了以上所提到的影视、戏剧禁毒文化活动的种类以外，还可以根据当地的文化特色资源情况，开展音乐、绘画、民间手工艺以及其他成瘾者可能感兴趣的文体活动。

在戒毒所内能开展的音乐活动主要包括歌曲创作、K 歌比赛、组建乐队等等。歌曲作品选择时要注意避免主题颓废、内容空洞的作品，尽量选择难度较小、传唱度较高、主题相对积极的作品；绘画及手工艺等活动最好能结合当地的文化特色及成瘾者人群自身的喜好，并注意让活动的难度保持适中，从而最大限度地调动成瘾者参与的积极性。

除此以外，还可以根据戒毒所内部的硬件活动设施情况，广泛开展有利于身心康复的体育活动，例如八段锦、五禽戏、太极拳和各种球类竞赛活动等等。

本章值得思考的问题：

1. 新型毒品与传统毒品的高危复吸环境有什么差别？

2. 角色扮演的心理过程对修复成瘾者的家庭关系有什么样的作用？

3. 如何在戒毒所构建良好的禁毒文化氛围？对成瘾者的康复有什么意义？

第五部分

经典案例

自愿戒毒的社会工作，一直是我国近些年来政府和社会关注的焦点。从2008年《中华人民共和国禁毒法》颁布以来，全国各地政府相关职能部门都在进行社会管理上的实践与探索。各地根据实际的自愿戒毒需求及客观情况，也都做了一些基本的工作，并取得了一些可喜的成绩。

本部分的经典案例，是由“天康”的戒毒干警根据实际戒毒案例提炼而成。由于案例中可能涉及成瘾者的隐私，所以在案例介绍时会隐去成瘾者的部分个人信息。

一、爱的力量

肖洁，北京市天康戒毒康复所

个案的背景资料

老赵，男，出生于1968年，山西长治人，高中文化程度，家中排行老三，上有两个姐姐，已婚。2009年因“赌博提神”开始接触冰毒，2013年12月30日到北京市天康戒毒。目前，老赵已顺利回归社会，并保持操守2年6个月。

1．了解情况，初步制订治疗方案

老赵来所的第一天，穿了一件黑色大长风衣，带着金边眼镜，拿了一个小背包，神情冷漠，交流不畅，似乎一切和他毫无关系。身旁的妻子面容憔悴，脸色苍白，身材瘦弱，身旁是几个大行李箱。但由于当天是在元旦假期，老师委婉地向他们表示元旦后再来。老赵当时似乎轻轻出了一口气，转身就走。妻子有些失望，询问能否通融一下让他们入所。当得知这是所里的规定时，妻子又详细地询问附近哪里能够暂住，以及所里的上班时间，并相互留下了联系方式。看着不耐烦的老赵，老师心里不由感叹“又是一对丈夫不急妻子急的，也不知道元旦过后能不能来”。元旦假期后，老赵竟然如约入所。

入所后，心理老师对老赵进行了首次访谈。老赵自述，自己并非主动想要来戒毒，只不过之前因为自己吸毒而导致的一系列行为对妻子造成了很大伤害，自己“不得不来”；关于冰毒，“自己家也不是吸不起，只要自己想戒就能戒”；关于吸毒后自己的一系列改变，老赵认为“自己的确发生了一些改变，但是也没有太大问题，自己之前对妻子和家人做的事情的确不对，但是吸毒的危害也没有那么严重。既然妻子说要来戒毒，那就来吧，要不就只能离婚了。前几天所里放假，要不是妻子坚持，我就回家了”。

在老赵妻子的眼中，2009 年是一个分水岭。2009 年以前，青梅竹马的他们生活美满，家庭幸福，老赵自己做生意，她在事业单位上班，平时夫妻恩爱，相互体贴，儿子在外地上大学，双方父母都知书达理，他们在宁静的小县城里过着神仙眷侣般的生活。但一切从 2009 年开始有了巨大的转变。那年，挣了钱的老赵开始沉迷于赌博。

刚开始妻子并未在意，认为只是生意上的应酬往来。但随着老赵赌瘾越来越大，他轻信了赌友们“来点东西提提神”，接触到了冰毒。从刚开始的一个月一两次，慢慢地到一周一次，再到一周几次，最后一天一克，老赵从“赌瘾”到“毒瘾”。

直到 2011 年，妻子发现老赵脾气越来越大，经常无端猜忌，检查妻子的手机，追问妻子的行踪，对妻子的回答稍不满意上手就打。无奈，妻子告诉了老赵的家人。老赵的父母做了一辈子医生，首先怀疑他是否精神上出了问题，到处替他求医问药。直到一位接触过戒毒工作的朋友提醒“老赵会不会吸毒了？”此时，全家人才恍然大悟。妻子陪着他跑了很多戒毒医院，但是老赵不仅没有戒断，反倒变本加厉。

直到 2013 年，老赵脾气更加暴躁，妻子不堪打骂，选择吞食安眠药自杀。苏醒后的妻子，不仅没有换来老赵的悔悟，反倒遭致一顿暴打。妻子连夜逃回了娘家。其间，老赵多次劝妻子回家，都被拒绝。愤怒的老赵再也无法控制情绪，拿出刀扎向了阻止他的大舅哥。万念俱灰的妻子再也无法忍受，抛下一切到五台山出家。在五台山的 3 个月里，妻子拜遍了所有大小寺庙，祈求佛祖的庇佑。在一位得道高僧的点化下，妻子抱着“普度丈夫就是普度众生”的心态拨通了家里的电话……在妻子看来，老赵没有错，万恶“毒”为首。为了找回以前的老赵，为了挽救这个濒临破碎的家庭，妻子陪同老赵再次开始戒毒之旅。

入所时《复吸倾向量表》测量结果表明，老赵生理唤醒较高（1.67 分），情绪控制分数较高（2.11 分）；从精神状态及认知水平来看，老赵认知能力完整，伴有一定的焦虑，情绪自我管理能力差，易激怒，人格稳定，对毒品、吸毒行为及危害没有正确认识。

针对初步了解的情况，心理老师与老赵共同商定了为期一个半月的短期治疗计划，确定了两个短期目标，即与咨询师双方建立和谐、信任的咨询关系；初步改变对吸毒行为的错误认知。

2．以情动心，开启戒毒之旅

老赵入所后不久，就迎来了 2014 年的春节。节前，其他康复人员纷纷请假回家过节。老赵也有些心动，希望家人能够同意自己回家过年。但是考虑到他入所时间太短，量表评估显示他的心瘾维度仍处于较差程度，因此心理老师建议他在所里过年，以规避假期朋友聚会喝酒等高危情境。对于这个建议，老赵虽然心里非常不情愿，但他仍表示提出回家的想法“只是想让妻子高兴，自己回不回家都行”。对于他的这一态度，心理老师并没有予以对质，而是表扬他开始考虑别人的感受，并鼓励他继续努力。

同时，为了缓解他的思乡之情，稳定情绪，心理老师和康复人员一起商定了春节期间的活动安排，从大年三十聚餐、看春节晚会，到逛北京大大小小的庙会，都进行了精心的安排。大年三十晚上，心理老师专门调换了值班，与他们夫妻共同聚餐守岁。那个年，老赵过得非常平稳。妻子激动地表示，他们已经好多年没有这样了，虽然家人还没有团圆，但是她看到了希望。

春节结束后，老赵与心理老师的情感距离明显拉近了，他对老师放下家里年幼的孩子专门陪他过春节非常感动，表示“体会到了老师们的良苦用心”，双方和谐、信任的咨询关系初步建立。在此基础上，他听从老师的建议，开始思考戒毒这个问题。

同时，大队组织春节放假的康复人员开展了以“假期我面临的危险情境及应对”为主题的集体分享。戒毒人员纷纷就自己在春节期间出现的喝酒、遇到旧日毒友、感到无聊寂寞、身体不舒服等危险情境进行了讨论，并总结了自己正确或不太正确的应对方式。在讨论过程中，心理老师发现老赵虽然仍像以前一样没有发言，但是他有了一些细微的变化：他不再选择那些靠近房门、方便进出的座位；没有跷起二郎腿、背靠椅背，而是双手放在桌子上，一手还拿起了笔；眼神也不再空洞。

集体分享后，老赵主动表示“我想再学习学习这方面的资料”。针对老赵的变化，心理老师及时给予肯定，并为他找来了《与死神共舞》系列光盘以及《戒毒知识 32 问》《戒毒康复人员心灵物语》等所内自编的学习资料，和他一起制订了学习计划，并商定了作业。经过一段时间的学习，老赵关于“冰毒不是毒品”“冰毒不会上瘾”的错误认知发生了改变，他渐渐认识到自己过去做的那些伤害家人的事情是多么可怕，而妻子家人对他的包容又是多么伟大。在老师的鼓励和安排下，已经成为老学员的老赵，加入了大队“一帮一”的行列中，主动帮助那些新入所的戒毒人员适应生活，缓解情绪，鼓励他们安心戒毒。

2014 年 3 月，所里接到了筛选戒毒人员参加北京电视台《生活 2014》一期节目的录制任务。当老赵听到这个消息后，他和妻子主动提出要参加节目的录制，希望通过电视这个媒体，向更多的人去宣传毒品的危害，“吸毒我都不怕别人知道，现在戒毒了我还怕别人知道？”在节目录制现场，愧疚的老赵首次谈起自己吸毒后用刀扎伤大舅哥的事情，他说“过去我是不知道自己吸毒后有多混蛋，后来慢慢清醒了，我不敢去回忆这些。在老师和妻子的帮助下，我认识到，只有面对伤害才能弥补伤害。衷心告诫那些年轻的朋友们，珍爱生命，远离毒品”。

3．深入分析，继续深入治疗

在初期治疗目标完成的基础上，心理老师与老赵就下一步治疗方向进行了商讨，结合入所心理测试结果，决定从情绪管理、应对心理渴求及家庭关系修复等方面继续深入治疗。

在情绪管理方面，心理老师为老赵安排了“脑功能修复训练”，这是专门针对合成毒品成瘾者修复受损的脑部神经，从而增强情绪管理能力的训练软件。但老赵年岁已大，吸食冰毒时间较长，注意力、反应力、记忆力等都明显下降，老赵出现了畏难情绪，连续几天没有参加训练。针对老赵的回避行为，心理老师与其进行了对质，指出他在思想根源处冒头的“懒惰、倦怠、到站”的思想，并启发老赵寻找、回忆这些思想苗头是否似曾相识。老赵通过回忆，找到了他当初事业小有成就、沉迷于赌博的时候的思想就是和当前的思想状态相似，“惊出了一身冷汗”。

从此，老赵端正训练态度，按时参加训练。同时心理老师指导他每天睡前进行冥想训练并参加所里组织的情绪管理方面的团体咨询。在冥想训练的过程中，老赵不仅每天跟老师学习，还将音乐录制到 mp3 中，每天增加练习次数，通过坚持冥想练习，老赵的情绪更加平稳，戒毒的积极性、主动性提高，遇到问题时能够不急不躁，周到处理。在应对心理渴求方面，心理老师与老赵共同分析了吸毒诱因清单。老赵通过回忆，列出了赌博熬夜时、酒后、事业遇到挫折时、和妻子家人吵架后、看到吸管矿泉水瓶时、寂寞无聊时、和毒友在一起时、在心情特别好的时候、路过吸毒场所时 9 种曾经引发他的渴求感，甚至导致他吸毒的情况，并逐一进行了讨论，进行了替代行为的设计（如下表所示）。

诱因情境 1：赌博熬夜时
可选行为与可能的后果：下面，请描述至少两个或者更多应对这一诱因的可选行为及行为后果
可选行为 1：在家做饭不出门
可选行为的可能后果：避免接触毒友
可选行为 2：帮助父母干活，陪他们聊天、看电视
可选行为的可能后果：一家人生活和睦，父母安享晚年
可选行为 3：和妻子一起去跑步健身
可选行为的可能后果：身体健康，少生病

通过设计替代行为，老赵找到了很多既可以打发时间，又可以防止复吸，还能和解家人关系的方式。

在老赵与毒品抗争的过程中，他的妻子也付出巨大努力。在老师的指导下，妻子每天坚持陪伴老赵参加早操锻炼、课堂学习、整理内务卫生等，使老赵感受到了来自家人的鼓励和支持。同时，心理老师为他们设计了 8 次家庭治疗。在治疗过程中，心理老师帮助老赵澄清了吸毒是导致他现在家庭关系紧张的最主要因素，并帮助他与妻子就如何和解达成了一致意见。同时还鼓励她参加所里组织的家属课堂、家属联谊会，与其他家属共同学习家属帮教戒毒的技巧、调节自己的心态等，交流家属的酸甜苦辣。通过学习，特别是看到了老赵的变化后，妻子的笑容多了，她看到了希望。

在入所快满 3 个月的时候，老赵与妻子发生了一次激烈的争吵。老赵认为自己已经完全康复了，当前最重要的事情是回家挣钱。但是妻子通过参加课程学习，认为老赵当时正处于典型的过渡期，自信心爆棚，还不适合马上回家。夫妻二人争吵了起来，老赵非常激动，认为妻子不相信自己，那还戒什么毒。

心理老师了解情况后，运用 ABC 理论对其进行辅导（如下表所示）。经过心理老师的引导、追问和反问，老赵向内找到问题的根源，认识到了自己的错误认知，寻找到了正确的认知，并改变了问题的处理方式。

ABC 问题梳理表

A（激发事件）	B（认知和评价产生的信念）	C（引发的情绪和行为后果）	自我反思	下次拟采取的方法
妻子不同意自己回家	认为努力戒毒这么长时间，妻子仍然怀疑自己	情绪失控，对妻子的意见完全不予考虑，执意要求出所	只考虑自己的感受，忽略了别人的感受，对自己的认识还不全面、客观	1. 深呼吸进行情绪自我调整；2. 避开冲突现场；3. 正确评价自己

续表

A（激发事件）	B（认知和评价产生的信念）	C（引发的情绪和行为后果）	自我反思	下次拟采取的方法
妻子不同意自己回家	感受到妻子的担心，认识到自己还有很多问题仍然需要进一步治疗	客观指出老赵存在的问题，理解妻子的心情	遇到问题要全面分析，理性解决问题，正确认识自己	

4．结果：投身志愿工作，传播爱的力量

经过 6 个月的系统戒毒治疗，老赵在生理、心理、认知等方面都有了明显改善。复吸倾向性量表测试结果显示，老赵生理唤醒分数降至 1.42 分，戒毒行动分数升至 1.80 分，情绪控制分数降至 1.38 分。他的妻子也得到了成长，夫妻关系更加稳固和谐，家庭矛盾显著下降（由 5 分降到 2 分）。回家后，夫妻二人对所里的治疗工作和心理老师的辛勤付出非常感激，妻子建立了“北京家园”微信群和 QQ 群，有上百名家属和戒毒人员加入，每天利用休息时间，和那些仍在痛苦挣扎的人们进行交流，鼓励他们继续坚持，指引他们到所里戒毒。老赵也成了现身说法的教员，被群里的戒毒人员亲切地称为“赵大哥”。同时，妻子把所内的管理方式、运动康复等工作方法移植到自己家中，开始“家庭康复计划”，每天按时起床，坚持锻炼，整理房间，照顾老人孩子，定期进行尿检，接受心理老师的督导，还与居住地附近的部分康复人员结成了“康复小组”，相互督导、相互支持、相互鼓励。

2015 年，老赵因为操守良好被所里评为“康复之星”。在夫妻二人的带动下，2016 年 5 月，他们的孩子自筹资金、自导自演，完

成了取材父亲在毒海中沉沦、挣扎、涅槃的微电影《不归路》并上线播出。在2017年的国际禁毒日，夫妻二人双双荣获“家庭成就奖”，在获奖感言中，老赵激动地表示：“是妻子对我的爱和奉献，是康复所老师给我的大爱，才有了我的今天。”他们还积极参加了北京电视台、凤凰卫视、网易等媒体的采访，讲述自己的亲身经历，呼吁家庭、社会对戒毒人员的关爱和支持，用爱的力量唤醒更多的人从毒海中觉醒。

二、小M的回归之路

喻美英，北京市天康戒毒康复所

个案背景资料

小M，男，汉族，1988年出生，大学本科，黑龙江人，未婚。2012年开始吸食冰毒，2014年因吸毒被抓。小M为独子，幼时父母离异，成长过程中与父母沟通很少，性取向上偏离正常。从小学习音乐，酷爱唱歌，2012年参加某选秀节目一举成名。自述因工作压力大，且因所处亚文化圈的影响，开始吸食冰毒。入所后，该人能够服管服教，对毒品有基本认知，但比较敏感，心态浮躁，情绪易波动，戒毒信心不足，缺乏防复吸方法。

1. 评估与诊断

（1）**民警反映相关信息。**小M极敏感，防卫心理较重，有戒毒意愿，对新型毒品会成瘾这个问题存在怀疑。身体患有严重疾病，具有“破罐子破摔”的外在诱因，戒毒信心较低，戒毒动机不强，复吸风险较大。

（2）**心理测试。**《心理健康测查表》结果如下表。

躯体化	抑郁	焦虑	病态人格	疑心
83.00	61.00	49.00	51.00	62.00
脱离现实	**兴奋状态**	**弃权**	**说谎**	**诈病或装坏**
61.00	67.00	75.00	45.00	61.00

回避问题，弃权题过多，导致测验结果无效，这与民警反馈的该人敏感、防卫心理重的特征正好吻合。

（3）**戒毒知识相关调查。**对毒品种类、所吸食毒品、毒瘾、戒毒方法、预防复吸的了解程度均较低，认为自己出所后的复吸风险较小。

（4）**初步诊断。**根据本案例的背景情况，综合以上信息及与小M所在大队的民警协商会谈，针对小M的特点提出具体问题：吸毒成瘾者防复吸能力的提高。

2．六步戒毒法

矫治小组专门设计了《拒绝毒品六步训练法》团体方案，计划以教育性结构式团体方式为小M开展防复吸训练。在实施矫治方案过程中，时刻注意反应，关注矫正措施的实施效果，以便监控进展过程，并及时调整矫正计划与方案。本方案的六步也是分为几个阶段进行的。

在进入治疗小组的初期，主要是为了形成治疗团体，建立初级信任关系。尤其是小M极其敏感，防卫心理强，若以个体咨询的方式进行，建立信任关系的时间会很长，且效果无法确定。因此，决定将队内临近出所的涉毒人员组成团体，打消小M的顾虑，分散其敏感点，降低其防卫心理。这个阶段可以采取“大风吹”“自我介绍”“制定团体契约”等活动环节，帮助团体成员建立基本的信任接纳关系，并在自我介绍环节增加了“取昵称”，以降低团体成员的防卫心理，减少顾虑。在第一次团体活动中，小 M 表现出了比一般人更明显的敏感与抗拒。

六步戒毒法具体内容如下。

第一步：认识毒品，认清毒品危害。

首先引导团体成员和大家分享自己对毒品和毒品危害性认识，根据团体成员的认知程度，领导者进行引导和讲解，从理论角度介绍有关毒品的基础知识及毒品的危害，主要讲解传统毒品、新型毒品的种类及其危害性，并借助多媒体及相关的事例和数据直观呈现。活动结束后要求写出活动感想。在这一步中，小 M 对毒品的认知相对于其他人要了解得多一些，领导者给予积极关注，促其自我开放。

第二步：认识毒瘾，明确方向。

通过让团体成员填写渴求感强度评估表引入对毒瘾的认知，引导其将关注自身，意识到成瘾行为的形成原理、过程、难点和途径、努力方向，并特别纠正了小 M 及部分团体成员存在的新型毒品不会成瘾的错误认知。活动结束要求写出对毒品和毒瘾的认识。小 M 的防卫心理有所下降，能够跟大家简单分享成瘾经历，但仍一直强调只要自己想戒，就可以不让毒品再影响到自己，认知缺乏一定理性，把戒毒主要动力归因于个人意志力。

第三步：强化戒毒动机，彻底告别毒品。

以现场作业“三个假设”（1. 如果你出所后再继续吸毒，会发生什么事情？2. 对你来说，戒毒最主要的动机是什么？3. 是什么使你决定放弃毒品？）和活动“我是谁”展开。让团体成员明确自己的戒毒动机来源，强化戒毒动机；同时认识到因为种种旧习惯易导致复吸，想戒毒必须改变生活方式和行为习惯。活动结束要求写出为了戒毒自己需要做出哪些改变。

第四步：学会感恩和担当，激发戒毒信心。

开展心理活动“迷失丛林”和“我错了”。通过“迷失丛林”活动，帮助团体成员对现状有了一个更明确的想法，增强戒毒信心。活动结束要求写出给毒品的一封彻底告别信。

活动中小 M 能够主动谈自己的想法，在别人分享的过程中会主动回应，表现比较积极、放松和投入。经引导，小 M 对父母亲人有感恩之心，能够将这份感恩变为责任和担当，并内化为戒毒动机和戒毒信心。

第五步：感知预防复吸，积极应对规避。

填写《复吸危机检测表》，来帮助团体成员明确高危情景，建立复吸警报系统，学会识别初期警戒信号，并发放《应对高危状况表》。要求坚持日常练习，做到学以致用，真正提高防复吸能力。活动结束要求写出如何保证自己不复吸。

活动中小 M 态度端正认真，能够跟随引导方向认真思考，对出所后生活有了较理性、清晰的判断。

第六步：对前 5 次活动进行回顾和总结。

通过让团体成员描画“戒毒成功一年后的样子”，进一步激发戒毒动机和戒毒信心，并做好即将出所的生活规划。最后填写调查问卷和复吸倾向量表。

效果评价

主要考核小 M 对戒毒相关知识的掌握、规避复吸风险的能力高低及复吸风险大小的评估。

3．对该案例效果的评价

（1）RIDA 量表测试结果。小 M 总体戒毒状况良好，其中情绪管理和戒毒效能感结果良好，情绪较为稳定，有一定的情绪管理和调节的方法，自我认知良好，有一定的戒毒信念，戒毒动力较足。在应对高危情境、设立具体可行的戒毒目标并付诸行动等方面还需要积极的引导，同时家庭支持系统还需要进一步完善。

量表有效性	有效		
得分与等级	得分	参考值	等级
	总分：2.00	(2.75 ± 0.68)	良好
	生理唤醒：2.11*	(2.86 ± 0.82)	一般
	戒毒行动：1.89*	(2.59 ± 0.77)	一般
	家庭关系：1.93*	(2.47 ± 0.74)	一般
	情绪管理：2.00	(2.89 ± 0.77)	良好
	戒毒效能感：2.06	(2.94 ± 0.68)	良好

备注：* 项在统计学上有显著性差异。

（2）问卷调查。问卷调查结果显示，小 M 对毒品种类、所吸食毒品、毒瘾、戒毒方法、预防复吸的了解程度均较高，小 M 认为自己出所后的复吸风险较大。

（3）咨询老师评价。从前后对照来看，小 M 对戒毒相关知识的了解程度均有提高，从复吸风险的自我评判来看，矫正工作进行前小 M 认为自己的复吸风险较小，矫正后认为自己的复吸风险较大，证明经过矫正，小 M 对自我复吸风险的评价更客观、更理性。

（4）**他人评价。**经与所在大队民警沟通、了解，小 M 对毒品的认知有提高，戒毒动机增强，能够积极规划出所后的生活。

三、重生

范硕，北京市天康戒毒康复所

个案背景资料

小东，男，汉族，1986 年出生，高中文化，辽宁人，已婚。2004 年接触冰毒，2015 年 8 月来所戒毒。作为家中独子，家庭溺爱，父亲嗜赌生性，欠了很多外债，小东高中毕业后就在赌场工作，替父还债，期间结交了很多社会上有着不良嗜好的朋友，久而久之就走上了吸毒的道路。

1．评估

（1）个人典型问题事件评估

出现时间	事情经过	需求分析	处理方式	效果总结
入所两周内	戒断症状明显	毒龄较长，心瘾很难克制	进行两周的情绪放松训练以及情绪宣泄	经过两周的放松训练，该人的情绪稳定性得到提高
入所一个月	积极建立戒毒动机	戒毒意愿比较强烈	自我认知的正确引导以及毒品危害知识的渗入	通过老师的正确引导，该人的戒毒动机明确，戒毒态度端正、能够建立短期的戒毒目标
3 年期间	家人做生意是自己的唯一经济来源	家庭支持系统的完善	帮教人对该人信任、支持以及鼓励为主	引导帮教人要积极支持该人的戒毒治疗
10 年期间	大多数朋友都是吸毒者	社会支持系统的完善	远离朋友圈以及吸毒的环境	自觉切断与外界朋友的联系方式

（2）其他评估工具的相关问题分析。SCL90 评估证据

躯体化	强迫	人际关系	抑郁	焦虑
1.25	1.70	1.11	1.54	1.40
敌对	恐怖	偏执	精神病性	其他
1.67	1.14	1.17	1.40	1.71

（3）家庭环境评估证据

亲密度	情感表达	矛盾性	独立性	成功性
9	4	1	5	5
知识性	娱乐性	道德宗教观	组织性	控制性
3	4	7	5	2

（4）其他因素分析。医院体检结果显示，该人各项身体指标正常，无明显器质性病变。但其形体消瘦、脸色灰黄、头发早白、皮肤干燥、精神恍惚、情感淡漠。心瘾强，自信心不足，害怕失败，伤害家人。很多朋友都是吸毒者，吸毒环境随处可见，一时间很难摆脱。担心母亲的身体情况和父亲还债的困境，惦记孩子。

（5）提出具体问题

矫治对象	表现	归因	干预方法
小东	目前小东已度过戒断期，躯体症状已缓解，情绪、认知有很大进步	内因：自身戒毒意愿很强烈，能够积极配合戒毒治疗；外因：有针对性的治疗方案，对小东的缓解戒断症状有很大帮助，情绪、认知方面有很大提高	一是缓解戒断症状及情绪控制，运用放松训练、正念、运动康复、情绪团体活动等治疗方法；二是通过个别谈话及认知课程提高小东的认知水平，从而提高自我反省、自我觉察的能力

2．干预过程

运用与不合理信念辩论、家庭作业方法和团体治疗方法使小东

认识引起情绪困扰的并不是外界发生的事件，而是自身对发生事件的态度、看法、评价等认知，因此要改变情绪困扰应该改变认知，通过改变认知，进而改变情绪。对小东实施矫治方案的过程中，积极关注小东在日常中的变化及反应，及时对小东的进步进行反馈，并依据反馈信息及时调整与修正矫正计划与方案。

（1）**建立信任关系。**小东很愿意主动表达自己的意愿，能够清楚地认识到自己想接受的是什么，思路清晰，语言表达能力较好，与咨询师之间的交流很融洽。

（2）**坚定信心，明确戒毒方向**（部分访谈细节，咨询师：咨，访谈者：访）。

咨：你这段时间的表现有些不一样，表现出不平静，心里好像有很多的话要说。

访：我最近夜里总是梦见自己吸毒的场景，感觉就像真的一样，惊醒过来满头大汗，感觉很难受，头脑不清醒，身体也有很大的反应，四肢酸麻、头痛、心烦意乱，不知道能不能缓解。

咨：你现在的状态就是因为静不下心来，心里有事放不下。

访：我就是担心自己扛不下去，会离开戒毒所，心里缺乏安全感、很焦虑，担心自己会失败，我真的很自卑，也很没信心，有时会怀疑自己究竟行不行，当心瘾发作的时候，自己是很难控制的。

咨：你现在唯一能做的就是先把心静下来，然后找一个安静的环境，听听音乐，头脑里什么都不要想，先把情绪控制住，然后放松四肢，一切等待平静之后再说。

访：好的，我听老师的话，我知道我现在就是心瘾发作了，我能够意识到自己的症状，我现在就是找老师来帮助我，分散我的注意力，帮我一点点克服心瘾，把心态放平和。

咨：戒毒自信心是一点点慢慢地建立起来的，一开始肯定是会遇到艰难险阻，但是等待你的是光明之路，你自己一定要坚持下去，一点点克服不良症状，因为停用药物后会有很长一段时间出现不良反应，所以自己要正确认识到这些反应是正常现象。

访：我现在明白了，谢谢老师的帮助，我现在在努力克服心瘾的存在，当我能够坚持住的时候，我就成功了。

咨：你需要做的是每天坚持运动，坚持做冥想训练，当情况控制不住的时候，主动找注意力转移的方式，调整心态。

（3）家庭认知，提高责任感。小东的父母、妻子和孩子是他最大的精神支柱，现帮助该人积极认识到家庭的重要性，提升责任感。（部分访谈细节）

咨：你近段时间总是和妻子吵架，是因为什么，什么事情让你控制不了情绪？

访：我现在常常因为一些小问题就大动肝火，自己都不知道怎么回事，很难控制情绪，总觉得媳妇对我不信任，让我很自责，又觉得自己很没用，作为男人，我的自尊都没有了。

咨：你现在就是缺乏自信，家人的陪伴你要珍惜，因为你的原因，你的妻子要陪伴你，而没有陪伴孩子和老人，这就是很大的牺牲，所以你要知足，不能怪罪任何人，你现在需要调整自己的心态，赢得家人的信任，才能维系好这个家，因为家人需要你。

访：老师说的对，我自己一直家庭观念淡漠，没有把家庭放在第一位，完全在利用家人对我的信任。我没有维系好这个家，对不起自己的父母、妻子和孩子，这么多年来没有好好经营这个家，反倒是给家人带来了很多的麻烦，我现在很自责，有时候因此出现急躁的情绪。

咨：你现在要做的就是让自己有责任感，怎样发挥你作为儿子的角色，作为丈夫的角色。

访：我得赶紧调整好自己的心态，给家人一个交代，不能再给家人增添负担了。

咨：那你就用你的行动证明给家人看啊。

访：我要用行动证明给她看，不用天天监视，要赢得最大的信任。

3．效果评价及总结

（1）**自我评价。**通过戒毒治疗，自己真正体会到了自我成长、磨练，能够真正的认识自我。

（2）**他人评价。**

A. 咨询老师评价：能够明确戒毒方向，家庭关系得到改善，对未来生活有计划和目标。

B. 学员评价：与其他康复人员关系得到改善，对毒品的认知有提高，能够把正能量传递给其他人。

C. 家属评价：能够与家人多沟通，互相理解，通过自身的努力让家人看到希望，从而赢得家人的信任。

每每想到父母的不易和年幼的孩子，小东就无比痛心，他表示自己既然选择戒毒，就一定把这条路走好，因为在家人心中自己就是希望，绝不能让家人再次失望。对戒毒者而言，戒毒动机至关重要，只有及时启发动机，才能使各项治疗工作取得更好的效果。

四、青春有悔

陆婷婷，北京市天康戒毒康复所

个案背景资料

郭某，男，30岁，大专文化，未婚，湖北武汉人。出生在一个普通家庭，家人对其溺爱，性格内向。随着青春期的到来，郭某脾气变得暴躁，叛逆心极其严重。自述25岁时遇到了一些社会上的朋友，并接触到了冰毒。曾经被行政拘留15天，母亲得知他吸毒后，陪同入所康复治疗。在成长过程中缺少引导和关爱，内心对父母有怨恨，把自己的过错（吸毒）都归因于父母，与家人不能互相理解，竭力把自己展示成可以掌控生活的人。

1. 评估

（1）SCL90评估

躯体化	强迫	人际关系	抑郁	焦虑
28	20	40	20	33
敌对	**恐怖**	**偏执**	**精神病性**	**其他**
10	5	20	10	18

总分204分，结果显示该矫正对象有人际关系敏感、偏执，感觉自己没有存在价值，神经过敏，心中不踏实，经常感到紧张，坐立不安，心神不宁，容易烦恼，不能控制情绪。

（2）问题评估

心理健康	心理健康总体位于中等水平，有比较明显的情绪、自信心、心态问题
负性思维	负性想法频繁出现，思想中有较多负性信息
吸毒错误归因	内外归因大约各占一半，建议做进一步提醒和引导
偏差行为	偏差行为出现的次数较多，不良的行为方式表现明显
生活态度	生活态度有些消极，对待自己吸毒的事情有所抵触，基本能够服从老师的管理
社会条件	该人社会支持系统比较缺乏，社会接纳程度不够
人生规划	人生目标不明确，方向模糊，缺少具体规划

（3）体检情况。经医院体检，该人各项身体指标正常，健康状况良好。

（4）吸毒相关因素分析。该人由于长期吸毒，造成身体部分机能损伤。此外，该人遇到问题、事情想法有点偏激，情绪管控能力差，缺乏自制力。吸毒归因趋向于外归因，法律知识欠缺。该人在社会上（湖北）接触吸毒，周围有很多吸毒的人，所以容易沾染毒品。与父母关系差，家庭支持系统不完善；和家人没有搭建好沟通的平台，在很多事情上不理解父母。

（5）矫治需求，提出具体问题。法律意识培养、罪错（吸毒导致曾经拘留）归因剖析，希望自己能够真正戒断成功。学习情绪管控。家庭关系修复，有家庭情感、自尊等需求。人际交往能力，家庭氛围对其有影响，希望得到别人的理解和帮助。

2．干预过程

采用合理情绪疗法对郭某进行矫治，结合谈话过程中对求助心理问题形成的原因与发展过程进行了解释和分析，并应用 ABC 理论与技术解决。经过连续数周矫治，心理问题得到改善。

第一阶段

入所后，郭某每天大部分时间都是在宿舍里待着，认为“我刚来和他们也不太熟悉，不如自己在屋子里看看电视。再说，他们都和我一样全是吸毒的，我想戒毒，所以我内心里比较排斥和他们在一起”。老师及时对其进行疏导，使他放弃“自我抵御”的方法。郭某开始和其他康复人员交流，诉说自己的状态和想法，也表示愿意在这里进行自愿戒毒，同时也表现出认知方面没有主见、行为散漫等很多需要改正的缺点。

第二阶段

主要是让他识别其负性认知，调整对事情的评价和看法。以下是矫正过程中谈话片段。

老师：设想一下，有一天你拿着自己花了半个月时间才完成的手工模型在楼下小区里走，这时手机响了，你为了接电话，就坐在小区里的长椅上，并把模型也放到了长椅上，这时一个人走过来，一屁股坐在了你的模型上，你会怎样？

郭某：我当然生气了，和那个人嚷嚷。

老师：那如果你发现这个人是盲人呢，你会怎样？

郭某：会原谅，毕竟人家看不见。

老师：这就是两种情形下的情绪表现，一个是较劲、不理智，一个则是原谅，只是对方主体不同，结果才会不同。而我们往往在处理一件事情时或是在看待一个人时也会如此，只是我们单纯的因为自己的不理智或是性格的暴躁而忽略了问题背后真正的原因，因为这样，也许你会错怪一个人或办错一件事情。别看一个小故事，其实能很准确地说明人的心理变化，你可以好好想想这个故事蕴含的哲理和老师的话。

郭某：您说的这个故事挺有意思，我想换成任何一个人对盲人都会原谅的。

老师：对，这就是希望你在处理每一件事情上，不要过于盲目地去判断，你要学会冷静地分析问题，也许有些事情并不像你想的那样，那时你就会心情舒畅，心情大好，也会化解很多不必要的误解。

第三阶段

行为上强化，提出具体措施。

A. 是从自身行为养成改变，从穿衣打扮开始改变。

B. 是从自身价值开始改变，参加所内体育比赛。

C. 是从家庭关系维系开始改变，每天给身边的人或家人一个微笑。

D. 每天记录自己有心瘾冲动的次数，并且记录自己的解决办法，说明自己当时是如何解决的，并与老师分享。

3. 效果评价及总结

从心理测量结果看，在 SC90、CCQA 诊断上，症状得到了明显改善。心理干预老师发现该人思想在逐渐转变，组织的活动能够积极参加，对于个人室内卫生和公共卫生能够积极的打扫。对待家人不像以前那样急躁和不耐烦，学会聆听，表现了良好的矫治效果。

再一次问题评估：

心理健康	情绪、自信心、有所提高
负性思维	负性思维有所好转
吸毒错误归因	能换位思考问题，能发现自己的不足之处
偏差行为	偏差行为出现的次数较少，能够自我控制
生活态度	生活态度有所改变，能认真对待自己吸毒的事情，表示好好戒毒，让家人放心
社会条件	学会和父母进行交流，体谅父母的不容易
人生规划	康复出所后想和叔叔学做生意

通过这个案例，我体会到要想帮助康复人员真正的摆脱毒品，不单单是要解决戒毒的问题，还要在心理上帮助他们接纳自己，接纳生活，接纳他曾经不理解的人和事，要他们逐步以正常的心态去面对未来，保持操守，这才是我们一直督导的题中之意。戒毒不是一朝一夕的事情，需要长时间的努力，效果和质量也需要时间和事件的检验。每一个成瘾者都有他的辛酸历程，我们只有走入他的心灵深处才能帮助他摆脱毒瘾。

五、重新撑起那片天，回归再团圆

尹英鑫，北京市天康戒毒康复所

个案背景资料

小泽，男，汉族，山西吕梁人，工人，1976年出生，已婚，大专文化程度，家中有父母及弟弟妹妹。兄弟姊妹都比较优秀，自身认识评价较低，妻子为医院院长，二人育有一子一女，父亲也是家中的权威人物。大学毕业后在当地水务局工作，中途下海经商，承揽各种装修工程，认识了许多毒友，2012 年 6 月开始吸食冰毒至今。经回忆当地吸毒人数较多，大环境较差，中途有两三月因家人做工作，到乡下陪老母，戒毒 20 天，后回家戒毒两月未吸。

家庭成员健全，因为吸毒后好赌成性与妻子及其他家人关系较差。本身较为懒散，抵制诱惑能力较弱，孩子们很优秀，儿子在当地上高中，女儿在江苏上大学，都支持小泽戒毒。整个家族在当地有很广的人脉。

1. 评估

（1）SCL90 **评估证据**：其躯体化、焦虑、诈病或装坏为两星水平，抑郁和兴奋状态均为一星水平，都超出标准分数，临床指向为神经症，歇斯底里疑病症（转换型癔症）。

（2）RIDA **测试评估证据**：整体总分一般，需进一步认识、领悟、修通。（结果见表）

RIDA 测试评估结果

得分	参考值	等级
总分：2.36*	（2.75 ± 0.68）	一般
生理唤醒：2.50*	（2.86 ± 0.82）	一般
戒毒行动：1.83*	（2.59 ± 0.77）	一般
家庭关系：2.14*	（2.47 ± 0.74）	一般
情绪管理：2.89*	（2.89 ± 0.77）	一般
戒毒效能感：2.65*	（2.94 ± 0.68）	一般

（3）**开展健康体检。**经医院体检，小泽身体健康，无明显器质性病变，无家庭遗传病。

（4）**吸毒因素分析。**该康复人员内向，不爱言表，情绪较稳定，波动不大，戒备心较强，不太信任他人，心理承受能力较差，在访谈中有躲避的情况出现。一是家庭比较富裕不用过多操心家事，相对来说承受能力较差，抵抗能力较差；二是作息时间或是生活方式不健康，没有很好的规划，导致内心的空虚寂寞。

（5）**提出具体问题。**主要问题：A. 毒品成瘾；B. 自我效能感不强；C. 生活方式不健康。

2．干预过程

（1）**第一阶段：建立信任关系。**由于小泽口音较重，与其他学员刚接触时没有太多的交流，而且年关将近，还不能回家，心情比较低落。咨询师在这个时候除每天进行日常的巡诊工作外，还在晚上户外活动时间主动找小泽聊天，经过两周的交流，小泽逐渐敞开心扉，与咨询师主动交流。双方共同商定矫正过程中将要运用的技术，咨询师并向其说明了认知行为的基本理论和用此技术的原因，并为今后开展矫治工作奠定了良好的基础。

（2）**第二阶段：家庭认知 表现责任。**通过开展咨询访谈，小泽开始认识到自己家庭责任感的缺乏。以下是家庭认知矫正过程摘录。

咨：你觉得你恋家吗？

访：我觉得我不太恋家。

咨：用 0～10 给你恋家的程度打分，你认为自己是几分呢？

访：也就 6 或 7 吧。

咨：你怎么看你对恋家的问题呢？

访：现在让我说，我觉得我就是对家庭不太负责任。

咨：你觉得你说出不太负责任这句话你有什么心理感觉吗？

访：我们家里我最不成气候，现在又吸毒，把家庭弄得不成样子，觉得挺对不起他们的。家里面父亲、兄弟、姐妹，都很成功的，就我啊……赌博这不是好东西。

咨：以前有过这种想法吗？

访：有！我对家人充满了愧疚。我特别想戒毒，你知道吗，现在谈起吸毒这件事我都特别的讨厌，我不喜欢聊这个话题了，我不是玩冰（毒）的吗，每次玩完之后我都觉得那个味道非常难闻，现在想起来我心里都不好受，想吐。

咨：很多吸毒的人都说吸毒可以给他们带来快感。你觉得它给你带来过快感吗？

访：有过。

咨：你觉得你现在讨厌吸毒，以10分为满分，你会怎么分呢？

访：我觉得我讨厌是8分吧。

咨：那剩余2分呢？

访：剩余的就是可能心情不好的时候，或者是孤独无聊的时候还能让我想起它来。

通过访谈发现，小泽还是能主动承认自己对于家庭责任感的缺乏，但是如何与家人进行沟通的问题还没有解决。正好时近清明，也临近小泽的生日，在为期一个月的治疗后，咨询师想借此机会让小泽回家，缓解一下紧张的情绪。

经过这次回家后，小泽归队后逐渐地在改变，慢慢地开朗了起来，不仅能够主动与学员们交流，还能够分担老师的工作，担任了自管会的委员，但是自我效能感薄弱亟待解决。

（3）**第三阶段：行为的改变与哭泣。**在小泽递交了试工申请表后，咨询师就意志力薄弱的问题与小泽开展了讨论，过程如下：

咨：你现在在队里是生活委员了？

访：是的，同学们很支持我。

咨：那更要严于律己呀。

访：嗯，我这个人比较懒，以后会好的。

咨：《成长手册》你记录了吗？

访：没怎么记。

咨：为什么呢？

访：我觉得写这些东西没有用处，我是自控能力差，抵制不了诱惑，但是写写画画就能够戒毒啦？我不太相信。

咨：那你觉得怎么样才可以呢？

访：（低头）……

咨：你现在去试工了吗？

访：去了。

咨：每天都干什么呢？

访：早上八九点钟，老师把我们带到菜地，告诉我们要干的活，我们就开始劳动。

咨：干完了呢？

访：歇一会儿，再干别的，时间到了就回去吃饭，下午接着干。

咨：晚上都干什么？

访：吃完饭待一会儿，去户外活动，然后康体训练，晚自习，冥想，洗漱，睡觉。

咨：你在家里平常都干什么？

访：想不起来了。

咨：为什么在这里能想起来？

访：这里很规律啊！

咨：你来这里多长时间了？

访：有两个多月了。

咨：现在还想毒品吗？

访：不想了。

咨：为什么呢？

访：不清楚。

咨：这就是一种健康的生活方式，你一开始适应这种生活吗？

访：不习惯，不过后来想想家里的人，我就咬牙坚持了，后来就习惯了。

咨：回家那几天作息时间规律吗？

访：基本上和这里一样。为什么呢？

咨：在理论上说 21 天就可以培养一个人好的习惯，之所以吸毒，是因为你在生活当中没有很好地规划自己的生活，导致思维的奔放，之所以让你填写《成长手册》，也就是想让你自己去总结良好的、健康的生活方式，最后回到家里，继续坚持下去，抵制毒品的诱惑。

访：哦！我明白了，可是有的时候我会放松自己。

咨：所以劳动康复和运动康复就发挥了作用，在所有的训练当中，运动训练是最锻炼人的意志力的。

访：嗯，我终于明白了，我一定改正自己的不好的生活习惯。

咨询结束后，小泽非常感谢咨询师，让他找到了未来发展的目标和动力。吸毒人员要想断绝毒品的诱惑，没有规划作息时间和良好的生活方式是不行的，没有坚强的意志力也是不行的。

3．效果评价及总结

（1）**本人评价。**通过矫正认识到在家庭责任方面的缺乏，改变自己对家人的态度，能理解家人的行为和担忧，我无论是对毒品的认识，还是身体机能都有所提高，最关键的是，我学会了与家人的沟通，不再把那么多的事都放在心里了，不去逃避问题了。通过对自己行为的调整，目前与妻子能够良好沟通，能谈出真心话。

（2）**他人评价。**民警评价：小泽近期变化较大，为人开朗了，与其他康复人员的沟通比较顺畅，生活中笑容也多了。

妻子评价：小泽近期开朗多了，能够比较好的和我进行沟通，回家能够安心在家待着，还会陪孩子玩耍，不外出乱跑了，能够经常到我父母家看望老人，我父母很高兴。

（3）**测试结果。**在咨询结束后，又对小泽进行了 RIDA 量表测试，结果显示：家庭关系分数有所提升，生理唤醒及戒毒行动两项均提升为良好。（见下表）

RIDA 量表测试结果

得分	参考值	等级
总分：1.86	（2.75 ± 0.68）	良好
生理唤醒：1.72	（2.86 ± 0.82）	良好
戒毒行动：1.50	（2.59 ± 0.77）	良好

续表

得分	参考值	等级
家庭关系：2.29*	（2.47 ± 0.74）	一般
情绪管理：1.56*	（2.89 ± 0.77）	良好
戒毒效能感：2.18*	（2.94 ± 0.68）	一般

经过为期 3 个月的矫正，小泽基本达到了矫正目标，变得开朗了。虽然还是有些内向，但是不再把所有事情都自己放在心里了，能够与家人进行正常沟通，主动承担起家庭的责任。通过认知疗法，小泽将责任化为动力，他没有再推脱自己的责任，而是主动而为，这对于家庭关系的改善，对于小泽保持操守起到了积极推动作用。

六、回归家庭　重塑自我

孟雪莲，北京市天康戒毒康复所

个案背景资料

小明，男，46 岁，山西人，出生在医生世家，两个姐姐都特别出色。小明童年是在姥姥家度过的，上学后在体育方面显示了特长，高中毕业后，到交通局工作，任劳任怨，得到领导和同事的一致好评。2002 年，小明停薪留职搞起了运输生意并迷上了打麻将、玩游戏机，在一次打麻将过程中，吸食了“劲儿”，用过之后不光不困了还感觉特别轻松。渐渐的，小明上瘾了。每次用过毒品后，变得多疑、暴躁、固执。怀疑妻子有外遇并多次暴打妻子，严重伤害到了妻子，家庭濒临破裂。

1. 治疗方法的提出

家庭治疗是以家庭为单位，通过会谈、行为作业等非语言技术消除心理病理现象，改善和促进个体和家庭功能的心理治疗方法。系统式家庭治疗通过症状看家庭关系，透过关系看模式，最后以调整关系为主，消除症状为辅。主要技术有关注焦点、循环提问和家庭作业。

2. 干预过程

（1）**初始访谈，建立关系。**第一次访谈，了解基本情况，来访者表情放松，衣着整洁，能够流畅地表达自己的想法，但稍显赘言。通过访谈发现小明有一定的优越感和掩饰机制，戒毒处于被动状态。咨询师更多地使用倾听、共情和积极关注来建立良好的咨询关系。

（2）**建立关系后的第一阶段。**为了更加深入地了解情况，在家属陪住的有利条件下，开展了第一次家庭治疗。在家庭治疗过程中通过循环提问，使问题外化，通过责任回归提问增加内省力，对其认识更加深入，更好地发现矫治重点：吸毒后产生的多疑心理和暴力行为，从而有效地矫治。咨询过程摘录如下：（咨：咨询师，孙：小明妻子）

咨：在一个半小时的时间内我们谈点什么呢？

小明：就谈如何让家庭更和睦更幸福吧。

孙：想掌握一些戒毒方法，还有就是他在吸毒后会猜疑和烦躁，我该如何与他进行交流沟通。

咨：今天你们的儿子没有来，如果儿子来了，他会有什么要求

呢？（假设性提问）

小明：孩子的要求也许就是希望我不再吸毒，家庭能够和睦。

咨：那家庭是从什么时候开始不和睦的呢？

小明：就是从我吸毒后吧，虽然以前也有小矛盾，但是都能控制，烦躁也有意识。自从吸食毒品后，烦躁不能控制。

咨：那如果我们用 0～10 分来描述烦躁程度，你是如何打分的呢？（澄清性技术）

小明：吸食之前也就是 1、2 分，吸毒后 9～10 分。

咨：那你觉得朋友是怎么评价你的呢？（循环提问）

小明：率直，对毒品有点麻痹，认识不深。

咨：吸毒后，家人谁最着急呢？（差异性提问）

小明：都很着急，最着急还是我爱人吧，因为父母毕竟不住一起，一个月见不了几次面。

咨：孙女士，我想问一下，小明吸食毒品后家庭关系发生了哪些变化？

孙：吸毒之前，我老公是一个很好的人，我们夫妻感情很好。自从他吸毒后，就很多疑，会拿着我的手机不停地看，我脾气也不好，闹起来时我也会和他吵，最后他就会动手打人。我感觉这两年我都快精神病了。（情绪波动较大，痛哭流涕）

咨：小明，看到你爱人这种情况，你心情怎么样？

小明：我心里也挺难受的。

咨：吸毒后每次都会打人吗？有没有例外情况？（问例外）

孙：没有，每次都这样。

咨：那如果有人说发生家庭暴力和你也有一部分关系，你认为

是哪些呢？（责任回归性提问）

孙：我没有什么问题，原因都在他那里。

咨：那吸毒后有没有发现家庭哪些方面得到好转？（资源取向）

孙：没有一点好的方面。

小明：好的方面就是爱人对我更加关心，照顾得更加周到了。

咨：小明，假想一下如果现在没有戒毒，家庭会是什么样子？（假设性提问）

小明：家庭破碎吧。

孙：我们两个都会成为精神病，我可能会出家吧。

咨：假设我们保持操守一年后，家庭会是什么样子？（前馈性）

小明：那肯定是很好了，到那时我儿子毕业了，他要是愿意，我们可以在当地给他找一份很好的工作，家庭应该很和谐很幸福。

咨：那为了达到这个目标，你认为自己应该做哪些努力呢？（责任回归性提问）

小明：就是戒掉毒品吧。

咨：我们思考一下，在刚才的叙述中有没有遗漏的情况？

小明、孙：没有。

咨：好，经过你们的讲述，在以后两周中我会布置一项家庭作业，小明的作业就是好好保持操守。孙女士，第一周你留意一下，一天 24 小时，你有多长时间心思全放在小明身上。第二周，我们争取在前述时间段上打个八折，如果第一周观察 20 小时，那第二周我们减少关注时间 4 小时，是 16 个小时，我们把这部分时间放到关注自身、孩子和其他家人身上，好吗？

孙：好的。

（3）**第二阶段的情绪问题。**通过系统家庭治疗后，由于进行了有效地搅动，来访者情绪波动较大，回到宿舍后与爱人吵架，认为其不应该把自己的情况说出来，让其很没面子。在巡诊中，咨询师进行了情绪疏导帮其转变认识，来访者渐渐能够客观、正确认识自己。

咨：今天情绪怎么样？

小明：挺好的。之前情绪不好，主要是看到妻子那么伤心痛哭，心里不太好受，有点愧疚。

咨：心情不好主要是愧疚，那吵架是因为什么呢？

小明：嗯，主要是因为她说了我不能接受的事情。

咨：那她说的是实情吗？

小明：是实情。

咨：她说的原因你想过吗？

小明：没有。

咨：那你好好想想。

小明：她可能是缓解一下自己的情绪，没觉得什么，也可能大家太敏感了吧。

咨：如果说，她说出来是希望你以后引以为戒，变得更好，你接受吗？

小明：是这样的吧。

咨：其实很多人做完咨询后都有一个情绪波动时间段，这主要是看到了我们以前不曾看到的自己，但是经过调整，我们会到一个新的更好的状态，这个阵痛是必须要经历的。

小明：哦，是这样啊。

（4）**结束治疗后的相关信息反馈。**咨询后，小明改变了与妻子的交流模式，更多地关注关心妻子，同时能够客观认识自己，敢于剖析承认自己，积极参加各项活动。同时还参与电视台的节目制作，现身说法教育大家远离毒品珍爱生命，成为康复学员们学习的榜样。

3．效果评估及总结

经过家庭治疗的这一干预过程以后，来访者自述夫妻关系改善了，能够换位思考，对家庭、对工作都有了责任感。其爱人也表示其脾气改变很多，感觉从前的丈夫又回来了。老师和康复学员反映他能够主动、积极地参加各项活动，平时热心助人，在队里起到了良好的榜样作用。另外，他学习、工作的积极性、主动性有所提高，对自己能够严格要求，自律意识强，遇到问题时能够不急不躁，周到处理。来访者咨询前后心理测试结果对比如下：

表 1　家庭环境量表

指标	咨询前	咨询后	变化
亲密度	9	9	0
情感表达	7	7	0
矛盾性	5	2	–3
独立性	6	3	–3
成功性	4	6	+2
知识性	9	7	–2
娱乐性	9	7	–2
道德	6	9	+3
组织性	8	9	+1
控制性	2	7	+5

表 2 复吸倾向量表

指标	咨询前	咨询后
生理唤醒	1.67	1.42
戒毒行动	1.33	1.80
家庭关系	2.14	2.11
情绪控制	2.11	1.38
自我效能感	1.41	1.20

在来访者有掩饰的情况下，通过和家庭其他成员的交流沟通更好地看到来访者存在的问题，通过循环提问使其存在的问题外化，让来访者学会换位思考。资源取向和前馈性提问让来访者挖掘资源以发展的眼光面对未来。通过家庭治疗，来访者和家属在行为模式和自我认识方面都有不同程度改善，对保持良好操守起到重要作用。

七、与家人共同成长

龚瑶，北京市天康戒毒康复所

个案背景资料

于某，男，1988 年出生，辽宁本溪人，大学本科学历，2013 年开始吸食冰毒。成长历程比较顺利，大学期间结交了一些不良嗜好的同学、朋友，开始服用曲马多等精神类药品。大学毕业后，回到辽宁老家，在父亲的安排下，进入当地事业单位工作，工作环境安逸。2013 年，该人开始接触冰毒。2014 年，频繁吸食冰毒被家人发现。在家人的极力劝说下，该人于 2015 年 4 月到一家医院脱毒治疗 15 天。不久又复吸了，2015 年 7 月，来自愿戒毒所戒毒。

家庭经济条件较好，父母亲在事业上都比较成功。家中还有一个姐姐，学习和工作都很优秀，已经在北京定居。于某从小被母亲高标准、严要求对待，但是其往往不能达到预期的目标，很少做出让母亲满意的事情。一家人都比较好面子，对于某吸毒的事情难以接受，尤其是其母亲，对其吸毒的事情甚至用到了“恶心”的字眼。

于某性格比较开朗，喜欢跟他人交流聊天，与其他康复人员未发生过言语或行为上的冲突。

1．评估

（1）心理工具评估。心理健康调查表、SCL-90、16PF 等量表结果显示均为正常，无阳性因子。该人在入住一个多月后向工作人员交代：自己深谙这些量表的做法，故其上述量表测试结果不具有参考性。

对其进行 RIDA 量表测试，得出以下结果：

RIDA 量表

量表有效性	有效		
得分与等级	得分	参考值	等级
	总分：3.08*	（2.75 ± 0.68）	一般
	生理唤醒：3.06*	（2.86 ± 0.82）	一般
	戒毒行动：2.72*	（2.59 ± 0.77）	一般
	家庭关系：3.79**	（2.47 ± 0.74）	较差
	情绪管理：3.22*	（2.89 ± 0.77）	一般
	戒毒效能感：2.82*	（2.94 ± 0.68）	一般

测试结果显示，家庭关系较差，这也是该人比较明显的特点，该人觉得家人将其送到自愿戒毒所，而从其内心来讲是不愿意来的，所以对家人有意见，同时对自己的家庭环境感到一些压力，觉得总是得不到父母的认同，有一定的挫败感，尤其是对母亲比较抵触。

该量表现实的结果与事实相符，具有一定参考价值。

此外，经医院体检，于某身体健康，无明显器质性病变。家庭方面，始终处于严格的家教之下，因才能有限并未做出卓越的成绩，不曾获得父母的认同，在成长过程中表现出叛逆的行为。该人自控能力极差，在独立上学、生活阶段，极容易受他人的影响，认为不在父母身边就可以为所欲为。

（2）**矫治目标。**根据其问题制订相应矫治目标如下：

一是认知行为矫正，主要是通过认知行为疗法，增强自控能力，逐步引导其树立正确的价值观，明确人生目标，引导其制订实现人生目标的相应计划。

二是修复、改善该人的家庭关系，通过个别谈话、家属课堂、家庭会议等方式，与其父母进行充分的沟通，帮助双方消除隔阂。

2．干预过程

（1）**思想引导，促其明确人生目标。**由于各种内因外因，于某缺乏生活目标，不知道人生的真正意义和价值。通过入所谈话，于某讲述希望过有钱人的生活，与心爱的人一起经营一个相互信任、关爱、包容的家庭，再就是有一些精神慰藉。但是除了踢足球，没有其他一技之长或兴趣爱好。通过谈话，引导其明确了自己想要的生活，并帮助其重新审视了自己。

（2）**严格管理，加强自我约束能力。**入所初期，该人的内务卫生、个人习惯方面较差。为此，我在生活上多督促，促其转变心态。鼓励该人积极面对康复所生活，制订体能恢复计划。一段时间后，该人能够基本达到预定目标，得到了其他康复人员的认同和管理老师的认可，并开始反思责任缺失，体会出作为儿子的角色责任。

（3）积极沟通，帮助其修复家庭关系。于某入所 3 个月时间内，大部分时间由其父亲陪住，期间其母亲陪住两周。在此期间内，对其共开展不同形式的家庭关系修复活动 7 次，其中组织家属课堂 2 次、布置所外家庭作业 2 次、主题谈话 3 次。

家属课堂授课分别于该人入所初期、母亲陪住期间进行。从效果来看，其母亲受到的启发比较大，转变了对其行为感到“恶心”的看法，承认儿子的一些行为是成瘾后的特性，基本形成了“只要孩子能够平平安安的，不一定需要做出什么杰出成就”的想法。

所外家庭作业，共开展两次，一次是召开所外家庭会议，一次是布置该人回老家探亲时陪母亲逛街。于某表示理解了家人的心意，感受到全家人都非常关爱自己，尤其是与母亲的关系得到一定缓和。

主题谈话，分别在该人入所初期、中期、后期开展，主要是根据不同阶段该人与父母的关系进行教育引导，并提出各项要求。该人能够较好地接纳工作人员的建议，并为自己在家庭关系方面取得的进步感到高兴。

3．矫治效果评估及总结

（1）自我评价。在戒毒康复所 3 个月期间，明确了以后想做的事。能够按时起床、就餐、参加所里组织的各项活动，心情也好了许多。

（2）老师观察和评价。通过一段时间的认知行为矫正，于某的状况比较稳定，与家人的关系也有所改善。

（3）家属评价。理解了孩子的想法，双方能够进一步沟通，孩子改变较大，行为上不再那么任性。

（4）**其他康复人员反映。**变得活泼、开朗，与康复人员的关系也处理得很恰当。

（5）**测试评价。**RIDA 量表测试结果

姓名	于某	测试编号	20150713	性别	男
年龄	27 岁	吸食毒品类型	冰毒	文化程度	大学本科
量表有效性	有效				
得分与等级	得分 总分：1.66* 生理唤醒：1.67 戒毒行动：1.28* 家庭关系：1.57 情绪管理：1.89 戒毒效能感：2.00	参考值 （2.75 ± 0.68） （2.86 ± 0.82） （2.59 ± 0.77） （2.47 ± 0.74） （2.89 ± 0.77） （2.94 ± 0.68）	等级 良好 良好 良好 良好 良好 良好		

在本案例中，对于某运用认知行为疗法，并通过团体、授课、谈话等方式帮其改善家庭关系，取得了较好的效果。经过跟踪和回访，发现于某基本达到了两个矫治目标，在自我认知方面表现得逐渐客观，在自我控制方面也取得了较大地改善，现实复吸风险明显降低。

第六部分

其 他

一、阿片类毒品戒断综合征自评工具（治疗期入所时评估用）

入所后，你是否出现过如下反应？请对号入座，梳理自己目前的状态。

骨痛（ ）四肢关节疼痛（ ）腰痛（ ）头痛（ ）

浑身肌肉疼痛（ ）其他疼痛（ ）

焦虑（ ）烦躁（ ）坐立不安（ ）易激怒（ ）

暴饮暴食（ ）嗜甜（ ）嗜睡（ ）抑郁（ ）

其他不良情绪（ ）

如果您有以上反应，且属于停用毒品时间较短、药物骤停人群，那么，您很可能正处于急性戒断反应期。

二、成瘾者自我认识镜像自评分析表（戒断期心理干预使用）

精神	我和世界的关系？ 我和别人的关系？
身份定位	我是谁？ 我是一个怎样的人？ 我拥有一个怎样的人生？
信念和价值	我需要相信什么？ 我重视什么？ 什么原则我需要遵循？ 什么东西对我比较重要？
能力	我的核心能力是什么？ 我还需要培养哪些能力？ 什么是我的薄弱环节？
行为策略	我每天应该做些什么？ 我呈现出来的状态怎么样？ 我看起来状态怎么样？

三、触发复吸行为的心理情绪相关因素表（戒断期防复吸行为训练使用）

指导语：阅读下面情绪列表，在可能会触发你产生吸毒想法的情绪旁画“√”；在与吸毒无关的项目旁画“×”。			
害怕	羞愧	兴奋	惊吓
受挫	无能感	嫉妒	心酸
被忽视感	压力	无聊	担忧
愤怒	郁闷	疲惫	忧伤
内疚	不安全感	孤单	愤恨
紧张不安	放松	羡慕	不知所措
自信	尴尬	失落	被误解感
高兴	激怒	委屈	失望
激情	悲伤	焦虑	心碎
其他：			

四、触发复吸行为相关心理因素危险等级评价表（戒断期防复吸行为训练使用）

使用毒品的可能性为0（完全无危险）	几乎不使用（少部分时候有危险）	几乎经常使用（大部分时候有危险）	使用毒品的可能性为100%（完全危险）经常使用

五、成瘾者客观印象评测及相关因素引导提纲（康复期修复家庭人际关系使用）

1．填空

（1）父亲眼中的我 ：

（2）母亲眼中的我 ：

（3）兄弟姐妹眼中的我：

（4）长辈亲戚眼中的我：

（5）老师眼中的我：

（6）同学眼中的我：

（7）朋友眼中的我：

（8）恋人眼中的我：

（9）我自己眼中的我：

（10）自己理想中的我：

2．探索

（1）你对哪一个人的看法最为重视？原因是什么？

（2）最难填写的或资料最少的是哪一部分？原因是什么？

（3）其他人眼中的自己是他们这样评价过，还是自己猜测他们是这样认为的？

六、成瘾者个人生活习惯信息采集卡（戒断期心理康复小组活动使用）

信息特征	符合条件的人姓名（每行至少填3人）
来自南方	
初中文化	
已婚	
独生子女	
喜欢红色	
喜欢吃炸酱面	
喜欢玩电脑	
喜欢做饭	
喜欢和人聊天	
喜欢交朋友	

七、自我认知及自信评价活动提纲（戒断期个人心理成长小组使用）

操作：要求成员认真思考后填写，然后组内分享交流。

我最欣赏自己的个性是：____________________

我最欣赏自己对家人的态度是：____________________

我最欣赏自己对朋友的态度是：____________________

我最欣赏自己做事的态度是：____________________

我生命中最重要的人：____________________

童年最开心的一次经历是：____________________

如果危机降临到我身上，生命只剩 10 小时，我最想做：______

______

我希望别人给我的评价是：______

我最想给自己的一句话是：______

结束语：认识自我，是我们每个人自信的基础与依据。即使你处境不利，遇事不顺，但只要你的独特个性及优势依然存在，你就可以坚信：我能行，我能成功。中国有一句老话“成事在天，谋事在人”，如果你相信命运，请你也记住，当你收拢指尖的时候，手掌的生命线有一半是握在手中的。你可能渺小而平庸，也可能美好而杰出，这在很大程度上取决于你的自我意识。天生我材必有用，是金子就一定会发光发亮的。

八、毒品复吸渴求感强度评估表（戒断期防复吸行为训练使用）

	没有或几乎没有	有时	经常	总是或几乎总是
你平时是否储备一些毒品以备用				
你是否在早晨醒来以后 2 小时就要吸毒				
你是否通过吸毒来缓解身体不适				
你是否每天在固定时间吸毒				
你是否通过吸毒来提神				
醒后的第一件事情是否吸毒				
你是否心里总想着吸毒这件事情				
你是否把吸毒视为第一需要				
你吸毒的想法是否十分强烈，无法控制				
你每天的活动是否总是围绕着如何得到毒品				

九、诱发复吸毒品行为相关因素强度主观测评表（戒断期防复吸行为训练使用）

诱发物	渴求感强度									
卧室	0	1	2	3	4	5	6	7	8	9
卫生间	0	1	2	3	4	5	6	7	8	9
某个朋友	0	1	2	3	4	5	6	7	8	9
与家人吵架	0	1	2	3	4	5	6	7	8	9
无聊	0	1	2	3	4	5	6	7	8	9

十、成瘾者防复吸日记及相关记录模板（戒断期防复吸行为训练使用）

时间	场景、想法、感受	渴求感的强度（1~100）	渴求感的持续时间（分钟）	我怎样应付
周五，下午3点	与老婆吵架，感到沮丧、愤怒	75	20	给朋友打电话，诉苦
周五，晚上7点	看电视，感到非常无聊、孤独	65	30	出去看场电影
周六，晚上9点	想出门	80	45	出去跑了5圈步

十一、生活方式安全决定因素监测表（康复期职业生涯规划使用）

评估生活习惯的复吸风险等级，需要明确自己在这种情况下的安全选择是什么，危险选择是什么。团体成员在填表以后，集体讨论如何建立健康的生活圈和生活方式，培养健康兴趣爱好。

生活方式安全决定监测表			
生活习惯	复吸风险等级	安全选择	危险选择

十二、百度知道——“戒毒康复十大热搜问题”详解（2015 年社会相关调查数据）

1．什么情况下会被强制隔离戒毒？ 关注人次：242 万

根据《中华人民共和国禁毒法》的相关规定，通常情况下，吸毒者因吸毒行为的尿检呈阳性而被公安机关抓获并经过行政拘留以后，又再次因吸毒行为尿检呈阳性的吸毒成瘾者，才会被公安机关抓送强制隔离戒毒。

如果吸毒成瘾者尿检呈阳性的同时，还牵涉到更严重的刑事犯罪行为的，则首先要经过司法刑事诉讼程序，有可能因刑事犯罪而根据相关法律规定入狱服刑。

此外，根据相关规定，如果成瘾者当时患有严重的躯体疾病或有其他特殊状况的，公安机关会酌情暂缓强制隔离戒毒的程序，责令其先进行相关治疗。

2．有哪些有效的戒毒方法？ 关注人次：213 万

戒毒治疗的方法主要包括药物治疗、物理治疗、心理社会治疗

等。药物治疗需根据滥用物质（毒品）的种类及临床症状等来确定用药方案。以阿片类物质成瘾为例，其药物治疗因治疗方法和目的的不同而异。以戒断（俗称“戒毒”）为目的的治疗可分为早期的替代递减性脱毒治疗（如美沙酮）和非替代性脱毒治疗（如可乐定），以及随后的稽延性戒断症状治疗和以纳曲酮为代表的防复吸治疗。以社区药物维持治疗为手段的治疗目前主要使用美沙酮为代表的药物进行长期的药物替代维持治疗。

物理治疗主要包括电针、深部脑刺激、重复性经颅磁刺激等，目前还处于探索研究阶段。此外，心理社会治疗（如动机强化治疗等）也是重要环节，药物治疗的同时配合心理社会治疗可提高治疗效果，从而达到预防复吸的目的。

3．成瘾者想要戒毒，如何在所在地寻找相关机构和寻求帮助？关注人次：136万

以海洛因为代表的阿片类毒品成瘾者的自愿戒毒治疗，可到当地精神病诊疗机构（精神病专科医院、综合医院的精神科）或自愿戒毒所（医院）、美沙酮维持治疗门诊接受治疗，以便控制戒断综合征（毒瘾）的发作。以甲基苯丙胺（冰毒、麻古和开心水等）为代表的合成毒品成瘾者，尤其是出现了严重的精神病症状者（例如幻觉、躁狂或抑郁、易激怒、敌对或有攻击行为等），同样也需要到当地精神病诊疗机构（精神病专科医院、综合医院的精神科）或自愿戒毒所寻求专业的药物治疗。除了以上所说的相关药物治疗以外，成瘾者还可以在当地寻求具有专业戒毒心理康复的戒毒机构进行长期的心理康复治疗。成瘾者也可以向当地公安部门申请接受强制隔离戒毒治疗。

4．现阶段有哪些有效的戒毒药物？ 关注人次：122 万

目前针对海洛因成瘾的美沙酮等只是替代治疗的药物，需要长期坚持用药，才能在一定程度上降低心理渴求和防止复吸。海洛因成瘾的脱毒治疗还可使用丁丙诺啡等药物。海洛因成瘾者脱毒后使用纳曲酮等防复吸治疗，也对部分人有较好的效果。而针对冰毒等合成毒品成瘾者的戒毒治疗，主要是对症治疗，如对出现精神病性症状者使用抗精神病药物控制精神病相关的症状等；目前并无确切的降低合成毒品成瘾者“心瘾”的药物，可试用安非他酮等抗抑郁药物和一些抗精神病药物。即使是中药戒毒治疗，大多也是以综合调理为主，同样也没有降低复吸毒品行为的药物。

戒毒过程中引起复吸的因素非常复杂，既包含了生理因素，也包含了心理因素和社会因素，所以戒毒是一个身心康复的综合过程，一般都是在保证药物治疗的基础之上，同时进行专业的心理康复治疗，才能最终达到戒毒的目的。

5．医院戒毒、戒毒所戒毒、社区戒毒分别在什么情况下适用？关注人次：104 万

在我国现行戒毒法律制度即《禁毒法》和《戒毒条例》中规定了自愿戒毒、强制隔离戒毒、社区戒毒、社区康复 4 种戒毒措施，题目中分作医院戒毒、戒毒所戒毒、社区戒毒 3 种形式，分别可作如下理解：“医院戒毒”通常对应自愿戒毒措施。国家鼓励吸毒成瘾人员自行戒除毒瘾，自愿接受戒毒治疗的吸毒人员即自愿戒毒人员，其原吸毒行为不予处罚。自愿戒毒包括脱毒治疗、心理康复、行为

矫治等多种治疗措施，也包括参加戒毒药物维持治疗（美沙酮门诊）这种形式。自愿戒毒以自愿为前提，适用于所有吸毒成瘾人员。

“戒毒所戒毒”，就是强制隔离戒毒措施。强制隔离戒毒通常适用于三大类情况：第一类属于通过社区戒毒等戒毒措施无法矫治的情况，具体包括 4 种情形：一是拒绝接受社区戒毒的；二是在社区戒毒期间吸食、注射毒品的；三是严重违反社区戒毒协议的；四是经社区戒毒、强制隔离戒毒后再次吸食、注射毒品的。第二类情况属于公安机关根据其成瘾症状直接适用强制隔离戒毒措施的，即吸毒成瘾严重，通过社区戒毒难以戒除毒瘾的人员。第三类情况属于经申请后适用的，即吸毒成瘾人员自愿接受强制隔离戒毒，在经过公安机关同意后进入强制隔离戒毒场所戒毒。

社区戒毒的适用情形主要包括两种情况：第一类是通常情况，即因吸毒被公安机关查处并认定成瘾的人员，公安机关可以责令其接受社区戒毒。第二类情况是吸毒成瘾严重但不符合强制隔离戒毒条件的人员，具体包括两种情况：一种是怀孕或正在哺乳自己不满 1 周岁婴儿的妇女，不适用强制隔离戒毒而适用社区戒毒；另一种是不满 16 周岁的未成年人，可以不适用强制隔离戒毒而适用社区戒毒。

此外，被解除强制隔离戒毒的出所人员，如果强制隔离戒毒决定机关责令其接受社区康复（不超过 3 年），社区康复参照社区戒毒的有关规定实施。

6. 成瘾者可以在家靠自己完成戒毒吗？ 关注人次：101 万

从国内外众多吸毒成瘾者的戒毒经验来看，在家里靠自己戒毒的成功率极低。主要是因为引发成瘾者复吸毒品行为的因素有很多，例如毒友的影响、家庭社会人际关系的压力、戒毒期间身体的戒断反应、不良情绪心理体验等诸多的因素。仅靠成瘾者自己在家里去克服这些因素，难度极大。所以仅靠成瘾者自己待在家里戒毒成功的可能性非常小。

7．成功戒毒需要支付多少费用？ 关注人次：93 万

首先，强制隔离戒毒是不需要自行交费的。自愿戒毒的费用在不同的地区和不同的戒毒机构，因其硬件条件和相关成本的差异，戒毒费用差距较大，所以很难有一个确定的费用数额。此外，戒毒成功相关的因素有很多，例如吸食毒品种类、吸毒者的吸毒年限、社会环境等。但主要因素则是科学的戒毒方法、成瘾者个人的配合程度和家庭系统的支持这三个因素。如果缺乏这三个主要因素，就算花再多的钱戒毒成功的几率也很低。所以，戒毒支付的费用高低并不是戒毒成功的关键因素。

8．戒毒期间和戒毒后需要持续进行尿检吗？分别要持续多久？ 关注人次：87 万

尿检是公安机关判断行政相对人是否有吸毒行为以及进一步确认吸毒者是否成瘾的必要条件和法定手段。是否需要尿检，根据吸毒者所处的不同戒治阶段，分别有相应的规定。未曾被公安机关发现的吸毒者，若自愿进入戒毒医疗机构进行戒毒治疗，公安机关对其以前的吸毒行为不予处罚，那么也就意味着在自愿戒毒期间公安机关不介入对吸毒者的管理，所以在自愿戒毒期间是无需强制尿检的。

当然，戒毒医疗机构出于对吸毒者进行体检以及检测戒治效果

等目的，可以对吸毒者进行尿液检测，但不是查证是否存在吸毒行为的。此外，当吸毒者被决定采取社区戒毒措施或者在强制隔离戒毒出所之后被采取社区康复措施之时，应当不定期接受尿检，作为社区戒毒或者社区康复的执行措施，尿检由社区戒毒或者社区康复所在地辖区公安机关负责。而吸毒者若因为吸毒行为被公安机关查获，根据《禁毒法》的规定，应当实施动态管控，因此只要具有吸毒前科的行为人，是在我国境内的宾馆入住并使用自己的身份证登记，就必须无条件地接受公安机关的强制尿检。

目前，我国的法律并没有明确吸毒者被强制尿检的法定期限，也就是说，只要成瘾者的吸毒行为在公安机关有过被抓或被强制戒毒的相关记录，就可能面临在我国境内的宾馆等特定场所下的终身强制尿检。

9. 戒毒过程中，毒瘾反复发作怎么办？ 关注人次：75 万

我们首先要了解什么是毒瘾发作，还要看戒毒者之前使用的是什么类型的毒品，然后才能决定采用什么样的应对办法。

不管使用什么类型的毒品，吸毒都会成瘾。成瘾在医学上一般称为药物依赖。吸毒成瘾是指毒品与机体相互作用造成的一种精神状态和身体状态，从而表现出一种强迫性或定期使用毒品行为和其他反应，使用毒品的目的一是体验它的精神效应，二是避免由于断药所引起的不舒适感。吸毒成瘾一般分为身体依赖和精神依赖，也就是生理上的瘾和心理上的瘾。毒瘾发作就是机体由于长期反复使用毒品，建立了机体内毒品存在下的平衡，使机体处于适应状态，中断打破这种平衡便出现一系列强烈的躯体方面甚至精神方面的反应，

也就是出现戒断症状，造成人体生理生化过程异常或紊乱的状态。

阿片类毒品的瘾发作的身体症状比较明显，苯丙胺类兴奋剂类毒品瘾发作的精神症状比较明显，戒毒者伴有不同程度的个人健康及社会功能损害。

目前，我们应对阿片类毒品瘾发作主要有药物疗法和非药物疗法。药物疗法主要有替代法比如美沙酮等，因为阿片类毒品依赖是一种慢性、高复发性疾病，其戒毒治疗是一个长期过程，对阿片类药物依赖治疗要综合医学、心理、社会等综合措施，包括停止滥用药物、针对戒断症状给予脱毒治疗、针对心理依赖及其他躯体、心理、社会功能损害进行康复和防复吸治疗，最终实现吸毒人员的康复和回归社会。如果是因为毒友相互联系而引发的瘾发作行为，最好能断绝与毒友之间的来往；如果是因为社会家庭人际关系或心理情绪引发的，则需要求助专业的心理康复机构进行相关的防复吸训练。总体而言，戒毒是一个长期的过程，需要有科学、体系的戒毒方法，才能最终坚持操守。

针对苯丙胺类兴奋剂类毒品，瘾发作时多为对症处理，同时给予心理行为治疗。针对此类毒品的戒断症状，目前尚无可推荐的替代药物。一般来说，如能保证充足的睡眠和营养，大部分症状可在几日后逐渐消失，不需要特殊处理。部分吸毒人员在停药后出现较为严重的抑郁，可持续数周或更长时间，需密切注意，防范自杀自残等失控行为的发生。

10．毒瘾能否彻底戒除？ 关注人次：68 万

毒品成瘾是一种慢性复发性疾病，就像高血压、糖尿病等慢性

疾病相似。成瘾者对毒品的依赖主要分为躯体依赖和精神依赖，其中躯体依赖可以通过药物治疗完全控制或消除。而精神依赖主要是指成瘾者对毒品的心理渴求，也就是“心瘾”。“心瘾”通常长期存在，可减轻，但往往难以彻底摆脱。目前尚未有彻底治疗控制毒品“心瘾”的药物或手段。通过美沙酮维持治疗能够有效地降低海洛因成瘾者的心瘾，防止复吸，但是毒瘾的彻底戒除办法目前仍然处于研究阶段，需要成瘾者自己有坚定的戒毒动机，也需要社会和家庭的系统支持。

备注：以上专业解析来自：

陆　林　中国毒品滥用防治专家委员会主任委员、北京大学第六医院院长，北京大学中国药物依赖性研究所所长、教授

时　杰　中国毒品滥用防治专家委员会副主任委员、北京大学中国药物依赖性研究所常务副所长、研究员

刘志民　中国毒品滥用防治专家委员会委员、北京大学中国药物依赖性研究所副所长、研究员

郝　伟　中国毒品滥用防治专家委员会委员、中南大学湘雅医学院附二医院精神卫生研究所教授

王达平　中国毒品滥用防治专家委员会委员、广州惠爱医院主任医师

张　黎　中国毒品滥用防治专家委员会委员、中国人民公安大学禁毒教研室副主任、副教授

陈帅锋　中国人民公安大学禁毒教研室副教授

包　涵　中国人民公安大学禁毒教研室讲师、法学博士

张　刃　中国药物滥用防治协会专家委员会委员、北京社会心理研究所（北京市社会心理服务促进中心）音乐治疗专家

朱志伟　北京市公安局强制隔离戒毒所副所长，精神科主任医师

十三、《全国社会面吸毒人员风险分类评估管控办法》（法律咨询使用）

第一章　总　则

第一条　为进一步规范和加强社会面吸毒人员动态管控工作，切实预防和减少吸毒人员肇事肇祸，降低毒品社会危害，维护社会和谐稳定，根据《中华人民共和国禁毒法》《戒毒条例》的有关规定，制定本办法。

第二条　本办法所称社会面吸毒人员，是指全国禁毒信息系统登记有吸毒史且未在监管场所的人员。

第三条　本办法所称风险分类评估管控，是指根据社会面吸毒人员的染毒情况、行为特征、处置状态、社会危害程度等，综合评定出不同的风险类别，有针对性地实施不同管控措施的工作。

第四条　社会面吸毒人员风险分类评估工作坚持“全面排查、逐人分析、科学评定、动态调整”原则；管控工作坚持“户籍地为主、居住地为辅，双向管控、双向追责”原则。

第五条　社会面吸毒人员风险分类评估管控工作由各级禁毒办会同综治办牵头组织，公安、司法行政、卫生计生、民政、人力资源社会保障等相关职能部门协同配合，禁毒社会组织、村（居）民委员会等相关组织，以及禁毒社会工作者、网格员、吸毒人员家属

共同参与。

禁毒办、综治办负责吸毒人员风险分类评估管控工作的组织协调、督导检查、考评追责等工作。省、市、县三级禁毒办要明确负责社会面吸毒人员风险分类评估管控工作的机构和人员，并会同同级综治办建立该项工作的督导、考评及情况汇总、分析、通报制度。

公安、卫生计生、司法行政、民政、人力资源社会保障等相关部门按照职责和任务分工，分别负责风险分类评估管控中相关配套政策制定、业务横向协作及法定措施落实等工作。

村（居）民委员会成员、禁毒社会工作者、网格员、吸毒人员家属等协助公安派出所社区民警对辖区社会面吸毒人员开展滚动排查、信息采集、动态跟踪、情况反映，以及落实具体管控措施等工作。

第二章 分 类

第六条 对社会面吸毒人员，应当依据分类标准，并结合实际情况，评出高、中、低三种风险类别。

第七条 有下列情形之一的社会面吸毒人员，为高风险类：

（一）拒绝接受社区戒毒、社区康复或者严重违反社区戒毒、社区康复协议的；

（二）因吞食异物、自杀自残或者因严重病残暂时无法收押、收戒的；

（三）有精神障碍诊断或有精神异常、行为失控表现的；

（四）有因吸毒引发肇事肇祸前科或扬言报复他人、报复社会的；

（五）其他具有现实社会危害性，或者有肇事肇祸可能，需要纳入高风险类管控的。

第八条 有下列情形之一的社会面吸毒人员，为中风险类：

（一）正在执行社区戒毒、社区康复措施的；

（二）怀孕、正在哺乳自己婴儿的妇女等特殊情形暂时无法收押、收戒的；

（三）强制隔离戒毒期间所外就医的；

（四）被依法实行社区矫正或者刑满释放回社区未满三年的；

（五）解除强制隔离戒毒出所未满三年且未被责令社区康复的；

（六）其他存在潜在社会危害性，需要纳入中风险类管控的。

第九条 第七条、第八条所列情形之外的社会面吸毒人员，为低风险类。

第十条 高、中风险类人员落实管控措施半年以上，经评估不再符合所列情形的，风险类别应当逐级下调。中、低风险类人员经评估符合更高风险类别所列情形的，应当对应上调至相应类别。

第十一条 社会面吸毒人员风险分类评估工作由乡（镇）人民政府、城市街道办事处禁毒、综治工作机构牵头组织，公安派出所会同社区医疗卫生服务机构、禁毒社会组织、村（居）委员会等具体实施。

社区民警会同村（居）委员会成员、禁毒社会工作者、网格员和社区医疗卫生人员，依据分类标准，逐一提出风险分类评估意见，经辖区公安派出所审核后，由乡（镇）人民政府、城市街道办事处禁毒、综治工作机构结合管控力量情况和拟列管人员的危害风险程度，审批确定风险类别。情况特殊的，可由县级以上禁毒办、综治办直接确定风险类别。

确定为高、中风险类人员名单及评定资料报县级禁毒办、综治办备案。

第十二条 社会面吸毒人员风险类别评估应至少每半年开展一次。因重要活动需要，可随时开展风险类别评估。

第三章 管 控

第十三条 对于高、中风险类人员，县级禁毒办、综治办应当督促其居住地乡（镇）人民政府、城市街道办事处会同公安派出所落实管控责任，逐人制定管控方案，建立管控工作小组，确定社区民警管控责任，明确社区医疗卫生医务人员、禁毒社会工作者、村（居）民委员会成员、网格员等工作分工。

第十四条 对于高风险类人员中有本办法第七条第一项规定情形的，公安机关应当及时核实情况，依法处置。有本办法第七条第二项规定情形的，社区民警应当密切掌握其行踪动向，发现其具备收押收戒条件的应当及时通知相关单位进行收押收戒，继续违法犯罪的应当依法予以查处打击。有本办法第七条第三项至第五项规定情形的，社区民警应当带领管控工作小组严格落实管控措施，密切掌握其活动动向、规律，发现有精神病症状或者有肇事肇祸行为苗头的，应当督促和协助其亲属落实治疗看护措施；对随时可能发生危害公共安全行为的，应当列为公安机关情报预警处置对象，并动员其家属、所在单位做好送医就诊工作。

第十五条 对于中风险类人员中有本办法第八条第一项规定情形的，要督促其严格执行社区戒毒社区康复措施，进行防复吸的宣传教育，并鼓励其继续戒毒治疗，巩固戒毒效果。有本办法第八条第二项、第三项规定情形的，社区民警应当密切掌握其行踪动向，发现其具备收押收戒条件的应当及时通知相关单位进行收押收戒，继续违法犯罪的，应当依法予以查处打击。有本办法第八条第四项规定情形的，由基层司法行政部门进行帮教矫正，社区民警应当跟踪掌握情况。有本办法第八条第五项、第六项规定情形的，社区民警应当带领管控小组开展走访调查、见面谈话和法制宣传等工作，并根据实际情况定期或者不定期开展吸毒抽检。

第十六条 对于低风险类人员，社区民警应当组织禁毒社会工作者、村（居）委员会成员、网格员等做好动态信息跟踪，了解其活动情况，关注其现实表现。

第四章 考评奖惩

第十七条 对社会面吸毒人员风险分类评估管控工作实行考评奖惩制度和责任倒查追究制度。各级禁毒办、综治办应当将社会面吸毒人员风险分类评估管控工作分别纳入禁毒工作年度考评和社会治安综合治理（平安建设）年度考评内容。

对工作措施落实到位，管控对象未发生因吸毒引发的肇事肇祸案（事）件的，在考评时应当对有突出贡献的管控单位和管控责任人进行评先评优。对管控措施不当、导致发生吸毒人员严重肇事肇祸的，应当对负有主要责任的管控单位和责任人进行追责。重特大肇事肇祸案（事）件频发或造成恶劣社会影响的，根据《中共中央办公厅国务院办公厅关于印发＜健全落实社会治安综合治理领导责任制规定＞的通知》要求，进行责任督导和追究，并作为禁毒重点整治范围的参考依据。

户籍地和居住地对人户分离社会面吸毒人员的双向管控不到位、

导致发生严重肇事肇祸案（事）件的，应当双向追责。对户籍地和居住地的倒查追责以双方在管控中的工作衔接、任务分工和责任主次情况为依据。居住地对流入三个月以上的非本地户籍吸毒人员未进行管控、导致发生严重肇事肇祸案（事）件的，应当追究其主要责任。

社会面吸毒人员风险分类评估管控工作责任倒查追究办法由各级禁毒办、综治办依据国家禁毒委员会《禁毒工作责任制》的相关规定，并结合本地实际制定，各省级禁毒办每年向国家禁毒办统计报送倒查追责情况。

第十八条 从事社会面吸毒人员风险分类评估管控工作的工作人员因个人主观原因导致吸毒人员隐私泄露、引起诉讼或投诉上访的，应当按照规定给予处分。

第十九条 乡（镇）人民政府、城市街道办事处禁毒、综治工作机构应当会同公安派出所，建立社会面吸毒人员风险分类评估管控工作档案管理制度，该建档而未建档或档案信息资料造假、遗失，以及信息资料存在问题引起处置不当的，应当追究相关责任人的责任。

第五章 附 则

第二十条 各省、自治区、直辖市可结合本地工作实际，制定实施细则和考评办法。

第二十一条 本办法中所称“监管场所”，是指公安监管场所和司法行政部门管理的强制隔离戒毒所及服刑场所。

第二十二条 本办法中所称“吸毒人员严重肇事肇祸案（事）

件”，是指被国家禁毒办纳入禁毒工作年度考评予以扣分的吸毒人员肇事肇祸案（事）件。

第二十三条 本办法中所称“以上”包括本数。

第二十四条 本办法自公布之日起施行。

十四、《中华人民共和国禁毒法》

第一章 总 则

第一条 为了预防和惩治毒品违法犯罪行为，保护公民身心健康，维护社会秩序，制定本法。

第二条 本法所称毒品，是指鸦片、海洛因、甲基苯丙胺（冰毒）、吗啡、大麻、可卡因，以及国家规定管制的其他能够使人形成瘾癖的麻醉药品和精神药品。

根据医疗、教学、科研的需要，依法可以生产、经营、使用、储存、运输麻醉药品和精神药品。

第三条 禁毒是全社会的共同责任。国家机关、社会团体、企业事业单位以及其他组织和公民，应当依照本法和有关法律的规定，履行禁毒职责或者义务。

第四条 禁毒工作实行预防为主，综合治理，禁种、禁制、禁贩、禁吸并举的方针。

禁毒工作实行政府统一领导，有关部门各负其责，社会广泛参与的工作机制。

第五条 国务院设立国家禁毒委员会，负责组织、协调、指导全国的禁毒工作。

县级以上地方各级人民政府根据禁毒工作的需要，可以设立禁毒委员会，负责组织、协调、指导本行政区域内的禁毒工作。

第六条　县级以上各级人民政府应当将禁毒工作纳入国民经济和社会发展规划，并将禁毒经费列入本级财政预算。

第七条　国家鼓励对禁毒工作的社会捐赠，并依法给予税收优惠。

第八条　国家鼓励开展禁毒科学技术研究，推广先进的缉毒技术、装备和戒毒方法。

第九条　国家鼓励公民举报毒品违法犯罪行为。各级人民政府和有关部门应当对举报人予以保护，对举报有功人员以及在禁毒工作中有突出贡献的单位和个人，给予表彰和奖励。

第十条　国家鼓励志愿人员参与禁毒宣传教育和戒毒社会服务工作。地方各级人民政府应当对志愿人员进行指导、培训，并提供必要的工作条件。

第二章　禁毒宣传教育

第十一条　国家采取各种形式开展全民禁毒宣传教育，普及毒品预防知识，增强公民的禁毒意识，提高公民自觉抵制毒品的能力。

国家鼓励公民、组织开展公益性的禁毒宣传活动。

第十二条　各级人民政府应当经常组织开展多种形式的禁毒宣传教育。

工会、共产主义青年团、妇女联合会应当结合各自工作对象的特点，组织开展禁毒宣传教育。

第十三条　教育行政部门、学校应当将禁毒知识纳入教育、教学内容，对学生进行禁毒宣传教育。公安机关、司法行政部门和卫生行政部门应当予以协助。

第十四条 新闻、出版、文化、广播、电影、电视等有关单位，应当有针对性地面向社会进行禁毒宣传教育。

第十五条 飞机场、火车站、长途汽车站、码头以及旅店、娱乐场所等公共场所的经营者、管理者，负责本场所的禁毒宣传教育，落实禁毒防范措施，预防毒品违法犯罪行为在本场所内发生。

第十六条 国家机关、社会团体、企业事业单位以及其他组织，应当加强对本单位人员的禁毒宣传教育。

第十七条 居民委员会、村民委员会应当协助人民政府以及公安机关等部门，加强禁毒宣传教育，落实禁毒防范措施。

第十八条 未成年人的父母或者其他监护人应当对未成年人进行毒品危害的教育，防止其吸食、注射毒品或者进行其他毒品违法犯罪活动。

第三章　毒品管制

第十九条 国家对麻醉药品药用原植物种植实行管制。禁止非法种植罂粟、古柯植物、大麻植物以及国家规定管制的可以用于提炼加工毒品的其他原植物。禁止走私或者非法买卖、运输、携带、持有未经灭活的毒品原植物种子或者幼苗。

地方各级人民政府发现非法种植毒品原植物的，应当立即采取措施予以制止、铲除。村民委员会、居民委员会发现非法种植毒品原植物的，应当及时予以制止、铲除，并向当地公安机关报告。

第二十条 国家确定的麻醉药品药用原植物种植企业，必须按照国家有关规定种植麻醉药品药用原植物。

国家确定的麻醉药品药用原植物种植企业的提取加工场所，以及国家设立的麻醉药品储存仓库，列为国家重点警戒目标。

未经许可，擅自进入国家确定的麻醉药品药用原植物种植企业的提取加工场所或者国家设立的麻醉药品储存仓库等警戒区域的，由警戒人员责令其立即离开；拒不离开的，强行带离现场。

第二十一条 国家对麻醉药品和精神药品实行管制，对麻醉药品和精神药品的实验研究、生产、经营、使用、储存、运输实行许可和查验制度。

国家对易制毒化学品的生产、经营、购买、运输实行许可制度。

禁止非法生产、买卖、运输、储存、提供、持有、使用麻醉药品、精神药品和易制毒化学品。

第二十二条 国家对麻醉药品、精神药品和易制毒化学品的进口、出口实行许可制度。国务院有关部门应当按照规定的职责，对进口、出口麻醉药品、精神药品和易制毒化学品依法进行管理。禁止走私麻醉药品、精神药品和易制毒化学品。

第二十三条 发生麻醉药品、精神药品和易制毒化学品被盗、被抢、丢失或者其他流入非法渠道的情形，案发单位应当立即采取必要的控制措施，并立即向公安机关报告，同时依照规定向有关主管部门报告。

公安机关接到报告后，或者有证据证明麻醉药品、精神药品和易制毒化学品可能流入非法渠道的，应当及时开展调查，并可以对相关单位采取必要的控制措施。药品监督管理部门、卫生行政部门以及其他有关部门应当配合公安机关开展工作。

第二十四条 禁止非法传授麻醉药品、精神药品和易制毒化学品的制造方法。公安机关接到举报或者发现非法传授麻醉药品、精神药品和易制毒化学品制造方法的，应当及时依法查处。

第二十五条 麻醉药品、精神药品和易制毒化学品管理的具体办法，由国务院规定。

第二十六条 公安机关根据查缉毒品的需要，可以在边境地区、交通要道、口岸以及飞机场、火车站、长途汽车站、码头对来往人员、物品、货物以及交通工具进行毒品和易制毒化学品检查，民航、铁路、交通部门应当予以配合。

海关应当依法加强对进出口岸的人员、物品、货物和运输工具的检查，防止走私毒品和易制毒化学品。

邮政企业应当依法加强对邮件的检查，防止邮寄毒品和非法邮寄易制毒化学品。

第二十七条 娱乐场所应当建立巡查制度，发现娱乐场所内有毒品违法犯罪活动的，应当立即向公安机关报告。

第二十八条 对依法查获的毒品，吸食、注射毒品的用具，毒品违法犯罪的非法所得及其收益，以及直接用于实施毒品违法犯罪行为的本人所有的工具、设备、资金，应当收缴，依照规定处理。

第二十九条 反洗钱行政主管部门应当依法加强对可疑毒品犯罪资金的监测。反洗钱行政主管部门和其他依法负有反洗钱监督管理职责的部门、机构发现涉嫌毒品犯罪的资金流动情况，应当及时向侦查机关报告，并配合侦查机关做好侦查、调查工作。

第三十条 国家建立健全毒品监测和禁毒信息系统，开展毒品监测和禁毒信息的收集、分析、使用、交流工作。

第四章　戒毒措施

第三十一条　国家采取各种措施帮助吸毒人员戒除毒瘾，教育和挽救吸毒人员。

吸毒成瘾人员应当进行戒毒治疗。

吸毒成瘾的认定办法，由国务院卫生行政部门、药品监督管理部门、公安部门规定。

第三十二条　公安机关可以对涉嫌吸毒的人员进行必要的检测，被检测人员应当予以配合；对拒绝接受检测的，经县级以上人民政府公安机关或者其派出机构负责人批准，可以强制检测。

公安机关应当对吸毒人员进行登记。

第三十三条　对吸毒成瘾人员，公安机关可以责令其接受社区戒毒，同时通知吸毒人员户籍所在地或者现居住地的城市街道办事处、乡镇人民政府。社区戒毒的期限为三年。

戒毒人员应当在户籍所在地接受社区戒毒；在户籍所在地以外的现居住地有固定住所的，可以在现居住地接受社区戒毒。

第三十四条　城市街道办事处、乡镇人民政府负责社区戒毒工作。城市街道办事处、乡镇人民政府可以指定有关基层组织，根据戒毒人员本人和家庭情况，与戒毒人员签订社区戒毒协议，落实有针对性的社区戒毒措施。公安机关和司法行政、卫生行政、民政等部门应当对社区戒毒工作提供指导和协助。

城市街道办事处、乡镇人民政府，以及县级人民政府劳动行政部门对无职业且缺乏就业能力的戒毒人员，应当提供必要的职业技能培训、就业指导和就业援助。

第三十五条 接受社区戒毒的戒毒人员应当遵守法律、法规，自觉履行社区戒毒协议，并根据公安机关的要求，定期接受检测。

对违反社区戒毒协议的戒毒人员，参与社区戒毒的工作人员应当进行批评、教育；对严重违反社区戒毒协议或者在社区戒毒期间又吸食、注射毒品的，应当及时向公安机关报告。

第三十六条 吸毒人员可以自行到具有戒毒治疗资质的医疗机构接受戒毒治疗。

设置戒毒医疗机构或者医疗机构从事戒毒治疗业务的，应当符合国务院卫生行政部门规定的条件，报所在地的省、自治区、直辖市人民政府卫生行政部门批准，并报同级公安机关备案。戒毒治疗应当遵守国务院卫生行政部门制定的戒毒治疗规范，接受卫生行政部门的监督检查。

戒毒治疗不得以营利为目的。戒毒治疗的药品、医疗器械和治疗方法不得做广告。戒毒治疗收取费用的，应当按照省、自治区、直辖市人民政府价格主管部门会同卫生行政部门制定的收费标准执行。

第三十七条 医疗机构根据戒毒治疗的需要，可以对接受戒毒治疗的戒毒人员进行身体和所携带物品的检查；对在治疗期间有人身危险的，可以采取必要的临时保护性约束措施。

发现接受戒毒治疗的戒毒人员在治疗期间吸食、注射毒品的，医疗机构应当及时向公安机关报告。

第三十八条 吸毒成瘾人员有下列情形之一的，由县级以上人民政府公安机关作出强制隔离戒毒的决定：

（一）拒绝接受社区戒毒的；

（二）在社区戒毒期间吸食、注射毒品的；

（三）严重违反社区戒毒协议的；

（四）经社区戒毒、强制隔离戒毒后再次吸食、注射毒品的。

对于吸毒成瘾严重，通过社区戒毒难以戒除毒瘾的人员，公安机关可以直接作出强制隔离戒毒的决定。

吸毒成瘾人员自愿接受强制隔离戒毒的，经公安机关同意，可以进入强制隔离戒毒场所戒毒。

第三十九条　怀孕或者正在哺乳自己不满一周岁婴儿的妇女吸毒成瘾的，不适用强制隔离戒毒。不满十六周岁的未成年人吸毒成瘾的，可以不适用强制隔离戒毒。

对依照前款规定不适用强制隔离戒毒的吸毒成瘾人员，依照本法规定进行社区戒毒，由负责社区戒毒工作的城市街道办事处、乡镇人民政府加强帮助、教育和监督，督促落实社区戒毒措施。

第四十条　公安机关对吸毒成瘾人员决定予以强制隔离戒毒的，应当制作强制隔离戒毒决定书，在执行强制隔离戒毒前送达被决定人，并在送达后二十四小时以内通知被决定人的家属、所在单位和户籍所在地公安派出所；被决定人不讲真实姓名、住址，身份不明的，公安机关应当自查清其身份后通知。

被决定人对公安机关作出的强制隔离戒毒决定不服的，可以依法申请行政复议或者提起行政诉讼。

第四十一条　对被决定予以强制隔离戒毒的人员，由作出决定的公安机关送强制隔离戒毒场所执行。

强制隔离戒毒场所的设置、管理体制和经费保障，由国务院规定。

第四十二条　戒毒人员进入强制隔离戒毒场所戒毒时，应当接受对其身体和所携带物品的检查。

第四十三条 强制隔离戒毒场所应当根据戒毒人员吸食、注射毒品的种类及成瘾程度等，对戒毒人员进行有针对性的生理、心理治疗和身体康复训练。

根据戒毒的需要，强制隔离戒毒场所可以组织戒毒人员参加必要的生产劳动，对戒毒人员进行职业技能培训。组织戒毒人员参加生产劳动的，应当支付劳动报酬。

第四十四条 强制隔离戒毒场所应当根据戒毒人员的性别、年龄、患病等情况，对戒毒人员实行分别管理。

强制隔离戒毒场所对有严重残疾或者疾病的戒毒人员，应当给予必要的看护和治疗；对患有传染病的戒毒人员，应当依法采取必要的隔离、治疗措施；对可能发生自伤、自残等情形的戒毒人员，可以采取相应的保护性约束措施。

强制隔离戒毒场所管理人员不得体罚、虐待或者侮辱戒毒人员。

第四十五条 强制隔离戒毒场所应当根据戒毒治疗的需要配备执业医师。强制隔离戒毒场所的执业医师具有麻醉药品和精神药品处方权的，可以按照有关技术规范对戒毒人员使用麻醉药品、精神药品。

卫生行政部门应当加强对强制隔离戒毒场所执业医师的业务指导和监督管理。

第四十六条 戒毒人员的亲属和所在单位或者就读学校的工作人员，可以按照有关规定探访戒毒人员。戒毒人员经强制隔离戒毒场所批准，可以外出探视配偶、直系亲属。

强制隔离戒毒场所管理人员应当对强制隔离戒毒场所以外的人

员交给戒毒人员的物品和邮件进行检查，防止夹带毒品。在检查邮件时，应当依法保护戒毒人员的通信自由和通信秘密。

第四十七条 强制隔离戒毒的期限为二年。

执行强制隔离戒毒一年后，经诊断评估，对于戒毒情况良好的戒毒人员，强制隔离戒毒场所可以提出提前解除强制隔离戒毒的意见，报强制隔离戒毒的决定机关批准。

强制隔离戒毒期满前，经诊断评估，对于需要延长戒毒期限的戒毒人员，由强制隔离戒毒场所提出延长戒毒期限的意见，报强制隔离戒毒的决定机关批准。强制隔离戒毒的期限最长可以延长一年。

第四十八条 对于被解除强制隔离戒毒的人员，强制隔离戒毒的决定机关可以责令其接受不超过三年的社区康复。

社区康复参照本法关于社区戒毒的规定实施。

第四十九条 县级以上地方各级人民政府根据戒毒工作的需要，可以开办戒毒康复场所；对社会力量依法开办的公益性戒毒康复场所应当给予扶持，提供必要的便利和帮助。

戒毒人员可以自愿在戒毒康复场所生活、劳动。戒毒康复场所组织戒毒人员参加生产劳动的，应当参照国家劳动用工制度的规定支付劳动报酬。

第五十条 公安机关、司法行政部门对被依法拘留、逮捕、收监执行刑罚以及被依法采取强制性教育措施的吸毒人员，应当给予必要的戒毒治疗。

第五十一条 省、自治区、直辖市人民政府卫生行政部门会同公安机关、药品监督管理部门依照国家有关规定，根据巩固戒毒成果的需要和本行政区域艾滋病流行情况，可以组织开展戒毒药物维持治疗工作。

第五十二条 戒毒人员在入学、就业、享受社会保障等方面不受歧视。有关部门、组织和人员应当在入学、就业、享受社会保障等方面对戒毒人员给予必要的指导和帮助。

第五章 禁毒国际合作

第五十三条 中华人民共和国根据缔结或者参加的国际条约或者按照对等原则，开展禁毒国际合作。

第五十四条 国家禁毒委员会根据国务院授权，负责组织开展禁毒国际合作，履行国际禁毒公约义务。

第五十五条 涉及追究毒品犯罪的司法协助，由司法机关依照有关法律的规定办理。

第五十六条 国务院有关部门应当按照各自职责，加强与有关国家或者地区执法机关以及国际组织的禁毒情报信息交流，依法开展禁毒执法合作。

经国务院公安部门批准，边境地区县级以上人民政府公安机关可以与有关国家或者地区的执法机关开展执法合作。

第五十七条 通过禁毒国际合作破获毒品犯罪案件的，中华人民共和国政府可以与有关国家分享查获的非法所得、由非法所得获得的收益以及供毒品犯罪使用的财物或者财物变卖所得的款项。

第五十八条 国务院有关部门根据国务院授权，可以通过对外援助等渠道，支持有关国家实施毒品原植物替代种植、发展替代产业。

第六章　法律责任

第五十九条　有下列行为之一，构成犯罪的，依法追究刑事责任；尚不构成犯罪的，依法给予治安管理处罚：

（一）走私、贩卖、运输、制造毒品的；

（二）非法持有毒品的；

（三）非法种植毒品原植物的；

（四）非法买卖、运输、携带、持有未经灭活的毒品原植物种子或者幼苗的；

（五）非法传授麻醉药品、精神药品或者易制毒化学品制造方法的；

（六）强迫、引诱、教唆、欺骗他人吸食、注射毒品的；

（七）向他人提供毒品的。

第六十条　有下列行为之一，构成犯罪的，依法追究刑事责任；尚不构成犯罪的，依法给予治安管理处罚：

（一）包庇走私、贩卖、运输、制造毒品的犯罪分子，以及为犯罪分子窝藏、转移、隐瞒毒品或者犯罪所得财物的；

（二）在公安机关查处毒品违法犯罪活动时为违法犯罪行为人通风报信的；

（三）阻碍依法进行毒品检查的；

（四）隐藏、转移、变卖或者损毁司法机关、行政执法机关依法扣押、查封、冻结的涉及毒品违法犯罪活动的财物的。

第六十一条　容留他人吸食、注射毒品或者介绍买卖毒品，构成犯罪的，依法追究刑事责任；尚不构成犯罪的，由公安机关处十日以上十五日以下拘留，可以并处三千元以下罚款；情节较轻的，处五日以下拘留或者五百元以下罚款。

第六十二条 吸食、注射毒品的，依法给予治安管理处罚。吸毒人员主动到公安机关登记或者到有资质的医疗机构接受戒毒治疗的，不予处罚。

第六十三条 在麻醉药品、精神药品的实验研究、生产、经营、使用、储存、运输、进口、出口以及麻醉药品药用原植物种植活动中，违反国家规定，致使麻醉药品、精神药品或者麻醉药品药用原植物流入非法渠道，构成犯罪的，依法追究刑事责任；尚不构成犯罪的，依照有关法律、行政法规的规定给予处罚。

第六十四条 在易制毒化学品的生产、经营、购买、运输或者进口、出口活动中，违反国家规定，致使易制毒化学品流入非法渠道，构成犯罪的，依法追究刑事责任；尚不构成犯罪的，依照有关法律、行政法规的规定给予处罚。

第六十五条 娱乐场所及其从业人员实施毒品违法犯罪行为，或者为进入娱乐场所的人员实施毒品违法犯罪行为提供条件，构成犯罪的，依法追究刑事责任；尚不构成犯罪的，依照有关法律、行政法规的规定给予处罚。

娱乐场所经营管理人员明知场所内发生聚众吸食、注射毒品或者贩毒活动，不向公安机关报告的，依照前款的规定给予处罚。

第六十六条 未经批准，擅自从事戒毒治疗业务的，由卫生行政部门责令停止违法业务活动，没收违法所得和使用的药品、医疗器械等物品；构成犯罪的，依法追究刑事责任。

第六十七条 戒毒医疗机构发现接受戒毒治疗的戒毒人员在治

疗期间吸食、注射毒品，不向公安机关报告的，由卫生行政部门责令改正；情节严重的，责令停业整顿。

第六十八条　强制隔离戒毒场所、医疗机构、医师违反规定使用麻醉药品、精神药品，构成犯罪的，依法追究刑事责任；尚不构成犯罪的，依照有关法律、行政法规的规定给予处罚。

第六十九条　公安机关、司法行政部门或者其他有关主管部门的工作人员在禁毒工作中有下列行为之一，构成犯罪的，依法追究刑事责任；尚不构成犯罪的，依法给予处分：

（一）包庇、纵容毒品违法犯罪人员的；

（二）对戒毒人员有体罚、虐待、侮辱等行为的；

（三）挪用、截留、克扣禁毒经费的；

（四）擅自处分查获的毒品和扣押、查封、冻结的涉及毒品违法犯罪活动的财物的。

第七十条　有关单位及其工作人员在入学、就业、享受社会保障等方面歧视戒毒人员的，由教育行政部门、劳动行政部门责令改正；给当事人造成损失的，依法承担赔偿责任。

第七章　附　则

第七十一条　本法自2008年6月1日起施行。《全国人民代表大会常务委员会关于禁毒的决定》同时废止。

参考文献

（1）杨凤瑞，柯良栋，张卫航 .《中华人民共和国禁毒法》释义与实务指南 [M]. 北京：群众出版社 .2008.

（2）朱迪丝·A. 刘易斯，罗伯特·Q. 丹纳，格里高利·A. 布莱温斯 . 成瘾问题心理咨询理论与实践入门 [M]. 王贺春，唐已婷译 . 北京：军事工业出版社 .2015.

（3）莱因贝格 . 动机心理学 [M]. 王晚蕾译 . 上海：上海社会科学院出版社 .2012.

（4）马斯洛 . 动机与人格 [M]. 许金声，等译 . 北京：中国人民大学出版社 .2013.

（5）皮特里 . 动机心理学 [M]. 郭本禹译 . 西安：陕西师范大学出版社 .2005.

（6）王增珍 . 成瘾行为心理治疗操作指南与案例 [M]. 北京：人民卫生出版社 .2012.

（7）萨提亚 . 萨提亚家庭治疗模式 [M]. 聂晶译 . 北京：世界图书出版社 .2007.

（8）张刃 . 音乐治疗 [M]. 北京：机械工业出版社 .2016.

（9）高屹 .“自我认识与成长”小组指导手册 [M]. 北京：北京师范

大学出版社 .2012.

（10）李文军，曲晓光 . 禁毒研究 [M]. 北京：中国人民公安大学出版社（公安机关内部发行）.2015.

（11）姚本先. 大学生心理健康教育 [M]. 合肥：安徽大学出版社 .2012.

（12）冯娟娟，孙秀兰. 谈判与社会心理 [M]. 北京：经济科学出版社 .1995.

（13）丹尼尔・戈尔曼 . 情商：为什么情商比智商更重要 [M]. 杨晓春译 . 北京：中信出版社 .2010.

（14）张刃 . 鼓圈音乐治疗对新型毒品女性成瘾者心理干预的研究 [J]. 中国药物依赖性杂志 .2014.

（15）陈红，江海峰，杜江等 . 上海地区苯丙胺类兴奋剂流行特征的调查 [J]. 中国药物依赖性杂志 .2013，22（5）：394-396.

（16）汪向东，王希林，马宏等 . 心理卫生评定量表手册（增订版）[M]. 北京：中国心理卫生杂志社，1999：31-35.

（17）张刃，崔新华 . 音乐心理剧对海洛因依赖者戒毒动机的干预 [J]. 中国药物依赖性杂志 .2008，17（1）：39-43.

（18）朱志伟，张刃，范丹丹等 .TC 模式下打击乐对女性甲基苯丙胺依赖者情绪障碍的干预治疗 [J]. 中国药物依赖性杂志 .2013，22（3）：203-208.

（19）王汉文，宣刚，刘琳等 . 新型毒品滥用人员的原因分析和临床分期认识 [J]. 中国药物滥用防治杂志 .2008，（05）：31-34.

（20）张刃 . 戒毒所内禁毒文化的功能与构建 [J]. 中国药物依赖性杂志 .2017，26（5）:396-398.

（21）Irvin D.Yalon. 团体心理治疗理论与实践 [M]. 李敏，李鸣译 . 北京：中国轻工业出版社 .2010.

（22）吴琼，石林，夏志鹏等 . 不同时长和内容的正念训练对抑郁的干预效果 [J]. 中国临床心理学杂志 .2013, 21(04).

（23）高英东 . 美国文化与毒品泛滥 [J]. 社会，2001 (2) :29-31.

（24）张刃 . 北京市社区戒毒的对策研究 [J]. 中国药物依赖性杂志，2015（1）: 236-238.

（25）樊富珉 . 团体咨询的理论与实践 [M]. 北京：清华大学出版社 .1996.

（26）李想 . 新型毒品滥用与反社会人格——一个犯罪心理学的透视 [J]. 犯罪研究 .2010, 21(05).

（27）夏国美,[美] 杨秀石 . 毒品转向的文化透视 [J]. 社会科学 .2008, 第 2 期 .

（28）王云生，王磊 . 职业生涯规划 [M]. 济南：山东人民出版社 .2013.

（29）刘昕 . 从社会学的角度看毒品的亚文化 [J]. 大江周刊：论坛，2010（9）:114.

（30）赵宪生 . 香港青少年吸毒亚文化研究及其预防 [J]. 青年探索，1998 (6) :37-39.

（31）王焕丽，朱红娟 . 全球化时代毒品泛滥的文化根源分析 [J]. 网络财富，2009（12）: 74.

禁毒教育高校公益联盟简介

为探索新时期禁毒工作新理念和新方法，引导学校把禁毒教育工作落到实处。2013年，在国家禁毒办指导下，由中国禁毒基金会、中国药物滥用防治协会、北京禁毒办、北京团市委、北京市禁毒教育基地管理中心等单位联合发起成立“禁毒教育高校公益联盟”（简称：联盟）。它是由全国范围内有影响力的在京高校自愿聚合在一起的公益性质联合体。成员单位包括：北京大学、中央戏剧学院、中国人民公安大学、中国政法大学、中国传媒大学、中国矿业大学（北京）、北京师范大学、北京电影学院、北京第二外国语学院、北京青年政治学院、中国药物依赖性研究所、北京教育科学研究院德育研究中心、北京市公安局强制隔离戒毒所、北京天康戒毒康复所等十所高校、两家科研院所、两家实习科研基地。

一、目的意义

该联盟通过与高校建立项目合作，共同策划禁毒主题，将禁毒教育融入教师课堂教学和学生专业课程中；通过联合创作禁毒文化作品、课件及理论研究等方式，把禁毒预防教育与大学生社会实践有机融合。同时，结合线上线下两个平台形成“互联网+”的传播方式，把主题活动和公益文化产品推向社会，扩大禁毒文化和毒品预防教育的辐射范围和传播深度。

（一）目标：培养优秀的禁毒志愿者，唤醒全社会禁毒意识。

（二）出发点：如何激发更多的大学生关注禁毒、参与禁毒、自发传播禁毒理念，用自己所学的知识为社会服务，是项目设置的关键点。

（三）实施方法：创作优质禁毒文化作品，开展特色的主题活动，用艺术传播禁毒理念，让文化推动禁毒事业。

（四）实施特点：完成禁毒教育的四个转变。

1. 观念与角色的转变。解决“要我学”和“我要学”的问题。让大学生完成从一般参与者到深入实践者，最后成为优秀禁毒志愿者的角色转变。

2. 教育形式的转变。探索将禁毒教育与教师的课堂教学和学生的实践紧密相结合，完成形式上的转变。

3. 教学方法的转变。力求以潜移默化代替直接灌输传统式培训，提倡润物细无声的教学方法。

4. 传播方式的转变。利用参与者的作品实现N级次传播，扩大影响力。

二、联盟成果

五年来，已相继实施了“五计划”，与中央戏剧学院等单位合作开展禁毒戏剧推广计划；与中国传媒大学、北京电影学院等单位实施禁毒“微艺术”创作计划；与中国人民公安大学、中国药物依赖性研究所等单位合作，实施毒品防治分级防控计划；联合北京师范大学心理学院等单位开展成瘾者心理干预及帮扶计划；与北京网信办、百度、网易等单位合作实施新媒体平台传播计划。

几年来，在北京禁毒办指导和北京团市委领导下，联盟共创作出《瘾型人》《黑夜及点灯人》《出窍》《临界》《鸟》五部戏剧，拍摄制作动画、影视、游戏、公益广告等禁毒文化作品 150 余部，由中国人民公安大学出版社、北京日报出版社等出版单位编辑出版《禁毒研究》系列丛书、《毒品危害防控平台建设》系列丛书、《禁毒社会工作》、《你不能不知道的那些事：禁毒百问百答》等专业书籍七部、学术论文 10 余篇，开展各种演出、活动及培训、观摩课百场，直接参与人数超过万人。几年间，联盟负责运营国家禁毒办主办的国家级项目中国禁毒数字展览馆及国内首家禁毒视频网站 626TV、为成瘾者服务的一线希望网站等 5 个网络平台。截至 2017 年 11 月 30 日，中国禁毒数字展览馆参观浏览量达 1.22 亿人次。2015 年至 2017 年连续三年联盟与北京网信办合作实施“互联网 + 禁毒行动计划”，与百度合作在国内首次发布“网络热搜十大毒品问题”“十大戒毒与康复问题”“毒品易感人群搜索大数据分析报告”，并组织以中科院院士陆林教授、联合国麻醉品管理局主席郝伟教授、中国合成毒品防治专家委员会等 30 余名禁毒专家为网友答疑解惑，探讨社会热点话题，受益网民达 9400 万人。联盟被评为“全国禁毒舆情研判先进集体”“全国互联网禁毒宣传报道先进集体”。中央电视台等 100 余家媒体关注并报道。2015 年，联盟被团中央、民政部等单位评为“第二届中国青年志愿服务项目大赛”金奖。

联盟成立五年来，通过中国禁毒数字展览馆监测数据，建立了以为国家禁毒办服务的国家级禁毒知识题库和考核测评体系，成为国家禁毒办对各省考核评估禁毒预防教育的重要参数之一。几年来，协助国家禁毒办等单位先后参与实施了“首届全国青少年禁毒知识竞赛”“首届全国大学生禁毒辩论赛”“首届全国禁毒微视频摄影大赛”“全国禁毒科普展”等活动。并有 39 部作品被国家禁毒办、中国禁毒基金会入选国家“禁毒宣传教育 6·27 工程”，其中 2017 年有 4 部作品在国家禁毒办、教育部、团中央等单位举办的“首届全国禁毒微视频摄影大赛”中获奖。国家禁毒办、中国禁毒基金会、中国药物滥用防治协会、北京市禁毒办等单位对联盟工作给予了高度肯定和表扬。为进一步推广“禁毒教育高校公益联盟”的北京经验，2017 年 12 月联盟再次被团中央、民政部等单位评为“全国青年志愿服务示范项目”。2018 年 1 月 14 日，国家禁毒办、团中央等单位在全国成立“中国高校禁毒公益联盟”，将高校禁毒教育工作推向新阶段，目前，全国已有 992 所高校加入联盟。

北京市禁毒教育基地管理中心

禁毒教育高校公益联盟

2018.1

北京市天康戒毒康复所简介

北京市天康戒毒康复所前身为天堂河戒毒康复中心，是 2007 年 2 月根据司法部关于开展戒毒康复试点工作的意见而建立的全国八家戒毒康复试点单位之一；2011 年底，按照司法部戒毒康复场所“五项建设”要求，作为全国六家示范所之一的天堂河戒毒康复所建设完成，北京市编办正式批复天堂河戒毒康复所为正处级机构；2013 年 2 月 6 日，北京市天堂河戒毒康复所揭牌成立；2016 年 1 月 18 日更名为北京市天康戒毒康复所。

多年来，北京市天康戒毒康复所立足首都戒毒工作实际，以“人本、阳光、和谐”为工作理念，以所内戒毒、所外督导两大工作体系为支撑，努力建设“戒毒康复、家庭康复、社会康复”三大平台，以“安全防范、专业能力、戒毒机制、康复文化”四项建设为保障；融合蒲公英朴素、顽强、自信、不屈服的精神和播洒希望、治愈疾病的特点，打造立足首都、辐射全国，集戒毒治疗、督导、科研和宣传于一体的“蒲公英戒毒康复基地”；将靶向治疗相关原理运用到戒毒康复工作中，通过开展“找准靶心、实施靶疗、巩固靶效”系统化的戒毒靶向治疗，帮助戒毒康复人员调动戒毒动机、改善和消除稽延性症状、促进身心康复、提高社会适应能力，取得了积极成效。

特别鸣谢单位：中国药物滥用防治协会
中国社会工作者联合会
北京市委社会工作委员会
共青团北京市委员会
北京市教育矫治局

图书在版编目（CIP）数据

戒毒与康复：自愿戒毒领域的探索与实践 / 曲晓光，杨波，李庆安主编．-- 北京：北京日报出版社，2018.5（2018.11 重印）

ISBN 978-7-5477-2797-3

Ⅰ．①戒… Ⅱ．①曲… ②杨… ③李… Ⅲ．①戒毒－工作－研究－中国②戒毒－康复－研究－中国 Ⅳ．① D669.8 ② R163

中国版本图书馆 CIP 数据核字 (2017) 第 205084 号

戒毒与康复：自愿戒毒领域的探索与实践

出版发行：北京日报出版社
地　　址：北京市东城区东单三条8-16号东方广场东配楼四层
邮　　编：100005
电　　话：发行部：（010）65255876
　　　　　总编室：（010）65252135
印　　刷：北京宝昌彩色印刷有限公司
经　　销：各地新华书店
版　　次：2018年 5 月第1版
　　　　　2018年 11 月第2次印刷
开　　本：880 毫米 × 1230 毫米　1 / 32
印　　张：10.25
字　　数：221 千字
定　　价：48.00 元